기업시민의 길

되기와 만들기

나남
nanam

포스텍 융합문명연구원
문명과 경계 총서 05

기업시민의 길
되기와 만들기

2019년 4월 1일 발행
2019년 4월 1일 1쇄

지은이   송호근 외
발행자   趙相浩
발행처   (주) 나남
주소   10881 경기도 파주시 회동길 193
전화   (031) 955-4601 (代)
FAX   (031) 955-4555
등록   제 1-71호 (1979.5.12)
홈페이지   http://www.nanam.net
전자우편   post@nanam.net

ISBN 978-89-300-8997-5
ISBN 978-89-300-8655-4 (세트)

책값은 뒤표지에 있습니다.

포스텍 융합문명연구원
문명과 경계 **총서 05**

기업시민의 길

되기와 만들기

송호근 외 지음

나남
nanam

Road to the Corporate Citizen

Becoming and Making

Edited by

Song, Ho-Keun

nanam

머리말

왜 지금 기업시민인가?

왜 지금 기업시민인가? 왜 포스코인가? 이 연구서는 이 질문에 답하기 위한 지침서다. 기업시민은 '기업의 사회적 책임Corporate Social Responsibility, CSR', '기업 공유가치Corporate Shared Value, CSV' 개념을 넘어서 국가와 시민사회의 요청에 응답하려는 보다 적극적인 행동 개념이자 정체성 변환 개념이다. 그것은 경제생태계의 구성원인 임직원, 고객, 협력사, 경쟁사를 포함하여 정부와 노동조합, 경제단체와 시민단체, 여타 경제적, 사회적 이해관계자들의 공익 증진을 위해 더불어 나아가는 공진화 모델이다.

이런 관점에서 포스코의 슬로건을 '포스코와 더불어With POSCO'로, 경영이념을 '기업시민'으로 설정한 것은 시대사적 의미를 갖는다. 지난 50년의 발전 동력이 '제철보국製鐵報國'이었다면, 미래 50년의 성장 에너지를 '여민보국與民報國'에서 찾는다는 말이다. 기업의 체질과 행위양식을 시민적 가치와 공동체적 신뢰에 맞춰 공익과 국부 증

5

진에 기여하겠다는 뜻이다.

'기업'에 '시민'을 부가한 이 개념이 독자들에게는 다소 생소하게 들릴 것이다. 그러나 이 개념은 이미 1950년대에 출현해서 석유파동Oil Crisis이 한창 세계경제를 강타한 1980년대에 경영계의 주목을 받았으며, 최근에는 엑슨 모빌, 포드, 토요타, 나이키 같은 글로벌 기업의 경영이념에 중심적 가치로 스며들었다. 기업과 고객 간 이윤 추구적 관점을 뛰어넘어 공동체적 호혜reciprocity를 중시하고, 인간친화적, 환경친화적 행동양식을 내면화하는 시민사회의 주요 행위자가 되겠다는 실천 개념이다.

기업시민은 시민이 아니지만 시민이어야 하고, 시민권은 부여받지 못했지만 시민권 증진에 앞장서야 하는 존재다. 일종의 은유 metaphor다. 다시 말해, 기업시민은 시민이 아니지만 '시민과 같은like citizens' 역할을 수행해야 하고, 시민권을 부여받지는 않았지만 시민권 증진을 위한 사회적, 경제적 역할을 담당하는 것을 본질로 한다. 시민과 시민권의 본질에 충실한 역할을 짊어지고 있다는 규범적, 실천적 함의가 바로 '기업 + 시민', 기업시민이다.

왜 이 시점에 기업시민인가? 답은 자명하다. 자본주의의 구조 변화를 동반한 세계화globalization가 급속하게 진행되면서 시민의 사회경제적 권리가 오히려 훼손될 위험에 처했기 때문이다. 지구촌을 하나의 시장 권역으로 통합하는 세계화는 인간적 권리인 시민권citizenship의 신장을 약속한 것처럼 보였지만, 기대와는 달리 그것을 침해하고 약화시키는 부정적 양상도 급증했다. 시민권의 다른 표현이 바로 UN에서 채용한 '사회경제적 권리social-economic right'다. 인간답게 살 권리로부터 출발해, 복지공여를 받을 권리, 차별·배제·억압·소외·격리·불평등 등 부정적 외압으로부터 자유로울 권리를 포함한다. 세계화가 동반한 신자유주의적 파고가 시장 기능을 촉진해 불법과 파행의 여지를 축소하기는 했지만, 그 이면에 인간적 삶의 밝은 면모를 손상하는 모습도 외면할 수 없는 형편에 이르렀다. 신자유주의의 첨병인 기업, 그것도 글로벌 기업들이 행동양식과 가치관을 인본주의적 방향으로 선회하지 않으면 부의 증식과 빈곤의 확산은 동전의 양면을 이룬다.

문제는 세계화가 기업시민이 수행할 긍정적 기능들에 역방향으로 작용한다는 사실일 것이다. 딜레마임에 틀림없다. 기업은 세계화의 첨병인데, 세계화는 분배와 복지를 약화한다. 이 모순을 푸는 것이야말로 기업시민의 역할이다. 세계화론자인 대니 로드릭Dani Rodrik은 세계화의 효과와 연쇄고리를 다음과 같이 설명했다.

"세계화는 시장개방을 촉진하고, 시장개방은 양극화를 낳으며, 양극화는 분배구조의 악화를 초래한다. 따라서 세계화의 중단기적, 부정적 영향을 각국 정부가 어떻게 상쇄할 것인지가 중요하다."

이 부정적 영향이 곧 포괄적 의미의 시민권 위축 현상이다.

세계화와 신자유주의 물결을 타고 기업은 세계시장으로 진출한다. 세계화는 국가 경계를 타고 넘으면서 시민권 보호의 장벽을 무너뜨리는 효과를 창출한다. 세계화의 주요 행위자인 기업은 이 모순을 해소해야 할 책무를 떠안았다. 정부의 역할이 미치지 못하는 곳에서 기업은 보완적 기능을 수행할 수 있다. 기업시민은 의사 정부 quasi-government다. '기업'에 '시민' 인격을 부여해서 시민권 보장과 증진에 나서야 한다는 시대적 명법을 천명한 적극적 실행 개념이 바로 '기업시민'이다.

대부분의 기업들이 추구해 온 경영이념인 CSR과 CSV는 뜻밖에 심화되는 시민권 훼손과 자본주의의 모순에 능동적으로 대적할 수 없는 한계를 드러냈다면, 기업시민은 구조적, 상황적 힘에 순응하기보다 경제생태계와 사회적 맥락 자체를 더욱 비옥한 토양으로 변환하려는 자율적 의지의 실행자다. 기업경쟁력이 상승해도 사회의 질social quality이 개선되지 않는 역설dilemma이 기승을 부리는 상황에서는 더욱 절실한 존재다.

1인당 국민소득 3만 달러를 돌파했음에도 사회적 난제가 완화되지 않은 채 완강하게 존속하는 한국이 그러하다. 이 책 3장에서는 이런 현상을 '풍요의 역설'로 명명했다. 민주주의 30년이 경과해도 제도정치로는 해결되지 않는 각종 불만이 양산되는 현상인 '민주화 역설'과 더불어 한국은 '역설의 시대'로 진입한 지 오래다. 그리하여, 한국이 직면한 '지속가능성의 위기'를 다섯 가지로 진단했다. ① 재생산의 위기, ② 동기부여의 위기, ③ 교육과 고용 간 부조화, ④ 신뢰 적자, ⑤ 국가경쟁력의 하락이 그것이다.

기업은 이런 위기적 쟁점을 외면할 수 없고(시장적 관점), 외면해서도 안 된다(규범적 관점). 기업은 시장경쟁을 본질로 하지만, 공동체의 협력과 박애fraternity를 중요한 가치로 수용하고, 시민권 증진을 위해 조정하고 매개하는 역할을 스스로 짊어져야 한다는 말이다. 이런 뜻에서, '기업시민' 개념은 기존의 CSR, CSV를 포괄해 더 넓고 자율적인 가치를 지향하며, CEO와 임원뿐만 아니라 직원에 이르기까지 자발적으로 인지하고 동참하는 가치창출적 기업행위를 말한다. CSR, CSV는 CEO와 임원들의 주요 관심사였지만 직원과 노동현장에서는 저 '윗분'들이 하는 일로 여겼다는 폐단이 있다. 공감과 참여! 그리하여 자신의 노동이 가족의 생계뿐 아니라 인류사회의 복지와 안녕에 기여한다는 사실을 자각하는 것이 핵심이다.

그렇다면, 왜 포스코인가? 이 역시 자명하다. 한국에서 기업시민적 요건을 제대로 갖추고 그 기능을 수행할 만반의 준비가 되어 있는 글로벌 대기업이 포스코이기 때문이다. 이런 평가가 약간 과장된 것이라 할지라도, 포스코는 기업시민적 전환을 선도해야 할 임무를 스스로 떠안고 있다는 일대 자각이 중요하다. 포스코는 역사적 고난의 대가로 세워진 기업이고, 임직원이 공기업적 신념과 도덕적 심성을 내면화했으며, 한국 제조업이 이룬 '한강의 기적'에 토대를 담당한 기업이라는 사실! 이 세 가지 부정할 수 없는 팩트가 포스코에 기업시민으로 나설 것을 준엄하게 명령한다.

　그래도 미심쩍은가? 자동차 기업 토요타, 스포츠용품 기업 나이키는 일찌감치 기업시민임을 선언했고, 타이레놀 생산기업인 존슨 앤 존슨도 기업시민 대열에 동참했다. 한국에서 기업시민적 행위를 솔선하는 기업도 속출한다. LG는 미세먼지에 고생하는 학생들을 위해 최근 전국 학교에 공기청정기 1만 대를 무상 제공한다고 발표했다. 사회적 가치창출을 기업 목표로 내건 SK는 소모품 납품을 취약계층과 장애우가 생산을 담당하는 사회적 기업에 일임했다.

필자의 조사에 의하면, 포스코 임직원은 사회공헌활동과 취약집단 지원활동에 적극적으로 나서 왔다. 국내외를 막론하고 말이다. 누가 시킨 것도 아닌데 의례 그런 자발적 동참을 내면화해 왔다. 이런 감동적 행위와 심성은 기업시민으로 가는 매우 소중한 인적 자본이다. 더 나아가 시민권의 증진, 이해관계자를 포함하여 사회구성원의 사회경제적 권리 진작에 나서는 것이 기업시민의 길이다.

공기업적 유산을 잇고 공익 증진의 심리적 유전자를 이미 배양한 포스코가 그 선도적 길을 닦아야 한다. 《기업시민의 길: 되기와 만들기》를 발간한 이유다.

2019년 3월 20일
집필자를 대표하여
송호근 배상

기업시민의 길

되기와 만들기

1

왜 기업시민인가?

변혁의 이론적 기초

송호근

포스텍 인문사회학부

1. 거대한 변혁

우리의 삶은 변화의 물결을 타고 흐른다. 느리고 때로는 급격한 변동의 물결과 그것이 몰고 올 미래의 충격을 눈치채는 사람은 드물다. 일상에 충실한 사람들, 하루의 일과를 처리하느라 바쁜 사람들에게 미래 변동은 절박한 관심사가 아니다. 그러나 몇 년 혹은 몇십 년이 지난 어느 날 문득 세상이 바뀌었음을 실감하게 되고, 이미 현실을 지배한 거대한 흐름에 적응하지 못했음을 뒤늦게야 깨닫는 게 우리의 삶이다.

지금으로부터 25년 전, 김영삼 정부가 '세계화'를 'Segyewha'로 표기했을 때 일반인들은 그것이 무엇인지 알지 못했다. '세계'는 알겠는데, '세계화'는 무엇인가? 영어권에도 '세계world' 혹은 '지구촌globe'은 있었지만, 세계화化와 지구촌화化는 낯선 개념이었다. 아무튼, 그 영어 표기가 어색하다는 여론이 비등하자 정부는 공식 개념을 '국제화internationalization'로 바꿨다. 내수시장이 열리고, 관세장벽이 낮아져 국가 간 교역이 활발해지고, 정부 규제가 완화되거나 소멸되는 새로운 변화의 의미를 담아내고자 했는데, 이번에는 '국제'라는 개념이 너무 친숙한 나머지 새로운 각성을 불러오기에는 모자랐다.

이런 사정은 선진국에서도 마찬가지였다. 부시 미국 대통령과 고르바초프 소련 대통령이 몰타섬에 마주 앉아 '신질서new order'를 선언한 1989년 이후 1990년대 중반까지 미국 학계는 정치경제적 변동을

'국제화'라는 개념으로 파악하고자 했다. 대학가에는 '국제화' 제목을 달고 출간된 전문서적들이 즐비했다. 그러나 다소 미진했던 그 개념은 1990년대 중반이 지나면서 '세계화globalization'로 대체되었다. 지구촌globe이란 명사를 동사로 간주해 '지구촌화'라는 낯설지만 새로운 개념을 출시하는 데 다소 시간이 지체된 것이다. '세계화' 개념은 출시되자마자 전 세계를 휩쓰는 급격한 변동의 요체를 집약한 총아로 부상했고, 국가, 기업, 공동체 할 것 없이 '세계화'가 가리키는 미지의 방향으로 몰려갔다.

보호주의protectionism 시대는 그것으로 끝났다. 김영삼 정부가 고안한 '국제화' 개념은 바로 GATT(세금과 관세에 관한 일반 협정) 체제가 WTO(세계무역기구) 체제로 바뀌던 무렵 고안된 대응 전략이었다. 그러나 그것은 불충분했다. 외환위기가 닥쳤다. 한국인이 피와 땀으로 이룩한 그 소중한 재산을 반 토막 낸 외환위기와 IMF 체제는 변화의 본질을 깨닫지 못한 채 눈앞 손익계산에 매달린 무지의 소산이었다.

한국을 덮친 그 도도한 물결이 신자유주의neo-liberalism였다는 사실은 이제는 누구나 안다. 자유주의liberalism는 자본주의가 태동한 이래 19세기 말까지 국제통상과 자본의 외국 진출을 합리화한 거대한 시장 논리였다. 민주주의와 한 짝을 이루며 세계를 정치경제적 단일권역으로 통합하고자 한 가장 강력한 제도가 곧 자유시장liberal market임을 부인할 수 없다. 정부 혹은 국민국가는 개인과 자본의 자유, 기업의 자유, 그리고 이들 간 자유무역 행위를 제어해서는 안 된다고 하는 확실한 믿음은 '자본의 시대'라 불리는 1850년대를 통과하면서 1870~1900년대 제국주의 시대를 열었다.

세계 근현대사는 19세기 후반 도도하게 출현한 제국주의가 어떻게 종말을 고했는지 알고 있다. 두 차례의 혹독한 세계대전을 치른 후 인류사회는, 아니 지구촌은 자국의 국민과 재산, 산업과 시장을 보호하는 수호자로 나서기에 이르렀다. '국민국가의 시대'로 진입한 것이다. 헝가리 경제사학자 칼 폴라니Karl Polyani가 '거대한 변혁great transformation'으로 명명한 보호주의 시대가 개막했다.

그런 조류 속에서 한국은 20세기 후반부를 보냈는데, 그 이전 질서인 자유주의, 그것도 개입국가가 약화된 상태, 모든 관세장벽이 철폐된 더 근본적인 통상질서로 돌아간다는 뜻에서 19세기 자유주의에 '신新, neo'자가 덧붙여졌다. 20세기 거대한 변혁의 주인공인 개입국가interventionist state, 보호시장, 국민국가nation-state의 위상은 지극히 약화되었고 오직 태환화폐인 금본위 제도만 생존했는데, 이것도 비트코인과 같은 가상화폐와 블록체인에 자리를 내줄 전망이다.

문제는 신자유주의가 세계 정치경제를 지배하는 동안 그 지배력을 한층 강화해 줄 변동의 총아가 태어났다는 사실이다. 4차 산업혁명이 그것이다. 빅데이터, 인공지능, 로봇, 바이오혁명을 필두로 한 첨단 과학기술은 산업화의 패턴과 법칙을 통째로 바꾸고 국제 정치와 통상의 전통적 구조법칙을 뒤집을 만큼 위력적이다. 불과 20년 전만 하더라도 집안과 사회 곳곳에 흩어져 있던 전자제품과 소통기구가 휴대폰 하나에 들어왔고, 개인들이 국가와 사회는 물론 전 세계에서 진행되는 크고 작은 사건에 개입할 수 있는 창구가 열렸다. 개개인의 관점에서는 주권이 한없이 확장되기도 했지만, 일상적 개별행위가 낱낱이 관찰되고 감시되고 기록되는 전방위적 팬옵티콘 panopticon이 지배하는 사회로 진입했다. 4차 산업혁명은 폴라니의 20세기 개념이 몇십 배 증폭된 '거대한 변혁'이라 해도 부족할 정도다.

일상 속 개인들은 그걸 눈치채고 있는가? 환경변화에 민감한 기업들은 어떻게 대응하고 있는가? 몇 년 전 알파고 사건 이후로 4차 산업혁명에 대한 각성과 관심은 부쩍 늘어났는데, 실질적인 준비는 당시의 충격에 걸맞게 충분한가? 국가와 사회는 거대한 변혁의 흐름을 과연 통렬하게 인지했는지, 기존 질서에 안주하지 않고 패러다임의 변화를 일궈 내려고 충분히 노력했는지가 궁금한 것이다.

이런 관점에서 포스코의 변신은 주목할 만하다. 포스코는 2018년 창립 50주년을 맞았다. 1968년 포항제철을 설립하고 1992년 광양제철소를 준공한 포스코는 오늘날 말 그대로 세계적 기업으로 도약했다. 50년 철강 역사에는 굴곡진 한국의 산업화와 국가주도자본주의state-led capitalism의 특징들이 모두 담겨 있는데, 새로운 50년의 출범을 계기로 포스코는 획기적인 비전을 선포하기에 이르렀다. '포스코와 더불어With POSCO', 그리고 '기업시민Corporate Citizen'이 바로 그것이다.

'국민기업'이자 '공기업의 대명사'로 불려 온 포스코가 '더불어'로 친근감을 표명하고, '기업시민'이란 진취적, 시대상황적 개념을 경영방침으로 설정한 것은 의례적으로 보아 넘길 사안이 아니다. 한국인들에게는 너무나 익숙한 '국민시대'로부터 '시민시대'로의 전환을 선포한 것과 다름없고, 시민과 함께 고민하고 사회적 쟁점을 함께 해결하는 동반자companion임을 선언한 것이다. 여기에는 시대진단적 위기의식과 미래 비전이 동시에 함축되어 있다. 그것을 다음의 세 가지로 요약할 수 있겠다.

첫째, 20세기 후반에 세계 철강역사상 가장 성공적으로 도약한 기업으로서, 50년 도약을 딛고 100년 역사를 기록해야 한다는 집념이다. 세계 굴지의 철강기업은 대체로 100년 역사를 갖고 있는데, 그중에는 미국의 'US 스틸US Steel'처럼 도산을 면치 못했거나 거대자본에 의해 인수 합병되는 운명을 거친 기업도 상당수에 달한다. 세계 최대 철강기업인 '아르셀로미탈ArcelorMittal'은 인도 자본이 인수해 만들어진 기업이고, 세계 2, 3위 기업인 중국의 '바오우강철'과 '허베이철강'도 여러 국영기업을 합병해 재탄생한 거대 기업이다. 일본 최대의 철강기업인 '신일철주금'은 도쿄만 지바현에 위치한 기미쓰 제철소를 비롯하여, 큐슈와 후쿠오카 소재 철강기업들을 합병해 거대 기업으로 변신했다. 미래학자인 제레미 리프킨Jeremy Rifkin은 20세기 세계 50대 기업 중 21세기에 그 위상을 지킨 기업은 40%에 불과하다고 지적했다(Rifkin, 2014). 현재 세계시장을 지배하는 아마존, 구글, 애플, 마이크로소프트 같은 기업은 불과 30년 전에는 상상조차 못 했다. 이런 사정이라면, 철강기업이 언젠가 갑자기 소멸할지도 모른다. 철강을 대체할 신소재의 발견과 상용화가 현실이 되면, 마치 청동기를 철기로 대치하여 신문명을 열었듯 '철강시대의 종언'

이 예기치 않게 닥칠 것이다. 그렇다면, 포스코와 같은 철강기업은 신소재의 출현을 앞장서 개척하고 준비해야 한다. '더불어with'란 시대의 흐름을 놓치지 않겠다는 뜻이자, 변동의 충격을 흡수할 적응력과 유연성을 배양하겠다는 각오의 표현이다.

둘째, 한국을 대표하는 재벌 대기업들은 국가의 비호와 막대한 지원하에 성장했다. 국가가 경제정책의 주역이었고, 대기업들은 그 취지에 맞춰 기업전략을 짜고 실행했다. 금융정책을 포함한 모든 산업정책이 대기업군의 고성장과 자본 축적에 초점을 맞췄는데, 그 결과는 매우 성공적이었다. 국가가 선두에 나서 경제성장 정책을 진두지휘한다는 의미의 '국가주도자본주의' 개념에 한국만큼 정확히 부합하는 나라도 없다. 국가주도자본주의는 국가와 대기업 간 종속적·위계적 관계를 낳는다. 기업은 국가의 통제하에 놓이고, 정치세력과 관료세력이 자본의 성격과 산업의 패턴을 좌지우지하는 폐단을 초래할 위험이 많다. 대기업과 대자본이 국가와 정치세력에 종속되어 있는 한 시민사회의 요청과 시민적 기대를 외면할 개연성은 증가한다. 빠른 성장과 급속한 산업화를 위해 유보했던 문제들은 주로 시민사회의 안전, 평등, 인권, 고용안정 등과 관련된다. 넓은 의미에서 시민권citizenship을 구성하는 요소들이다. 이런 관점에서 국가의 요청에 주로 부응하고자 했던 '국민기업' 개념은 보다 수평적이고 횡적인 관계영역인 시민사회와 접속해야 한다. 국가와 대기업이 산업화 시대를 이끌었다면, 이제는 국가, 자본, 노동을 포함하여 모든 사회 행위자들이 시민민주주의civic democracy의 주역이 되어야 할 시점이다. 시민민주주의는 대기업과 대자본에 시민적 책무와 윤리를 이행할 것을 요청한다. '기업시민'이 부상하는 시대적 배경이다.

셋째, 이런 기대와 책무 수행은 특히 공기업적 성격을 갖는 대기업군이 앞장서야 한다. 공기업은 국민 세금으로 운영되기에 경제적 이익 창출만큼이나 국민의 '삶의 질'을 향상하고 공익을 증진하는 것 또한 매우 중요하다. 물론 공기업 임직원들이 그런 의식을 갖고는 있지만, 중요 쟁점의 의사결정 과정에서 정치권과의 관계보다 시민적 기대와 요구에 더 많은 비중을 둬야 공기업을 바라보는 부정적 시각이 바뀔 수 있다. 공기업은 전기, 가스, 난방과 같이 시민생활의 핵심 인프라를 담당하기에, 정치권과의 수직적 관계로부터 시민사회와의 연대적 관계로 과감하게 나아가야 한다. 그 전환의 개념이 바로 '기업시민'이다.

포스코가 그렇다. 대일청구권 자금에 대한 채무의식은 포스코 임직원이 배양한 강한 공公의식의 출발점이다. 2002년 민영기업으로 전환하기는 하였으나 공의식은 여전히 강하게 남아 있다. '제철보국製鐵報國'은 국가에 대한 헌신을 집약하는 슬로건으로서 지난 50년의 성장기 동안 포스코를 이끌어 온 정신적 동력이었다. 그런데, '제철보국'은 원래 독일 철혈재상 비스마르크Otto E. Bismarck가 고안한 개념으로 제국주의적 본질과 맞닿아 있기에 시민민주주의를 지향할 이 시점에서는 설득력이 떨어진다. 그 강력한 개념이 이제는 시의성과 유효성을 상실했다고 하는 편이 적합할지 모른다. 이런 마당에 포스코가 '기업시민'을 표방하고 나선 것은 획기적 전환의 계기라 할 것이다. 국가주의적 기업정신으로부터 시민사회의 복리와 안전, 삶의 질에 헌신하는 쪽으로 방향을 틀겠다는 선언이다. 산업사회의 성숙기를 넘어서 문명사회로 진입한다는 역사적 계기로 해석해도 무리가 없다. 한국기업사적 관점에서 '거대한 변혁'으로 평가할 만하다.

이 글은 포스코가 '기업시민'으로 발상을 전환한 배경과 시대사적 의미를 고찰하려는 목적을 갖는다. 세 가지 쟁점을 다루려 한다.

첫째, 왜 이 시점에서 기업시민인가? 제철보국에서 기업시민으로 전환한 시대사적 필연성과 문명사적 의미를 심층적으로 고찰하려 한다.

둘째, 기업시민이란 무엇인가? 그동안 경영계에서는 기업의 사회적 책임CSR과 기업의 사회적 가치CSV가 주요 화두로 추구되었는데, 기업시민은 이 개념들과 어떤 관련이 있는지 살펴보고자 한다.

셋째, 기업시민의 이론적 자원과 개념을 정립해 볼 것이다. '기업시민'은 '시민'과 마찬가지로 실체인가, 아니면 은유metaphor인가? 시민권을 실행하는 주체인가, 아니면 그것을 지원하고 독려하고 유리한 환경을 조성하는 매개자인가?

마지막으로, 이런 논의들이 포스코의 경영이념과 비전 정립에 어떤 시사점을 줄 것인가? 포스코가 실행할 구체적인 경영방침과 임직원들의 행위양식에 대한 분석은 다른 기회로 미루고, 기업시민적 지향orientation의 의미와 태도에 관한 함의를 모색할 것이다. 말하자면, '기업시민 되기와 만들기'에 제기되는 문제들을 짚어 가지런히 풀어내는 것이 목적이다.

2. 왜 기업시민인가?

한국의 습속, 국가주의

얼마 전 정치권에서 '국가주의'가 쟁점으로 떠오른 적이 있다. 최저임금 인상, 주 52시간 노동제를 이해당사자와의 심층적 논의와 시민적 합의 과정을 거치지 않은 채 밀어붙인 것에 대한 야당의 강력한 비판이었다. 만약 최저임금 인상과 주 52시간 노동제가 정권의 목표인 고용확대와 소득증대로 나타났다면 비판의 예봉은 꺾였을 것이다. 그러나 고용사정과 소득불평등이 악화되자 국가주의라는 야당의 비판은 반향을 일으켰다. 사실은 청와대 정책팀이 먼저 발의하고, 국회가 인준하는 형식을 취하긴 했다. 그리고 노경사정위원회의 사후 토론을 거쳐 법안 상정이 이뤄졌으니 형식적인 과정은 다 거친 셈이지만 국가주의 프레임이 아니라고 반박하기에는 조금 궁색했다.

그런데, '국가주의'와 '국가주도'는 조금 다른 개념이다. 탈원전 정책은 어떠한가? 지구온난화와 환경파괴를 미연에 방지하고, 인류 사회 최대의 위협요인을 제거하려는 탈원전 정책의 의의를 높이 평가하더라도, 대안 마련, 전기가격 인상, 전력수급 문제 등에 관하여 사전 협의가 없었다. 사실 한국의 원자력 관련 기술과 과학 인력 수준은 세계 최고에 이르렀는데, 산업경쟁력과 과학 인력 배양을 어떻게 지속할 것인가에 대한 문제 역시 논의되지 않았다. 그렇다고 이 정책양식이 박정희 시대의 국가주의는 아니다. 오히려 시민생활의 미래를 우려한 '국가주도'에 가깝다고 할까. 모든 국가정책을 시민사회와의 협의를 통해 결정하고 실행할 수는 없다. 그럼에도 국가의 경쟁력, 국민 전반의 삶의 질, 산업 구조조정, 국가안보 등 중대한 사안에 대해서는 시민사회와의 협의과정을 거치는 것이 민주주의 이념에 더 부합한다. 아무튼, 흥미로운 점은 집권당인 민주당보다 훨씬 더 강한 국가주의적 성향을 보인 자유한국당에서 그런 비판이 나왔다는 사실이다.

한국의 보수주의는 국가주의의 수원지다. 박정희 유산을 가장 성실하게 물려받았고, 시민사회의 역동성을 거의 반영하지 않는 배타적 정치양식을 보여 온 것이 보수주의 정치양식이다. 시민단체들이 반드시 정의롭고 공평한 행위를 하는 것은 아니더라도 그들의 정치참여가 국가주의의 과잉과 축소를 가름하는 지표라고 본다면, 진보정치에서 시민단체의 참여가 더 활성화되었다는 것이 일반적 관찰이다. 진보정권이 시민사회에 더 개방적이었다. 그러나 누가 참여했는가를 따진다면 사정은 조금 달라진다. 진보정권은 이념적 친화성을 기준으로 참여를 선별화한 반면, 보수정권은 소수의 보수단체만을 초청하고 대다수의 단체를 정치권 밖으로 밀어냈다. 두 정당모두 국가주의적 성향과 친화성을 갖는데, 보수정권이 진보정권보다 훨씬 강한 집착을 보였다고 하는 편이 적절하다.

국가주의는 한국의 오랜 습속folklore이다. 조선은 세계에서 가장효율적인 관료제를 발전시켜 향촌을 다스렸다. 지방 유지들이 향청을 만들어 관권을 견제하는 역할을 담당하였지만 세금징수와 치안 유지 등 행정권력을 행사하는 관권의 우위가 두드러졌음은 물론이다. 아무튼 지배층이 장악한 관료제로 인하여 국가와 인민이라는 이원적 관계가 국가-사회-인민의 삼원적 관계로 발전된 적은 한 번도 없었다. 19세기 후반 들어 사회 형성의 징후가 활발하게 발현되기는 했으나 곧 일제 식민통치를 겪어야 했다. 1890년대에 한양을 필두로 각 도시에서 형성된 초기의 회사(상회商會)는 한반도 전역에 약 1천여 개가 분포되어 있었는데, 대체로 관료를 대표자로 내세웠고 자본을 댄 물주는 총무나 간사로 이름을 올렸다. 고위 관료를 내세우지 않으면 등록 자체가 어렵거나 경영이 보장되지 않았기 때문이다. 기업 역사에서 관 주도 전통이 처음부터 그렇게 정착되었다. 국가관료-전주錢主의 종속관계는 일제 통치하에 더욱 굳어져 '자율적 부르주아지'는 한국적 상황에서는 거리가 먼 존재였다.

산업화가 본격적으로 시작된 1960년대에 한국의 부르주아지 역시 국가에 의해 만들어졌다. 산업화 초기에 경성방직을 제외하곤 서양의 부르주아지에 견줄 기업이나 자본은 거의 없었다. 박정희는 당시 남다른 기업가 정신을 소유한 기업인들을 골라 임무를 맡겼다. 막대한 차관과 국가지원을 동시에 투입했음은 물론이다. 국가에 의해 재벌이 탄생한 시대적 상황이다. 자본 형성과정에서 절대 우위에 선 국가의 역할은 기업의 종속적 관계를 정착시켰으며, 독재정치를 통과하면서 고질적인 정경유착을 낳았다. 정치세력과 자본의 결탁은 결국 국가주의의 산물인데, 조선 후기 기업형성사와 일제 통치기 민족자본의 억압이라는 역사적 상황을 고려하면 불가피한 결과일 것이다.

그리하여 재벌 대기업의 흥망성쇠가 정권의 판단과 친소관계에 의해 좌우되는 한국적 현상을 낳았다. 1970년대 말, 중동 붐을 타고 급성장하던 제세制世산업이 정권에 밉보여 공중분해되었고, 승승장구하던 율산栗山도 정권과의 불화로 도산했다. 1980년대 초반, 전두환 정권은 국제상사에 도산 명령을 내렸으며, 1990년대 말 외환위기 때에는 재계 2위였던 대우그룹을 해체시켰다. 재벌의 흥망이 정권의 손에 달렸다는 인식은 재벌총수의 행위양식을 정치권에 맞추게 만드는 가장 위력적인 요인이었다. 밉보이면 살아남지 못한다는 정경유착적, 종속적 인식이야말로 오래 지속된 국가주의의 폐단이라 할 것이다.

그래서 박근혜 정권하에서 K재단, 미르재단과 같은 어처구니없는 일들이 자행된다. 그 재단이 어떤 일을 하는지, 법적 근거와 정당한 존립 사유를 갖췄는지 여부와는 관계없이 청와대의 뜻이라는 한마디로 재벌의 거액 기부가 강요된 것이다. 박근혜 정권은 시대의 흐름과는 거꾸로 박정희 시대로 회귀하는 통치양식을 보였다는 점에서 주목할 만하다. 그녀의 사전에는 '시민'이라는 단어가 없었다. 청와대는 국가였고, 국민은 통치의 객체였을 뿐이다. 말로는 민주주의를 자주 언급했는데, 그녀의 인식 속에 민주주의는 국가와 국민간 이원적 관계로 이뤄진 정치체제였던 것으로 보인다.

한국의 오랜 습속인 국가주의는 대표적인 공기업들을 '국민기업'

으로 호명하기를 선호했는데, 한국통신KT과 포스코POSCO가 전형적
사례이다. 이런 인식은 공기업을 넘어 민간기업까지 영향을 미친
다. 재벌의 선두주자와 대표적인 대기업들로 하여금 국민기업적 성
격을 갖추도록 독려하는 풍조가 조성됐다. 국가-대기업 간 종속적,
위계적 관계를 그대로 유지하겠다는 국가주의의 발현이다. 기업과
관련해 다음과 같은 세 가지 부정적 현상이 두드러진 것도 국가주의
의 끈질긴 생명력과 무관하지 않다.

첫째, 세계에서 유례없이 높은 반기업 정서다. 과거에 비해 대기
업에 대한 이미지는 상당히 개선되었으나, 정권교체기에 반복되는
대기업 징벌이 반기업 정서를 자주 불러일으키고, 따라서 대기업을
공익에 반하는 해로운 존재인 양 낙인찍는 인식이 좀처럼 약화되지
않는다. 삼성, 현대, LG, SK, 롯데 등 5대 재벌은 청년세대에게
취업선호도 최고이면서 비판적 인식의 대상이기도 하다. 부정과 긍
정이 교차하는 이중적 재벌 인식은 한국 특유의 풍경이다. 2018년
말 개봉한 영화 〈국가부도의 날〉 마지막 장면에는 이런 자막이 나
온다. "소득불평등과 고용불안정은 모두 외환위기로부터 유래한다.
금 모으기로 만든 22억 달러는 모두 대기업으로 흘러들어 갔다."
IMF 사태의 원죄도 대기업에 있다는 은근한 암시가 배어 있고, 금
모으기로 모은 돈까지 써버렸다는 비난조의 언급이다. 대기업에 원
죄가 있는 것은 맞더라도 대기업만 책임을 져야 하는지는 따져 봐야
할 일이지만, 그 자막은 반기업 정서에 헌납한 것으로 보인다. 아무
튼, 반기업 정서는 국가와 국민이라는 종속적 관계에 매몰돼 시민사

회와의 공감 및 관계 확산에는 별로 관심을 갖지 않았던 한국적 관행의 산물이다.

둘째, 정부는 대기업에 대한 규제의 끈을 놓지 않는다는 사실이다. 규제는 시장실패를 수정하고 시장의 예견된 파행을 방지하기 위해 반드시 필요한 요소이지만, 과도한 규제는 오히려 시장왜곡을 야기한다. 적정 규제를 둘러싸고 흔쾌한 합의가 이뤄지기는 매우 어렵다. 기업은 시장의 자유를 갈망하고, 정부는 시장의 횡포를 제어할 공적 규제 권력을 원하기 때문이다. 한국은 규제국가regulation state다. 재벌의 시장독점과 협력업체에 대한 통제가 극심하기에 정부가 약자에 대한 보호장치를 마련하고 재벌 대기업의 횡포를 감시할 필요성은 누구나 인정하는 바이다. 그러나 자본에 대한 과도한 규제는 오히려 역효과를 불러온다. 시장실패를 수정하기 위한 정부 개입이 시장기제의 원활한 작동을 방해하는 요인이 될 수도 있다.[1]

현 정권에서도 논란은 이어지고 있다. 상공인을 대변하는 대한상공회의소의 박용만 회장은 2018년 내내 규제완화를 정부에 요구했는데 결국 소득 없이 한 해를 보냈다고 털어났다. 연말 기자회견에서 그는 경고성 발언을 서슴지 않았다. "냄비 속 개구리가 땀을 뻘뻘 흘리는 수준이었는데, 이제는 화상을 입을 정도다." 국회에 계류된 2천여 개 법안 중 833개가 기업규제와 관련된 현실을 지적하기도 했다(〈한국경제〉, 2018. 12. 27.). 반기업 정서가 강하고 대기업에 대

---

1 그렇다면 적정 규제는 어느 수준인가? 이에 대한 국가-시민사회의 합의는 어렵다.

한 정부의 불신이 사라지지 않는 한 정부의 기업규제망은 그리 쉽게 축소되지 않을 전망이다.

셋째, 정치권에 대한 과도한 눈치 보기와 정부 시책 부응에 신경을 쓴 나머지 대기업들은 시민사회의 요청을 상대적으로 외면해 왔음을 지적하지 않을 수 없다. 겉으로는 국민기업을 표방했지만 실제로는 정치권의 요구에 충실하거나 정부 시책에 순응한 것이다. 삼성의 백혈병 사태에서 보듯이, 작업장에 도사린 위험요인의 진단과 예방, 노동조건의 개선, 협력업체와의 상생관계를 소홀히 했다는 비판을 면하기 어렵다. 외환위기 이후 비정규직이 양산된 것도 기업 생존을 위한 전략적 구조조정의 결과였음을 부정할 수 없다.

최근에는 대기업들이 협력기업을 지원하기 위한 상생기금 조성, 사회적 약자와 소외집단을 돕기 위한 사회공헌활동 등을 활발하게 펼치고는 있다. 환경 문제에 적극 나서고, 직원들의 안전과 건강 프로그램을 운영하고, 아동센터, 노약자 보호 프로그램 등을 개발해 손수 실천하는 기업들이 다수 등장한 것은 환영할 만한 일이다. 그래도 선진국의 글로벌 기업이 행하는 광범위한 시민권 증진 프로그램에 비하면, 시민적 책무를 깊이 인지하고 사회적 가치를 소중하게 여기는 기업 차원의 인식전환은 아직 초기 단계에 있다. 시민사회와의 연대가 기업의 가장 중요한 관심사가 아니었다는 점은 바로 과도한 국가주의의 그늘이다.

국민의 시대

국가주의의 과잉이라 해서 애국심을 버리라는 말은 아니다. 국가주의만으로는 진정한 애국심, 개방적 애국심을 배양할 수 없다는 것이다. 프랑스의 계몽주의자 루소는 조국fatherland을 진정으로 사랑하려면 먼저 시민의식을 갖춰야 한다고 역설했다. 국민이 되기 전에 시민의식을 갖춰야 최선의 정치공동체body politic로서 국가가 만들어진다는 것이다. 시민은 프랑스어로는 Citoyen, 영어로는 Citizen, 독일어로는 Bürger다. Citoyen, Citizen, Bürger 모두 공익과 공존을 위해 사익과 욕망을 자제해야 한다는 교훈을 습득하고 실천하는 존재들이다. 이해관심이 엇갈리고 손익과 희비가 교차하는 냉혹한 현실에 내쳐져 있지만, 사익과 욕망을 좇다 보면 '만인에 의한 만인의 투쟁', 전쟁, 혼란을 피할 수 없다. 루소는 '욕망기계'인 인간을 시민으로 거듭나게 하려면 천부인권인 자유를 일단 자제하는 것이 중요하다고 역설했다. '남의 권리를 침해하지 않을 책무'를 서로 계약하자는 논리다. 사회계약설은 질서를 유지하기 어려울 정도로 사익투쟁에 매몰되는 시민사회에 존립 근거를 마련하기 위한 고육지책이었다. 상호 권리와 재산권을 존중한다는 계약서를 작성하고, 그것을 지킬 권한을 국가에 위임하는 것이 사회계약설의 골자다. 국가는 개인과 시민사회를 지킬 권한을 위임받았다. 논리상 개인이 우선이고, 시민사회와 국가 순으로 권리가 이동된다. 시민사회에 필요한 윤리적 덕목을 지키는 개인이 '시민', 국가가 규정한 규범과 법칙을 준수하는 존재가 '국민'이다.

피륙이 날줄과 씨줄로 짜이듯, 국가에 대한 종적 관계가 국민이고, 같은 시대를 살아가는 동시대인과의 연대감과 긴장관계를 내면화한 존재가 시민이다. 국민과 시민이 이런 형태로 짜이지 않은 사회는 취약하다. 홑줄로 짜인 피륙이 외부 충격에 쉽사리 풀려 올이 흩어지는 것과 같은 이치이다. 말하자면, 한국에서 국가주의의 과잉은 시민 존재의 미발달과 시민의식의 취약성을 시사한다. 시민적 자질, 혹은 시민 요건을 뜻하는 시민성civicness에 의해 보완되지 않는 사회는 정치적 동원과 포퓰리즘적 선동에 취약하다.

한두 가지 예를 들어 보자. 몇 년 전 절찬리에 상영된 영화 〈국제시장〉은 중장년층의 눈물을 자아냈다. 한국전쟁 당시 흥남 철수 피란민과 함께 부산에 도착한 가족들의 얘기다. 〈굳세어라 금순아〉의 주인공 같은 인물이 등장해 1970년대와 1980년대를 살아가는 드라마인데, 대체로 줄거리는 나와 가족, 친구, 국가를 중심으로 짜여 있다. 국제시장 내 가게 인수비용을 마련하기 위해 상사 직원으로 전쟁 중인 베트남에서 일하려 하는 주인공이 처와 논쟁하는 가운데 〈애국가〉가 울려 퍼진다. 부부는 말다툼을 일시 중단하고 〈애국가〉가 울리는 쪽을 향해 경례 자세를 취한다. 결국 주인공은 베트남으로 갔고, 총격전에 휘말려 부상을 입는 등 갖은 고생 끝에 돌아와 국제시장 상인이 된다. 친구와의 소소한 얘기가 흥미를 돋우지만, 국제시장 상인들과의 횡적인 얘기는 없다. 조합도 등장하지 않고, 동시대를 살아가는 다른 시민들과 공유하는 쟁점도 없다. 국가와 한국의 역사가 가족과 나의 인생궤적을 직접 결정하는 주체다. 그것은 전형적인 국민 스토리다. 시민이 없다.2 그래서 세월호 사태가 발생했다.

더 이상 떠올리고 싶지 않은 저 세월호 사건은 공존의 미덕, 자발적 시민성의 결핍이 어떤 무서운 결과를 초래하는지를 보여 주는 서글픈 자화상이다. 당시 68세의 선장 이준석이 왜 300여 명의 어린 학생들을 남겨 두고 승무원들과 함께 난파선을 먼저 탈출했는지 모든 사람들은 의아해했고 안타까워했다. 선장에 대한 분노를 주체할 수 없었을 터이지만, 어느 순간 자신도 이준석과 같을지 모른다는 생각에 섬뜩함을 느꼈을 것이다. 일리 있는 추론이다. 필자도 아픈 가슴을 부여잡고 그 파렴치한 행동을 이해하느라고 애를 먹었다. 필자의 잠정적 결론은 이 글의 취지와 직결된다. 선장 이준석은 평생 수평적 관계를 맺지 못하고 살았다. 다만 자신과 가족, 가족과 회사, 회사와 국가라는 수직적 관계에서 의식을 형성했고 행동수칙을 익혔다. 비상시 선장의 의무는 여객선 항로와 상태를 관리하는 정부기관, 해경 관측소, 여객선 관리소에 연락을 취하고 지시에 따르는 일로 충분했다. 사건 당일에도 그런 마음 상태를 유지했을 터인데, 갑판에 나와 보니 해경 소속 헬리콥터와 구조선이 눈에 띄었다. '국

---

2 필자의 기억에, 영화 〈국제시장〉을 보던 날 옆자리에 40대 초반 부부가 앉았는데 남자는 코를 골았다. 필자는 이산가족 찾기 장면에서 울려 나온 패티 김의 노래에 약간 눈물을 글썽였는데, 코고는 소리가 살짝 들려 민망했다. 영화에 시민적 긴장을 자아내는 얘기가 없어서 그랬을까?

가가 왔다!' 국가가 있는 한 자신의 할 일은 소멸됐다. 어린 학생들의 생명은 국가가 책임질 터이니 자신은 자신의 생명만 보존하면 된다는 생각 외에 다른 의식은 없었을 거다. 그래서 탈출했다. 해경 구조선을 타고 말이다.

'의식 없음!thoughtlessness'은 제 2차 세계대전 당시 유대인 대량학살을 감행한 나치 대원이나 사령관급 책임자에게 공통적으로 발견되는 사고방식이다. 난징 학살에 황도황종皇道皇宗의 명분을 갖다 대는 일본 제국군대 사령관의 사고방식도 그런 유형에 속한다. '의식 없음'은 책임전가 내지 무책임의 전통에서 발원하고, 그것은 모든 행동과 규범을 상위명제인 국가와 결부시킬 때에 정당화된다. 3 이준석은 수직적 관계에 매몰된 '국민'이었다. 그럴 경우 이웃, 공동체, 더불어 사는 사람들에 대한 배려가 완전히 결핍된 이기적 인간이 된다. 국가에 대한 애국심은 있을지 모르나, 수평적 관계에 대한 의무, 즉 시민성에 대해서는 무지한 인간이다.

시민성에 무지하기는 당시 박근혜 대통령 역시 마찬가지였다. 그녀는 세월호 사태를 일으킨 주범을 색출하려고 혈안이 되었다가 결국은 해경을 해체하고 '국가개조!'를 발령하기에 이르렀다. 개조라는 구어舊語가 정치 전면에 부상한 것도 어색했지만 세월호 사태의

---

3 마루야마 마사오(丸山眞男)는 천황 이데올로기를 최고의 가치로 설정한 일본 제국주의의 정신 상태를 '무책임의 전통', '무구조의 전통'으로 개념화했다. "일본에서의 내셔날리즘", 《현대정치의 사상과 행동》, 1997; 《일본정치사상사연구》, 1995 참조.

최종 해결책으로 국가개조에 도달한 것도 너무 낯설었다. 무엇을 개조하라는 말인가? '사회적 공동책임'으로부터 출발했어야 했다. 청운해운, 항만관리청, 해경, 해안경비 시스템, 국가재난본부 응급네트워크, 그리고 청와대. 이것은 국가와 사회를 연결하는 공적 시스템이고, 세월호와 세월호 선장, 자원봉사와 가족 문제는 시민 영역이다. 시민성을 환기시키지 않으면 국민 영역은 쉽게 무너진다. 국민 담론이 판을 친 그해 필자는 "아직도 국민시대"라는 제목의 칼럼을 썼다.

미국 대통령은 보통 '친애하는 시민 여러분Dear American Citizens!'으로 말문을 연다. '국민'은 전쟁, 재난 같은 특별한 상황에서 애국심을 고취하기 위해 호칭될 뿐이다. 한국의 대통령들은 그냥 '친애하는 국민 여러분'이다. … 미국 시민, 독일 시민은 역사적 위상이 뚜렷한 존재이기에 형용모순이 아니다. 19세기 100여 년 동안 지배층과 겨루는 과정에서 내부 결속력과 독자적인 시민정신을 길렀다. 복고적·특권지향적 귀족계급에 맞서 진취적·평등지향적 윤리를 내세웠다. 상공업 발전에는 계약과 신뢰가 필수적이었고, 문화적 품격과 세속적 경건성을 결합시켰다. 내부 갈등이 발생하면 '자치'로 풀었다. '자기 생존'을 위해서는 '타인에의 배려'를 우선해야 한다는 공존 윤리가 시민의 발명품인 '자치행정'에서 움텄다. 유럽에서 노동자와 농민이 권력에 도전해 왔을 때 계급 타협으로 풀었던 것도 공존의 정신이었다. 국민國民이 되기전 그들은 시민市民이었다. 워싱턴 시민, 베를린 시민이 아니라 가족

·사회·국가의 균형을 지향하는 보편인이었다. 시민권이란 '나'를 위해 '남'을 존중할 의무를 뜻한다. 우리에겐 그런 시민적 경험이 미천하니 시민권도 온전할 리 없다. 학식·교양·재산을 겸비한 중산층이 폭넓게 형성됐는데 왜 시민 호칭은 이렇게 낯설고 어색한가? 시민층이 사회를 주도할 정신적 양식을 못 만들어 냈기 때문이다. … '국가개조'로 수직적 그물망을 다시 꿰맬 수 있겠지만 실밥이 아예 터져 있던 수평적 그물망, 그 허약한 시민성은 어찌할 것인가? 사태해결의 책임과 권리가 국가에 양도된 지금 시민은 그냥 관객이다. 국가가 법의 칼날로 참사의 원인과 과정을 토막 낼 때 법치의 원천인 시민성 배양의 기반도 동시에 토막 날 것이다. 우리는 아직 국민의 시대를 살고 있다.

— 〈중앙일보〉, 2014. 12. 2.

시민과 시민성

왜 아직 우리는 국민시대를 살고 있는가? 답은 간단하다. 시민을 형성할 역사적 시간이 결핍됐으며, 초기 형성된 약한 시민층도 일제강점기 암흑 속으로 빨려 들어갔기 때문이다. 팔자타령이 아니라 그게 현실이었다. [4] 해방과 함께 '황국신민'으로 살아온 한국인들이 자

---

4 이하 이 절 내용은 필자의 책과 논문에서 부분 발췌하여 수정함. 《나는 시민인가?》, 2015a; 《촛불의 시간: 군주·국가의 시간에서 시민의 시간으로》, 2017; "시민민주주의의 미시적 기초: 시민성, 공민, 그리고 복지정치", 한림대 사회과학원(편), 《다시 국가를 생각한다》, 2017.

율적 시민사회를 구축하기란 벅찼다. 식민통치 기간에 태어난 사회단체와 시민단체는 해체 압력을 받아 웅크리고 있거나 조선총독부의 강압과 회유에 의해 대부분 친일단체로 변절하지 않을 수 없었다. 마치 '인민'이 사회주의에 의해 계급적 성격을 부여받은 것처럼 자율성을 지향하는 '시민'은 불온한 단어였다. 농민이 인구의 90%에 달했던 해방 당시는 시민계층도 형성되지 않은 상태였다. 이후 전쟁이 국민 개념을 협소한 이념 스펙트럼에 가두었다면, 군부정권은 국민 개념에 급진적 민족주의 색채를 부가했다. 반공과 민족주의로 무장한 국민이 태어난 배경이다. 그런 시대적 상황 속에서 시민적 토양은 얼어붙었다. 국가주의가 상승하던 시대에 발육부진의 시민은 '국민'으로 호명됐다. 1960년대 미성숙한 시민 군상이 있었으나 국민으로 편입될 무기력한 '소시민'일 뿐이었다.

1970년대는 '동원의 정치' 시대였다. 모든 것은 국민으로 통했고 국민으로 모였다. 시민의식의 발화는 지지부진했다. 〈국민교육헌장〉이 낭독되고 국기에 대한 경례가 일상화됐다. 국부國富는 역사상 최고로 올라섰고, 경제 기적을 알리는 건배사가 메아리쳤다. 경제개발과 더불어 북한과의 체제 경쟁과 민족주의 이념의 심화 과정에서 시민 개념은 흔히 '재야在野'로 불리는 저항운동 진영과 접속해야 했다. 다시 시민은 무정형 집단이거나, '민족중흥' 따위에는 관심을 두지 않는 불온한 집단으로 규정되었다. 시민 개념은 여전히 특정 도시에 거주하는 도시민에 한하여 사용되었을 뿐, 자율성과 견제 역할을 갖는 주체적 개념과는 거리가 멀었다. 1970년대와 1980년대에 걸쳐 시민 개념이 불온성, 반체제성, 저항성 같은 부정적 의미와 결부된 까닭이다.

경제개발은 시민계층을 급속도로 만들어 냈다. 시민층의 확장이 일어났고 중간계급이 형성됐다. 그러나 그들은 시민계층의 고유한 양식을 만들고자 하는 의지보다는 비어 있는 지배층으로 상승하려는 의지가 더 강했다. 자율성을 박탈당한 시민계층에게 열린 것은 부의 축적과 신분 상승 기회였기에 사회를 이끌 행동양식과 정신적 자원을 만들어 내지 못했다. 아니, 사회를 주도할 고유의 정신자원을 만들어야 한다는 생각을 하지 못했다. 20세기 초반, 독일에서는 교양시민Bildungsbürger과 노동계급의 연대가 만들어졌다. 자본주의의 최대 모순인 분배와 평등 간 충돌을 최소화하려는 사회민주주의는 그런 계급적 합의 없이는 불가능하다.[5] 그런데 한국의 지배집단에게 계급적 세계관은 여전히 불온했고, 빈곤층, 노동계급, 저항집단의 절규는 성장 저해적 독소로 규정되었다. 그런 바탕에서 출세 지향의 교양시민이 형성되었다. 그러한 성향은 기업을 일군 경제시민 Wirtschaftbürger 역시 마찬가지였다.

서양에서도 교양시민과 경제시민의 역사적 발전과정은 순탄치 않

---

5   1901년 독일에서 결성된 '사회개혁협회'는 대학교수와 교양시민이 주축이 된 시민 단체로, 노동의 평등권과 분배의 정당성을 요구하는 노동계급의 도전을 수용해야 한다고 역설하고 실천한 진보단체였다. "교양인들이야말로 권력 소유에 민감한 계급과 솟아오르려고 애쓰는 계급 사이에서 중재자 역할을 해야 한다고 믿었다"는 것이다. '교양과 노동의 연대'가 그렇게 이뤄졌다. 박근갑, 2016 참조.

았다. 거의 100여 년에 걸친 형성기와 성숙기를 지나서야 비로소 시민층은 정치·경제의 중앙무대로 진입해 자유주의와 자본주의의 원활한 상호 결합을 이뤄 낼 수 있었다. 그 중심에는 도덕morality과 공공성publicness이 놓여 있다. 초기 단계에서는 수많은 장애물을 넘어야 했다. 상공업 발전과 시민층 확대가 신분체계를 와해했다 해도 차별의식과 사회적 장벽은 여전히 높았다. 시민층의 아들인 독일의 문호 괴테Johann W. von Goethe(1749~1832)가 쓴 《젊은 베르테르의 슬픔Die Leiden des Yungen Werther》(1774)은 시민층인 베르테르가 귀족층인 샤를 로테를 사랑하는 이야기다. 당시로서는 시민과 귀족의 사랑은 이뤄질 수 없었다. 상승일로에 있던 시민층이 지배계층인 귀족층과 인생을 공유하고자 할 때 부딪힐 수밖에 없었던 문화자본의 빈약함, 즉 윤리적 전통과 품격 있는 관습의 결핍, 예술적 감각과 정서의 빈곤, 빈궁하고 옹색한 생활양식과 신분질서의 단단한 장벽 등이 자본과 상공업 질서를 앞세운 그들의 행진을 가로막은 것이다. 시민층은 돈은 있지만 천박한 부류의 대명사였다. 18세기 말 독일 대문호 괴테 역시 그 화려한 언어, 학식, 감성으로도 군주제하의 신분질서를 뛰어넘지 못했다. 젊은 베르테르의 사랑은 신분적 장벽 앞에서 무너져야 했다. 베르테르의 '슬픔'은 개인적 비극이자 사회적 '고뇌Leiden'였다. 귀족층의 장벽을 무너뜨리고 그 사회적 고뇌를 현실적 기쁨으로 바꾸려면 귀족층에 대항하는 시민층 특유의 윤리와 정서, 가치관과 세계관을 배양해야 했다. 종교적 신념과 생활윤리의 접합이 그렇게 일어났다. 일상생활에서의 검약과 청렴, 세속적 경건함으로 무장한 직업군이 태동했다.

교양시민이 그들이다. 교사, 교수, 목사, 예술가, 군인, 하급 공무원, 회계사와 전문 관리인, 건축사, 기술자들이 전문지식과 학식, 윤리적 감각과 규율을 내세워 낭만적 취향과 타락한 풍요에 빠진 귀족층을 대신하여 현실 질서를 주도하려 했다. 상공업에 포진한 경제시민이 교양시민과 짝을 이뤄 자유주의를 전파하는 쌍두마차로 등장했다. 자유주의와 자본주의는 귀족층과 대적할 역량을 키워 나가는 시민층의 인큐베이터였다. '교양소설'은 시민층이 주도계층으로 부상하던 19세기 역사적 도전 과정에서 표출된 시민층의 '마음의 행로'와 '정신적 자원의 축적 양상'을 집약한 문학을 총체적으로 일컫는다. 그것은 곧 시민됨의 기록이었고, 시민적 언어였고, 시민층의 집합적 성찰이었다. 귀족적 질서에 대항하여 자유주의의 기반을 구축한 쌍두마차인 교양시민과 경제시민의 정신적 무기가 합리성이었음은 두말할 나위가 없다. 이성의 합리적 활용이 가져온 혁명적 변화가 시민층의 확장이고 궁극적으로는 지배권력의 공유였다.

이로부터 공공성 개념이 도출된다. 독일 사회학자 하버마스Jürgen Habermas는 국가와 귀족권력에 대항하여 영리추구를 향한 계급적 이익을 극대화하는 각종 매체와 토론회, 정치적 조직들로 연결된 부르주아 공론장이 작동하는 기제를 각국 사례를 통해 보여 주었다. '이성의 합리적 사용'이 바로 공공성에 도달하는 경로이며, 정보와 상품의 교환, 봉건권력에 대항하는 비판적 논리와 매체, 사교클럽과 커피하우스 등을 활용하여 영향력을 획득해 가는 기제가 부르주아 공론장이다(Habermas, 1990). 상공업을 통하여 부를 축적하려는 부르주아는 시장과 교역을 저해하는 귀족계급의 간섭에 대항하여 정보 유통과 합리적 규범의 확대로 자신의 세력을 키웠다. 이 과정에서 귀족계급에 대응하는 자신들의 독자적인 취향과 생활방식을 창안했으며, 귀족계급과 견줄 만한 예술적 감성과 문화적 자산을 축적해 나갔다. 예술비평, 음악회, 연주회, 미술평론은 물론 신문과 인쇄물을 간행하여 그들의 계급이익을 토론하고 확장하는 공론장을 만들어 나간 것이다. 이른바 공중公衆, a public이 출현했다. 공적 문제를 거론하고 해결방안을 제시하는 부르주아 공론장은 국가권력에서 비교적 자유로운 자율적 공간이었으며, 사적 영역의 문제를 지극히 자제하고 대중적 동의를 만들어 내는 정치적 힘을 발휘했다. 6 사적 영역과 공적 영역은 서로 긴밀히 연결되어 있었지만, 부르주아 공론장의 공중은 사익보다는 공익public interest, 공개성openness, 자유와 평등의 원칙을 기본 원리로 설정했다. 공론장에 나선 공중이 시민 개념에 부합한다면, 공론장의 기본 가치인 공공성은 시민성civicness의 요체다.

한국의 시민층은 이런 역사적 배경을 갖지 못한다. 그 말은 사회를 주도할 핵심 가치를 만드는 데에 실패했다는 뜻이다. 시민사회 형성의 경험지층을 건너뛴 것이다. 송복 교수는 저서《특혜와 책

---

6 한국사회에서 공공성의 문제를 거론한 논의로는 조대엽, 2014; 임혁백, 2015를 참조하면 좋다.

임》에서 뉴 하이new high와 뉴 리치new rich의 형성 과정에 주목한다. 뉴 하이란 당대에 고위직에 오른 권력집단과 위세집단을 가리키고, 뉴 리치는 당대에 돈을 번 최상위 자본가집단을 지칭한다. 당대에 최고 지위에 오르는 데에는 성공했지만, 권력과 자본을 어떻게 사회 공익을 위해 행사하고 쓸 것인가에 대해서는 고뇌의 기회를 갖지 못했다는 것이다. 말하자면, 권력 윤리와 돈의 철학이 궁핍하다. 국가 주도의 시대는 지났다. 이제는 뉴 하이와 뉴 리치가 사회개혁을 주도해야 함을 역설하는 송복 교수는 이들에게 노블레스 오블리주 noblesse oblige, 즉 특혜에 따른 응분의 책임을 요구한다. '위급할 때에 생명을 내놓는 지혜'를 《논어》를 인용해 견위수명見危授命이라 풀었다. 견위수명 — 교양시민과 경제시민이 갖춰야 할 가장 절실한 덕목이며, 솔선하는 시민사회 만들기垂範精神가 그 덕목의 으뜸이다(송복, 2016). 시민, 시민사회는 자율성을 토대로 성장한다. 자율성을 상실하면 정권의 동원 대상이 되거나 국가 목표를 향해 일사불란하게 작동하는 국민으로 남는다. 산업화에 매진한 독재정권하에서 사람들은 그것을 받아들일 수밖에 다른 도리가 없었다. 시민 없는 국민국가의 시대가 너무 길었다. 1987년 민주화 이후 이 결핍증을 아프게 인식해야 했다. 시민사회 만들기, 그리고 진정한 '시민 되기'가 민주화의 최대 과제라야 했다.

우리의 초라한 자화상을 애써 환기한 이유는 시민성, 공존의 지혜를 갖춘 '시민'이 중요하다는 사실을 자각하기 위함이다. 이기적 심성, 경쟁과 독점, 불평등과 격차, 이런 독소가 무성하게 번식한 한국사회에서 더 이상 경제성장은 불가능하고, 어렵게 성장동력을 찾아내더라도 사회를 옥죄는 누증된 모순을 혁파하지 않고는 투쟁 사회가 지속된다. 이것이 왜 이 시점에서 '시민'인가, '시민성'인가 를 자문해야 하는 이유다. 한국사회가 당면한 제반 모순과 폐단을, 우리의 일그러진 자화상을 '시민성'으로 교정할 수 있다고 주장하는 것은 아니다. 다만, 사회적 재설계가 절실한 현 단계에서 우선 고민 해야 할 시대적 과제가 바로 시민성 배양이다.

시민성은 '공존의 지혜'이자 '더불어 사는 시민'(공민)으로 진전하 는 통로다.7 제도는 만들어 낼 수 있다. 그러나 제도의 작동은 '규칙' 만으로 되지 않는다. 규칙을 지키고자 하는 사회 성원이 의무감으로 충만해야 한다. 모든 개인은 자기애自己愛를 갖는다. 사익과 욕망에 충실한 존재다. 그러나 공감능력sympathy을 발휘해 자기절제, 관용 을 내면화하지 못하면 보이지 않는 손은 허구일 뿐이다. 애덤 스미 스는 이기적 개인을 이타적 존재로 승화하는 지적 덕성intellectual virtue 으로서 공감능력을 중시했다(Smith, 1759). 이것이 시민성의 덕목 으로, 한국인과 인연이 없는, 멀리 떨어진 가치가 아니다. 유럽의 사회이론가들이 예외 없이 고민한 시민사회의 가장 본질적 덕목이 시민성이라는 가치관이고, 그것을 내면화한 기업이 바로 이 글의 주 제인 '기업시민'이다. 기업시민은 시민성을 학습하고 실천하는 기업 을 뜻한다. 이 글에 산발적으로 나타난 개념들, 공존, 공감, 자제,

---

7 '더불어 사는 시민'이 독일어로 Mitbürger다.

양보, 견위수명, 이타성, 덕성 등이 기업시민이 내장해야 할 가치인데, '교양시민'과 '경제시민'의 덕목을 결합한 실체라고 해야 할 것이다. 이제 기업시민을 고찰할 차례다.

3. '사회적 책임'에서 '기업시민'으로

자본주의의 부패

1984년 12월 3일, 인도의 보팔지역에 위치한 세계 최대의 화학회사 유니온 카바이드Union Carbide 사의 약품 저장탱크가 폭발했다. 독가스가 밤새 퍼져 나갔다. 이 사고로 주민 2,500여 명이 사망했고, 약 30만 명이 유독가스에 치명적 상해를 입었다. 가축들도 수만 마리 폐사했으며, 부상자들은 폐질환과 기억력 감퇴, 우울증, 기형아 출산 등으로 고생했고, 노동력을 잃는 경우가 다반사로 속출했다. 이는 20세기 최악의 참사로 기록되었다. 1991년 3월 한국에서 일어난 낙동강 페놀오염 사건도 규모는 다르지만 본질은 동일하다. 구미공단의 전자업체에서 회로기판 세척제인 페놀을 낙동강에 무단방류해 대구시 전역의 수돗물을 오염시켰다. 시민들은 며칠간 악취와 복통에 시달렸고 임산부는 유산 위험에 고통을 받았다.

　기업이 저지른 이런 사고들은 극단적 사례에 속하지만, 환경과 안전 문제의 방치, 노동착취와 인권유린 행위를 임금과 고용을 제공한다는 명분으로 버젓하게 수행한 시절이 있었다. 1970년대 마산수출자유지역에는 노동조합이 허용되지 않았다. 장시간 저임금 노동체제의 전형이었던 그곳에는 약 3만 명에 달하는 젊은 여성들이 고용되어 있었는데, 노동할 의무 외에 노동 권리는 사치로 간주되었다. 1987년을 기점으로 임금 투쟁이 일어나자 마산수출자유지역에 입주했던 외국업체들은 중국과 동남아로 이주해 버렸다. 그런데, 인건비 압박에 직면해 1990년대 중남미와 동남아로 진출한 한국기업들은 과연 어떠했을까?

필자가 1992년 실제로 겪은 일이다. 미국 캘리포니아주립대UCLA에서 노동 관련 세미나가 열렸다. 세계 각국 학자들이 모여 다국적기업MNCs이 어떻게 노동을 착취하고 인권을 유린하는지 고발하려는 열기가 가득했다. 당연히 중진국 한국은 피착취자로 생각했다. 그러나 과테말라에 진출한 의류업체인 삼풍어패럴의 사례가 다뤄졌을 때 필자를 포함한 한국 학자들은 고개를 들 수가 없었다. 일당 1달러에 젊은 여성 1천여 명을 고용하는 작업장은 '노예선'으로 불렸다는 증언이 나왔다. 화장실도 제대로 못 갈 만큼 한국인 젊은 남성 십장이 작업장을 강압적 분위기로 몰고 갔다고 했다. 임산부를 가려내기 위해 아침에 줄을 선 지원자들의 배를 때려 보기도 했다는 현장 노동자의 증언에 분노는 절정에 달했다. 필자는 할 말을 잃었다. '자본주의의 부패decay of capitalism', 그 세미나가 도달한 비장한 결론이었다. 한국은 자본주의의 부패를 부추긴 불량국가로 낙인찍혔다. 그러나 한국만 그러했는가? 훨씬 전, 다국적기업의 주역인 미국과 유럽 자본이 그 선두 대열에 나서 솔선수범했음은 역사적 사실이다.

예를 들면 이렇다. 세계 굴지 의류기업인 리바이스Levi's 사 청바지 한 벌은 뉴욕에서 100달러에 팔린다. 디자인은 미국, 원단은 중국산, 아동노동에 의존하는 동남아시아에서 가공해 최종 선적된다. 뉴욕 매장에 진열되는 데까지 든 비용은 총 20달러, 나머지 80달러는 리바이스 사의 이윤이다. 80달러 이윤은 청교도적인가? 이 속에 '부패 자본주의'가 벌써 움트지 않았는가? 마르크스가 《자본론》에서 M-C-M'의 비밀을 물었을 때 M'는 M보다 그리 크지 않았는데, 20세기 자본주의는 그 격차를 엄청나게 벌려 놓았다. '자본주의의 매혹'이다. 이 매혹에 이끌려 대기업과 대자본은 승승장구했고, 매혹의 증폭을 위한 것이라면 그 어떤 것도 마다하지 않았다. 8

지난 세기 대기업의 행태가 그러했다. 선진국은 물론 한국도 뒤늦게 다국적기업 대열에 끼어들었다. 유니온 카바이드는 '위험의 외주화', 삼풍어패럴은 '저임금의 외주화' 사례였다. 위험과 저임금의 외주화 사례는 지금도 국내에서 다반사로 일어난다. 2016년 구의역 스크린도어 정비업체 비정규직 청년의 죽음, 2018년 태안화력발전 비정규직 청년 김용균의 죽음은 그 본질이 동일하다. 자본주의는 원

---

8 필자는 그 세미나에서 제국주의 시대로부터 자본주의의 부패가 어떻게 일어났고, 주로 선진국들이 그 선두 대열을 어떻게 담당했는지를 역설했다. 후진국에서 자행된 다국적기업들의 착취행태는 물론, 남미 전역에서 미국과 유럽의 다국적기업 – 국내 부르주아지 – 정권의 삼각동맹이 결성한 군부독재의 실상에 이르기까지 각종 정치경제적 부패에 대해서 말이다. 그러나 분위기는 싸늘했다.

청-하청의 종속적 관계를 이윤 극대화의 수단으로 삼는데, 사회경제적 권리는 물론 기본적인 인권도 짓눌릴 위험이 내장되어 있는 것이다. 9

다국적기업이 모두 부정적 기능만을 하는 것은 아니다. 1990년대 다국적기업에 대한 평가는 서로 엇갈렸다. 후진국과 빈곤국에 고용과 소득을 창출하고 선진제도를 전수하는 긍정적 기능을 부각한 학파가 있었다. 역으로 노동착취와 환경파괴, 나아가 이윤착취와 시장지배를 통해 후진국 국가경제 자체를 파탄 낸다는 부정적 평가도 만만치 않았다. 1970년대 한국에서 맹위를 떨친 종속이론Dependence Theory은 후자의 전형이다. 그러나 지구촌화가 현실이 된 지금은 오히려 외국자본과 외국기업의 유입을 갈망하는 상황으로 변했다. 외국자본이 주식시장에서 빠져나가는 것은 그야말로 경기악화의 신호다. 번화가에 외국기업이 보이지 않는 나라는 선진국이 아니다. 다국적기업도 글로벌 기업global corporation으로 명칭이 바뀌었고, 구글, 애플, 아마존, 마이크로소프트 같은 글로벌 IT기업을 두고 착취기업이라 낙인찍지 않는다. 이미 글로벌 기업의 대명사가 된 삼성은 모스크바 붉은광장 입구의 레닌도서관 지붕에 현란한 입간판을 세워 관광객의 눈을 끌고 있다. 러시아 가전시장을 휩쓸고 있는 LG 역

---

9 다행히 국회는 2018년 12월 28일 위험의 외주화를 방지하는 '김용균법'을 통과시켰다. 외주업체에서 발생하는 모든 위험사고의 책임을 원청이 지도록 하는 법안이다. 그런데 여기에도 문제가 있다. 하도급 계약을 통해 안전, 운송, 포장, 청소 등을 전담하는 수많은 전문업체가 원청의 계약회피로 도산될 위험이 그것이다.

시 마찬가지다. 붉은광장으로 건너가는 고가교에는 LG 로고와 깃발이 나부낀다. 모스크바 시민들은 그 고가교를 'LG다리'로 부른다.

스타벅스는 최근 지구환경운동에 참여한다는 취지로 세계 모든 매장에서 플라스틱 빨대를 퇴출시켰다. 버거킹, 맥도날드 같은 글로벌 기업도 햄버거 포장용지와 은박지를 절약하는 캠페인을 시작할지 모른다. 엑슨 모빌Exxon Mobile은 십수 년 전에 인류의 석유 사용 습관을 다각적으로 연구하는 팀을 스탠퍼드대에 발족시켰는데, 대체에너지 개발도 그 연구과제에 포함되어 있다. 지구온난화를 예방하는 세계기후연맹Global Climate Coalition에 약 40개의 글로벌 기업과 석탄연료산업연합이 참여했다. 교토약정서 이후 훨씬 더 강력한 탄소배출 규제안을 우려한 탓도 있겠지만, 인류 미래에 가장 큰 재앙으로 간주되는 기후온난화 방지에 십시일반 힘을 보태려는 선의의 결과였다.

이런 노력들 덕분에 '기업의 사회적 책임Corporate Social Responsibility, CSR'과 '기업 공유가치Corporate Shared Value, CSV'가 최대의 관심사로 부상했다. 사회·경제적 주요 행위자로서의 기업은 이윤 극대화뿐만 아니라 시민사회에 대한 책무를 수행해야 한다는 자각이 확산됐다. 사회적 기여, 사회적 공헌, 그리고 사회적 가치 개념이 그러하듯 책무 리스트는 기업이 착목하고 선택하기 나름이다. 최근 글로벌 기업들이 추구하는 경영이념은 '사회적 책임'과 '사회적 가치'에 중심축을 두고 있으며, 거기에 기업윤리, 사회공헌, 사회기여, 도덕성 같은 규범적 가치가 실천 개념으로 수반되는 양상을 보인다. CSR,

CSV 모델이 강조하는 것은 대체적으로 4가지 영역으로, '경제적 이윤', '법적 책무', '윤리적 책임', 그리고 사회, 교육, 문화, 건강 문제를 포함한 '인류애적 가치philanthropic values'가 그것이다.

그런데 이 목표와 비전들이 이윤 극대화라는 본질적 기능 앞에서 제대로 수행되었는지는 의문이다. 시장상황과 경기부침에 따라 다국적기업들의 진퇴가 활발하게 일어났고, 그때마다 외국기업과 자본 수입국에 수많은 미해결 과제를 산더미처럼 남겼다. 우리가 겪은 IMF 사태가 그런 의문을 반증한다. 600억 달러의 IMF 구제금융을 받아들이는 조건으로 작성된 양허각서에는 수백 가지 구조조정안이 담겨 있었다. 정리해고, 이자율 인상, 종금사 폐쇄, 외국인 투자한도 50% 상향조정, 조세인상, 환율인상 등 그 리스트는 끝도 없다. 한국인 자산의 절반이 평가절하되어 증발했다. 항공기 100여 대를 보유한 대한항공의 총 주식가치는 1천억 원대로 떨어졌고 주택가격은 반 토막 났다. '코리아 바겐세일'에 수많은 투기자본과 외국자본이 뛰어들어 빌딩과 공장 자산을 헐값에 매입했다. 몇 년 후 외환사태가 진정되었을 때 이들은 몇 배의 이득을 올리고 발을 뺐다.10

이것은 윤리적인가? 국제경제학자 제프리 삭스Jeffrey Sachs는 《문

---

10 역삼동 소재 파이낸스빌딩은 현대건설 소유였는데 IMF 당시 싱가포르그룹에 6천억 원에 매각했다. 싱가포르그룹은 몇 년 후 1조 2천억 원에 이 빌딩을 다시 매각하고 한국을 떠났다. 적자 도산에 직면한 외환은행은 외국자본인 론스타에게 팔렸다. 이후 헐값 매각에 대한 부정적 비난이 비등하자 매각에 관여했던 기획재정부 국장은 몇 차례 검찰조사를 받았고, 결국 매국노로 몰려 공직을 사퇴했다.

명의 대가*The Price of Civilization*》에서 이렇게 썼다. "미 정부 관리들은 '정실자본주의'를 비난하며 자카르타와 서울, 방콕에서 먹잇감을 급습했다. 그러나 10년 후 아시아는 호황을 누리고, 미국은 정실자본주의가 야기한 고통 속에서 붕괴하고 있었다."(Sachs, 2011) 삭스가 강하게 표현한 '붕괴'는 '부패의 심화'일 것이다. IMF는 엄청난 폐단 때문에 'I aM Fired!' 혹은 'International Monetary Failure'로 불리기도 했다(송호근, 1999). 국제 자본시장에서 글로벌 차원의 반성이 일어났다. 실천 가능하고 지속 가능한 약속, 그리고 그것을 관찰하고 감시할 자율적 합의와 자체적 규율권력이 필요하다는 인식이 동남아를 휩쓴 외환위기 직후 비등한 것이다. 2002년 뉴욕에서 개최된 '세계경제포럼'에 모인 34개 다국적기업 CEO들은 그러한 필요성을 절감하고 한 단계 높은 차원의 협약에 서명하였다. 이 세계경제포럼 선언문이 바로 "글로벌 기업시민: CEO와 이사회의 리더십과 도전Global Corporate Citizenship: The Leadership and Challenge for CEOs and Boards" 이다. 코카콜라, 도이체방크, 디아지오, 맥도날드, 필립스 등 굴지의 기업들이 여기에 참여했다. 이후 기업시민 개념은 전 세계로 확산됐다. 대표적인 글로벌 기업의 경영이념을 예시하면 다음과 같다 (Matten & Crane, 2005, p. 167, 표 1).

엑슨 모빌 우리는 우리 회사가 운영되는 세계 모든 곳에서 모범적인 **기업시민**이 될 것을 맹세한다. 최상의 윤리코드를 지키고, 법률과 규제를 따를 것이며, 공장 입지국의 지역문화와 민족문화를 존중하고,

환경과 안전에 관한 모든 조치를 취할 것이다. [11]

포드　　　기업시민은 우리의 일상적 결정과 행동의 중대한 규준이다. 기업시민에 대한 우리의 가치는 기업정체성, 사업방식, 피고용자를 대하는 태도, 그리고 세계와의 교류양식에서 드러날 것이다. [12]

나이키　　우리가 참여하는 세계 각지에서 창의적이고 감동적인 **세계시민**global citizen이 되고자 하는 것이 우리의 비전이다. 우리는 지속가능하고 이윤이 창출되는 책임 있는 사업행위를 매일의 일상사 속에서 구현할 것이다. [13]

토요타　　국제사회에서 존경받는 **기업시민**이 되기 위해 토요타는 전세계에서 폭넓은 인간애적 행위를 할 것을 다짐한다. 다음의 다섯 행위 영역이 중심적이다: 교육, 환경, 문화와 예술, 국제교류와 지역사회. [14]

말하자면, '기업시민' 개념은 기존의 CSR, CSV를 포괄해 더 넓고 자율적인 가치를 지향하며, CEO와 임원뿐만 아니라 직원에 이

---

11 http://www.exxonmobile.com
12 http://www.ford.com
13 http://www.nike.com
14 http://www.toyota.co.jp

르기까지 자발적으로 인지하고 동참하는 가치창출적 기업행위를 말한다. CSR, CSV는 CEO와 임원들의 주요 관심사였고, 직원과 현장사원들은 '윗분'들이 하는 일로 여겼다는 폐단이 있다. 직원과 현장사원의 노동은 그와는 별개의 것으로 간주되는 경향이 많았다. 공감과 참여! 그리하여 자신의 노동이 가족의 생계뿐 아니라 인류사회의 복지와 안녕에 기여한다는 사실을 자각하게 하는 것이 핵심이다.

기업시민을 기업 경영이념으로 내세운다고 해서 반드시 의로운 행동만 하는 것은 아니다. 제프리 삭스는 《문명의 대가》에서 엑슨 모빌이 기후변화 대응노력을 저지하기 위해 얼마나 비과학적인 주장을 펼쳐 왔는가를 성토한다. 저널리스트와 전문연구자들은 기후변화 대응노력을 저지하려는 단체에 뒷돈을 댄 기업들 중 엑슨 모빌이 큰손임을 밝혀냈다. 삭스는 기업들의 은밀한 거래 행위가 측은하기까지 하다고 비난했다(Sachs, 2011, p. 170). 그렇기에 임직원의 각성은 더욱 중요하다. 기업과 직장인의 사회적 인식의 습득과 확산! '내가 지금 하는 노동에는 어떤 사회적 가치가 숨어 있는가? 어떤 사회적 가치를 창출하고 있는가?', 기업시민은 이런 실존적 질문으로부터 출발한다. 기업에 '시민'이라는 행위자 명칭을 부여한 이유가 그것이다. 그렇다면, ① 기업이 지향할 가치영역이 훨씬 넓어진다는 것, ② 임직원 모두의 자발적 공감과 참여를 필요로 한다는 것이 기존의 CSR, CSV 모델과의 차별점이라고 하겠다.

기업시민의 이론적 근거

'기업 + 시민', 즉 기업에 행위자 위상을 부여한 것에는 사회의 기본
질서와 역사적 분화과정에 관한 중대한 함의가 숨어 있다. 근대 자
본주의가 태동한 이래 지난 200여 년 동안 사회가 아무리 복잡하고
다면적인 변동을 거쳤다고 해도 그 기본질서는 국가state, 공동체
community, 시장market이라는 세 개의 요소로 구성된다는 점에는 변함
이 없다. **공동체**는 가족, 친족, 혈연집단과 촌락, 향촌, 더 크게는
역사적, 문화적 환경을 공유한 지역에 산재한 집단들이다. 근대의
시간이 도래하면서 이들은 도시민으로 분화되기에 이르렀는데, 도
시에는 시장 메커니즘이 그 지배력을 행사한다. **시장**이 농촌에 살고
있던 공동체를 분해하면서 촌민을 도시로 끌어들였다. 이들은 도시
로 와서 노동력과 상품을 파는 시민이 되었는데, 임금노동자와 상공
인이 대표적이다. 기업은 이들을 하나의 조직으로 흡수해 탄생한 상
공업 조직이다. 공동체가 시민으로 분화하는 과정을 권력으로 통제
하거나 촉진하는 역할을 담당한 행위자가 **국가**다. 국가는 권력 행사
를 통하여 촌민이 도시민으로 분화하는 것을 억제하거나(혹은 토지
에 결박해 두거나), 역으로 도시로 이주하는 것을 권장하기도 한다.
국가는 도시민의 정치권과 경제권의 구조를 좌우한다. 개별화/집단
화로 분류할 수 있는 권력구조의 양식이 그것이다.

다른 한편, 국가, 공동체, 시장은 자본주의가 태동하고 진화하는
과정에서 각각 자신의 가장 중대한 메커니즘을 작동시키며 경쟁한

다. 공동체는 협력cooperation, 시장은 교환exchange, 국가는 강제력 coercion을 행사해 자신이 원하는 방향으로 사회를 끌고 가고자 한다. 한 나라의 사회질서는 협력, 교환, 강제라는 세 가지 요인으로 인수 분해할 수 있다. 정치체제도 이 세 가지 요인의 결합함수다. 국가의 강제력이 강한 곳에는 권위주의와 전체주의가 번성하고, 공동체가 강한 곳에는 농촌사회주의가, 시장의 영향력이 강한 곳에서는 자유 민주주의가 태동한다. 역으로, 시장과 공동체적 요소가 결합해 국 가의 강제력과 경쟁하면 사회주의와 민주주의가 결합한 체제, 사회 민주주의가 정착한다.

협력기제는 사회 성원 간 강한 연대감을 배양하고자 하는 데 반 해, 시장은 교환 기능을 발동시켜 인간애적 동감을 축소하고자 한 다. 인간애적 감정은 수요 공급 법칙을 교란하고, 상품가치를 시장 법칙에서 이탈시키기 때문이다. 서로 엇갈리는 이 과정을 자신의 이 해관심에 맞춰 관할하고 조정하는 주체가 국가다. 국가는 지배계급 의 이익 극대화에 도움이 되는 방향으로 공동체와 시장이 교차되는 지점을 강제적으로 관리한다.

기업은 시장영역의 총아다. 교환법칙에 근거해서 노동력을 사고, 상품 생산과 유통을 통해 자본 축적에 매진하는 냉혹한 행위자다. 노동력은 저렴할수록, 제조 상품은 비쌀수록 이윤 극대화에 집착하 는 기업의 본능에 맞는다. 초기 자본주의가 그러했고, 15 대자본과

---

15 초기 자본주의의 냉혹함과 비인간적 풍경에 대해서는 마르크스가 자본론에서 생생

대공장이 출현한 제국주의 시대에도 그 본능적 질주는 멈추지 않았다. 1929년 세계를 강타한 대공황이 발생하고서야 뭔가 변신과 수정의 필요성을 느낀 것이다. 대공황이 발생하기 이전, 1920년대 미국의 진보주의 시대에 기업복지를 근간으로 기업공동체를 건설하려는 노력이 더러 시도되었다는 것은 시사하는 바가 크다. 기업이 지역공동체를 지원하고 구성원들의 복지공동체를 구축하는 일은 미국적 자본주의에서는 상상하기 힘들다.

무엇을 말하려 하는가? CSR, CSV 모델은 모두 시장경쟁의 냉혹함을 완화해서 공동체적 협력과 자애fraternity를 회복하고자 하는 기업적 성찰이자 노력이다. 그렇다고 해도 CSR과 CSV가 임직원과 구성원들의 총체적 태도와 가치관을 변화시키지 않는 한 이윤 극대화를 향한 기업의 본질은 쉽게 바뀌지 않는다. 19세기 후반 거대기업이 탄생한 이래 지금까지 최대의 목표는 '영원한 생명력eternity'이었다. 그것도 이윤 극대화를 통한 자본축적, 그리고 생산과 재생산, 투자와 재투자의 반복적 행위가 영원한 생명력을 유지하는 동력이었다. 이윤 극대화에 가장 적합한 조직구조가 관료제였는데, 관료제는 합리적 위계질서를 근간으로 한다. 여기에는 인간애적 배려와 자애가 끼어들 틈이 없다. 냉혹한 관료제적 법칙에 의해 규율되는 기업조직에서 임직원과 구성원들이 아무리 인간애적 가치를 중시하

하게 묘사한 바다. 얼마 전 유명을 달리한 역사학자 에릭 홉스봄(E. Hobsbawm)도 《자본의 시대》에서 그에 못지않은 냉혹한 풍경을 자주 묘사했다.

려 해도 부차적인 순위로 밀려날 수밖에 없는 것이 자본주의 시장의 현실이다. 위계질서적 의사결정구조는 민주주의의 이상과 자주 충돌한다.16 상사의 갑甲질이 전형적이다. 상사의 명령을 어길 수 있는 하급자는 얼마나 되는가? 관료조직과 기업에서는 거의 불가능하다. 기업은 관료제를 조직경영의 원칙으로 장착하면서 민주주의의 가치를 꾸준히 훼손한다. 설령 그것이 민주주의적 사회환경에서 작동한다 해도 내부는 권위적, 통제적 질서에 기반하는 모순적 조직인 것이다.

이런 모순과 함께 자본주의는 인간의 경제활동에 내재된 긍정적 기능을 몰아냈다. 인간의 경제활동에는 상호호혜reciprocity, 재분배redistribution, 재생산reproduction이라는 세 가지 기능이 동시에 함축되어 있었다. 그러나 시장교환에 근거한 자본주의가 맹위를 떨치면서 상호호혜와 재분배 기능은 위축되고 오직 재생산 기능만이 팽창했다. 기업은 그런 기능을 충실히 수행할 임무를 부여받은 조직체다. CSR과 CSV는 이런 모순을 극복하고자 고안된 기업 비전이다. 그러나 기업의 본질, 태도와 의미를 부분적으로만 수정하는 한계를 드러냈다. CSR과 CSV를 위해 개발된 프로그램을 중단하면 곧장 과

---

16 이런 모순은 일찍이 막스 베버가 지적한 바다. 개인의 합리성 증진을 위해 고안한 조직이 관료제인데, 이 관료제는 위계질서로 인하여 민주주의를 배반한다. 관료제와 민주주의의 충돌, 이것은 현대사회의 모순이기도 한다. 베버는 이런 모순적 양상을 근대사회가 결국 당도하게 될 철장(*iron cage*)으로 불렀다. 철장을 어떻게 깨뜨릴 수 있을까? 막스 베버의 고민이 여기에 있다.

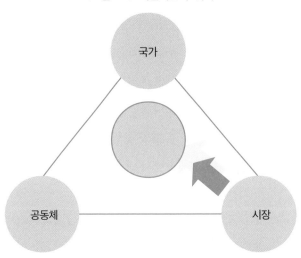

〈그림 1-1〉 기업시민의 위치

거의 전통적 기업상像으로 회귀하기 일쑤였다. CEO가 바뀌면 프로
그램도 더불어 바뀌고, 영업 손실이 커져 도산 위험에 처하면 기업
은 이윤 극대화를 향한 탐욕으로 선회할 수밖에 없다.

　기업의 본질을 바꿀 수 있는 경로는 무엇인가? 그렇다고 해서 영
리 추구를 멈추라는 말은 아니다. 슘페터의 권고와는 달리 창의성
innovation을 중단하라는 말도 아니다. 창의적 기업가 정신은 자본주
의의 꽃임에 분명한데, 앞에서 말했듯 상호호혜, 재분배 기능을 회
복할 수 있는 진로 변경이 필요하다는 말이다. **이는 기업의 소재를 시
장 영역에서 국가, 공동체, 시장으로 이뤄진 트라이앵글의 중간지대로 이
전하는 것을 말한다.** 중간지대란 무엇을 말하는가? 〈그림 1-1〉에서
세 개의 동인動因을 중재하는 곳, 트라이앵글의 각 세력이 서로 경쟁

하고, 각축하고, 조정되는 곳을 지칭한다(삼각형 내 동그라미 부분).
기업은 시장경쟁을 본질로 하지만, 공동체의 협력과 자애를 중요한
가치로 수용하고, 국가의 강제력을 '시민권' 증진을 위해 조정하고
매개하는 역할을 스스로 짊어져야 한다는 말이다. 위치 이동이라 해
서 실제로 그럴 필요는 없다(이동되지도 않는다). **마치 이동한 것과 같
이 행동하라는 말이다.** 기업은 시장 영역에 있지만, 기업정신은 중간
영역에 위치해 행위양식을 개발해 가라는 뜻이다. 그러면 시민권 증
진을 향한 기업의 본질이 바뀐다. 기업의 '현실적' 본질은 그대로이
지만, 기업정신의 '이념적' 본질은 바뀐다. 기업시민은 그런 적극적
의미를 기업에게 부여한다. 기업시민과 시민권의 관계정립이 바로
다음 절의 주제다.

4. 기업시민의 개념과 역할

'기업 + 시민'

1980년대 중반, 하버드대 교정에서 시위가 일어났다. 당시 레이건
대통령이 한창 보수적 개혁을 추진 중이라 반정부 데모로 생각했다.
그게 아니었다. 하버드대 발전기금을 남아프리카공화국에 투자한
부도덕한 행위에 대한 항의였다. 당시 남아프리카공화국은 인종차
별 정책Apartheit으로 악명을 떨치고 있었다. 저항운동 지도자인 넬슨

만델라는 투옥상태였다. 하버드대는 결국 투자회수 결정을 내렸고, 미국의 많은 다국적기업들도 항의의 표시로 투자자본을 거둬들였다. 인권유린에 대한 항의와 투자회수 결정은 기업시민의 개념과 역할을 구성하는 아주 작은 사례다.

기업이 학생 시위대처럼 캠퍼스에서 시위를 주동할 수는 없다. 시위와 항의는 시민단체와 인권단체의 몫이고, 기업이 그 취지에 동의한다면 그 목적에 적합한 프로그램을 만들어 실행하는 것이다. 세계화가 진행되면서 정부규제가 약화되자 작업장 위험 제거와 건강보호를 위해 기업들이 스스로 나선 것은 좋은 사례이다. 케미컬산업 책임건강보호Responsible Care, 의류산업 파트너십Partnership 등이 그러한 예이다.

앞 절에서 기업시민을 시장 영역에서 삼각형의 중간 영역으로 이동시켰는데, 원래 그곳은 정치사회political society가 싹트고 성장하는 영역이다. 정치사회는 국가와 시민사회가 경쟁, 충돌, 협의하는 공론 영역을 지칭한다. 하버마스가 개념화한 공론장public sphere이 서식하는 곳이 정치사회다. 공론 형성뿐 아니라 특정 정책을 둘러싸고 국가와 시민사회 주체들이 타협하고 협의해 동의consensus를 창출하는 곳이기도 하다.

이 경우 질문이 제기된다. 기업이 정치 영역에서 행위자인 것은 분명한데, 그렇다면 기업시민은 시민인가? 그리고 시민권을 갖고 있는가?(Moon, Crane, & Matten, 2005) '기업 + 시민'의 존재를 시민으로 간주해야 하는가, 그렇다면 시민권을 부여해야 하는가의 문제다. 답은 분명하다. 기업시민은 시민이 아니고, 시민권도 갖고 있지 않다. 영리를 추구하는 법인法人이다. 그러나 '기업 + 시민'은 기업으로 하여금 시민적 역할을 수행할 것을 지시하고, 시민권 증진 기능을 담당할 것을 요청하는 개념이다. **시민이 아니지만 시민이어야 하고, 시민권은 부여받지 못했지만 시민권 증진에 앞장서야 하는 존재다. 일종의 은유**metaphor**다.** 기업시민은 시민이 아니지만 '시민과 같은like citizens' 역할을 수행해야 하고, 시민권을 부여받지는 않았지만 시민권 증진을 위한 사회적, 경제적 역할을 담당하는 것을 본질로 한다. 시민과 시민권의 본질에 다가가는 역할을 짊어지고 있다는 규범적, 실천적 함의가 바로 '기업 + 시민', 기업시민의 개념이다.

앞에서, 기업의 현실위치는 시장에 있지만 그것이 지향할 행위와 비전은 정치사회에 있다고 한 뜻이 이것이다. 이런 관점에 서면, 시민권 보호와 향상을 위한 기업시민의 역할을 3P, 즉 다음 세 가지로 조명할 수 있다: 참여Participant, 공여Provider, 촉진Promoter.

참여는 바로 기업시민이 최대의 역량을 발휘할 수 있는 정치사회적 기능이다. 예를 들어, 2017년 탈원전 정책의 정당성 여부를 주제로 시민공론위원회가 만들어졌다. 시민사회 구성원들이 공론장에서 각축전을 벌였고, 결국 몇 단계를 거쳐 합의에 도달했다. 이 위원회의 위치가 정확히 정치사회 영역이다. 시민사회 구성원들이 탈원전 정책에 대해 공적 의견을 내는 순간 이들은 곧장 정치사회 영역의 일원이 된다. 술집이나 커피숍에서 내는 목소리는 공론이 아니다. 사적 장소에서 벌어지는 작은 담론들은 공론이 될 원재료들이다. 정치사회 영역의 주요 행위자인 각종 언론 미디어, SNS, 공식 단체 등을 통해야 공론 자격증을 획득한다. 이 경우 탈원전 정책에 대한 기업시민으로서의 역할은 무엇인가? 대단히 예민한 문제다.

대표적 공기업인 한국수력원자력공사KHNP와 한국전력공사KEPCO는 천문학적 규모의 적자를 예상하더라도 국가 시책에 부응할 수밖에 없다. 정부가 탈원전을 환경적 정의의 관점에서 채택했기 때문에 생산단가와 전기료 인상, 생산원가 상승에 따른 산업경쟁력 약화 등을 이유로 반대 목소리를 낼 수 없다. 한편, 일부 관련 학회와 원자력 전공학자들은 탈원전 반대운동에 앞장서고 있다. 공론장에서 설득력을 증진하려는 운동이다.

전기료 압박이 예상되는 포스코와 같은 기업은 어떻게 해야 할까? 대단히 민감한 문제다. 포스코는 삼척에 약 3천억 원을 들여 석탄화력발전소를 건설 중이었다. 연간 6천억 원에 달하는 막대한 전력비를 절감해서 생산단가를 낮추려는 전략의 일환이었다. 포스코 관계자의 말에 따르면, 삼척화력발전소는 기존의 화력발전에 비해 이산화탄소 배출량을 현격하게 낮추고 대기오염도 국제 기준치보다 훨씬 밑도는 첨단과학기술을 적용한 발전소라는 것이다. 정부가 퇴출하고자 하는 전통적 오염원이 더 이상 아닌 미래형 화력발전임을 강조했다. 여기에 삼척 시민 3천여 명의 고용효과도 덧붙였다. 탈원전 정책의 취지에 맞고 공익에 기여하는 미래형 화력발전이라는 설명인데, 그렇다면 공론장에 나서는 것이 맞을까, 아니면 다른 방식을 취해야 하는가? 정치적 부담을 예상치 않고 공론장에 나설 수는 없다. 그렇다고 화력발전소를 언제까지 건설중단 상태로 방치할 수도 없다. 삼척 시민들은 건설을 지속하라는 민원을 시청에 내기도 했고, 화력발전 찬성 가두시위를 벌이기도 했다.

기업시민으로서 포스코의 적정 역할은 무엇인가? 어려운 문제지만 두 개의 개념을 환기하고자 한다. '기업부르주아corporate bourgeois'와 '기업시민corporate citoyen'이다(ABlander & Curbach, 2014). 전자는 이윤추구에 매몰된 전통적 의미의 자본가를 뜻하고, 후자는 그럼에도 공익증진에 대한 긴장감과 책임의식을 내면화한 기업을 지칭한다. 프랑스 용어로 citoyen은 프랑스혁명 이후 일련의 정치적 과정을 경험하고 정치적 위치를 인지한 존재로서, 영국의 citizen(시민), 독일의 bürger(성민)보다 훨씬 정치적으로 계몽된 주체다. 프랑스혁명을 세계 최초의 근대적 정치혁명으로 부르는 맥락과도 일치한다. 17

기업부르주아는 단지 이윤 극대화에 집착하는 존재이기에 공적 문제에 대한 책임의식이 약하다. 포스코가 기업시민corporate citoyen을 지향한다면, 우선은 정부 시책에 부응해야 한다. 그리고 중장기적 관점에서 최첨단 화력발전과 태양광발전의 장단점을 과학적으로 비교하는 체계적 자료를 만드는 것을 생각해 볼 수 있겠다. 통계자료는 여러 가지 지표에 대한 공정한 측정과 평가로 구성되어야 한다. 예를 들면, 산업경쟁력, 대기오염, 안전과 고용, 삶의 질, 지속가

---

17 에릭 홉스봄의 2부작 중 첫 저술인 《혁명의 시대》는 프랑스혁명에서 시작한다.

능성, 전기료와 전기수급 문제, 전기과학 인력 배양 등이 그러한 지표가 될 것이다. 외국의 사례를 심층적으로 탐구하고 조사 분석해서 통계자료의 객관성과 공정성을 확보해야 공론장의 주요행위자에게 설득력이 있다. 외국 전문가들의 인터뷰와 기고를 받아 찬반 양쪽의 다양한 의견을 소개하는 것도 생각해 볼 수 있겠다. 다시 말해, 공론장을 위한 객관적 자료를 확보하고, 시민단체와 지역주민, 정책 담당자들에게 정확한 판단의 기준을 제공하는 일이 중요하다. 첨단 화력발전의 단점이 더 극명하게 드러난다면 과감하게 포기하고, 오염도가 적은 LNG발전으로 전환할 수도 있다. 18

정책반대를 표명하거나 시위에 나서는 것이 정치사회에서 직접적 direct 행위에 해당한다면, 위와 같은 행위는 간접적 indirect 행위다. 즉, 공론 형성을 목표로 매개하고 중재하는 역할이다. 다시 말해, 중재적 참여는 공익 향상을 위해 기업시민이 할 수 있는 좋은 역할 중 하나이다. 기업시민은 집합행위자이기에 개인보다는 더 많은 전문지식과 판단근거를 동원할 수 있다. 개인보다는 지적 역량이 뛰어나고, 일단 객관적 판단에 도달했다면 목표 달성을 위해 동원할 수 있는 자원의 양도 비교할 수 없을 만큼 풍부하다. 중요한 것은 '기업 부르주아'의 사욕과 탐욕을 제어하고, 기업시민의 본분에 충실하려는 노력이다.

---

18 한국의 탈원전 정책이 선악 구분에 근거한 이분법적 논리로 결단되었으므로 시간이 지나면 단순이분법적 정책에 대한 재검토 여론이 형성될지 모른다.

철강산업은 막대한 양의 물을 필요로 한다. 물을 완벽하게 정화해 재활용함으로써 생태친화적 공장으로 만드는 노력은 환경생태론적 관점에서 빼놓을 수 없는 참여활동이다. 포스코에서 개발한 물 정화 장치와 노하우를 인근 커뮤니티에 제공하고 전수하는 일도 그러하다. 한국은 직장에서 성차별이 유별난 나라 중 하나다. 신입사원에서 임원까지 올라가는 여성 사원이 지극히 적은 것이 현실이다. 이런 현실에서 포스코가 성차별 철폐와 성평등을 위해 승진체계를 대폭 수정하는 일은 매우 고무적인 참여활동이다. 또한, 포스코는 2018년부터 청년실업 해소를 위해 취업준비생에게 교육훈련 기회를 제공하고, 일정 과정을 이수한 대상자에게 취업을 알선해 주는 제도를 시행하고 있는데, 이 역시 사회적 난제 해결에 동참하는 기업시민의 적극적인 모습이다.

미국 화장품 회사인 에스티 로더Estee Lauder의 실천 캠페인은 적극적 참여의 대표적 사례이다. 1992년 에스티 로더는 자기진단 키트와 핑크리본을 여성 고객들에게 나눠 주면서 유방암 방지 캠페인을 벌여 고객들의 호응을 받았다. 그 후 핑크리본 캠페인은 세계 각국으로 확산되어 유방암과 여성 건강에 대한 세계인의 관심을 환기하고, 각국 정부가 유방암 방지를 위한 공공 정책을 실행하게 하는 중대한 계기가 되었다. 에스티 로더의 기업가치는 그와 더불어 수직상승했다. [19]

---

[19] 이 책 4장 윤정구 교수의 글을 참조.

이 책 4장에서 윤정구 교수는 존슨 앤 존슨을 비롯하여 3M, 사우스웨스트항공, 페덱스, 디즈니, 고어텍스 등 기업시민의 참여 역할을 충실히 수행한 기업의 모범적 사례를 예시한다. 기업 이윤도 중시하지만 사회적 정의, 사회적 책임의 관점을 더 무겁게 생각하는 진정성이 우러나와야 기업의 참여 기능은 고객을 감동시키고 파급력을 갖는다. 미래 세대를 위한 공정성 확산, 건강과 환경 같은 공익증진을 향해 기업행동을 맞추고 조정해 나가는 가운데 기업시민의 참여양식이 찾아지는 것이다.

시민권 증진이라 했을 때 기업시민이 할 수 있는 두 번째 중요한 기능이 **공여**다. 국내에서라면 정부의 손길이 닿지 못하는 곳, 복지 사각지대에 놓인 수많은 사회적 약자들이 존재할 수 있다. 취약계층과 장애인, 사회적 약자에 대한 기업지원은 정부의 복지 기능을 보완하는 중요한 수단이다. 많은 대기업이 사회공헌재단을 설립하여 사회적 약자와 취약계층 지원에 나서고 있으며, 최근에는 청년실업 해결과 고령자 보호를 위해 유용한 프로그램을 개발해 실행하고 있다. 포스코는 오래전에 '1% 나눔재단'을 설립하고 임직원 임금의 1% 정도의 기부금과 회사의 매칭 펀드를 적립해 각종 사회공헌 사업에 활용하고 있다.[20] 협력기업을 지원하기 위한 동반성장 펀드

---

20 이 밖에도 포스코는 지역사회와의 협력, 상생 프로그램, 임직원 자원봉사 등 많은 사회공헌활동을 수행하고 있다. 다른 대기업과 마찬가지로 기업 차원의 사업도 많지만, 임직원 스스로 결성한 자원봉사단체가 주를 이룬다는 점이 중요하다. 이 점에 대해서는 송호근, 2018 참조.

역시 마찬가지다. 한국에서 원청과 하청 간 노동조건과 임금격차는 매우 극심해 경제적 불평등의 원인이라는 지적은 오래전부터 있었는데, 하청기업에 대한 각종 지원과 격려 정책은 '공여'의 한 유형이다. 재벌 대기업의 구조조정은 매우 치열한 정치적 쟁점이었다. 지배권governance의 파행성, 협력기업 착취와 종속, 과도한 시장지배로 요약되는 재벌 문제는 아직도 경제민주화의 가장 큰 관심사인 만큼 일시에 해소되기는 힘들다. 공여 기능의 확산을 통하여 기업시민으로서의 역할을 확대해 나가도록 사회적 압력을 높여 가는 것도 좋은 방법이다.

공여 역할은 한국보다 경제적으로 낙후된 해외에서 빛을 발한다. 대기업들이 진출한 국가들은 대체로 중진국이거나 후진국이다. 1인당 국민소득 1만 달러가 채 안 되는 나라들에서 고용과 소득을 창출하고 있는데, 이는 마치 수십 년 전 한국에서 외국기업과 공장들이 가동된 것을 연상시킨다. 그 당시 한국에 진출한 외국기업, 외자기업들은 공여 기능에 그다지 관심이 없었다. 정부도 고용과 소득 이외의 역할을 기대하지 않았고 요구할 수도 없었다. 오히려, 마산수출자유지역의 예처럼 외국기업의 진출을 촉진하려고 노동권을 최대한 억제하고 저임금 장시간 노동이 가능한 환경을 조성하는 데에 정책적 비중을 두었을 뿐이다.

한국 대기업이 진출한 국가로는 인도, 중국, 인도네시아, 베트남, 브라질, 멕시코, 러시아 등이 있고, 터키, 슬로베니아, 슬로바키아, 헝가리, 체코 등 동유럽 국가도 여럿이다. 인도에 진출한 현대자동차의 경우 평균임금은 월 1천 달러에 달하는데, 이는 인도 국민소득 수준을 감안하면 중상층에 속한다. 청년으로서는 꿈의 직장이다. 현대자동차는 한국에서와 마찬가지로 사내 후생복지 프로그램을 가동해서 학비보조와 아동지원 등 다양한 복지를 제공한다. 포스코가 설립한 인도네시아 철강공장도 그와 유사한 후생복지 프로그램을 제공하는데, 이런 사례들은 해당국의 복지 인식과 정부의 정책 개발에 자극을 줄 수 있다. 아프리카에 진출한 기업들은 수돗물을 공급하고 각종 위생사업과 질병예방사업, 의료봉사를 전개한다. 미얀마와 라오스에서는 스틸하우스를 지어 공급한다. 기업시민이 수행하는 대표적인 공여 기능은 정부의 취약한 복지 역량을 보조한다.[21] 때로는 해당 국가 정부 정책담당자와의 심층 논의를 통하여 지식을 전수할 수도 있다.

글로벌 기업은 고용과 임금 외에도 선진적 경영전략, 조직제도, 행위양식을 진출국에 전파한다. 기업의 평판이 SNS와 유튜브를 통해 즉각 진출국에 알려지는 오늘날의 상황에서 글로벌 기업들은 명성자본capital of reputation이 곧 영업이익으로 연결되는 사실을 잘 터득하고 있다. 과거의 다국적기업이 극단적인 착취와 비난받을 일을 자행해도 대형 사건이 터진 후에야 실상이 알려졌던 상황과는 사뭇 다

---

21 정부 산하기관인 한국국제협력단(KOICA)이 주로 하는 사업이 여기에 해당한다. 그러나 정부의 손길도, 각 국가 국제지원기구의 손길도 미치지 못하는 오지는 너무나 많다.

르다. 글로벌 기업들은 진출국 소비자들에게 좋은 평판을 받기 위해 각별한 관심을 기울이고 선진 기법과 제도, 각종 후생사업과 사회공헌 프로그램을 선보이게 되는 것이다. 진출국에서 글로벌 기업들이 전파하는 시민권 증진 효과를 **촉진** 기능이라고 할 수 있다. 진출국의 사회복지 수준과 시민권 보호 인식에 자극을 줘서 해당국 정부가 정책개혁에 나서도록 독려하는 효과가 그것이다. 정부의 역량이 훨씬 뒤처지는 나라, 부패와 비리가 만연해 제도개혁을 엄두도 못내는 나라에서 글로벌 기업은 개혁의 방향과 비전을 보여 줄 수 있다.

최저임금법이 시행되지 않는 나라에서 노동권에 관한 인식을 높여 줄 수 있으며, 아동노동과 여성노동자 보호가 미약한 경우 경각심과 입법의 필요성을 높여 줄 수 있다. 정부 복지제도가 낙후된 나라에서는 사내 후생복지가 어떻게 그것을 보완하는지를 전파할 수도 있다. 중국에 진출한 대기업들은 이구동성으로 말한다. 사내 복지와 후생 관련 프로그램이 사원들의 기업 헌신도를 높이는 데에 매우 유용하다고. 어떤 반도체 기업은 진출 지역의 거주민을 위해 병원과 학교를 세워 줄 계획을 세우고 있다. 그 중국법인에 재직하는 사원들의 직장 만족도는 중국기업 사원들보다 월등히 높았으며, 근무조건과 환경에 대한 자부심이 기업 신뢰로 이어졌다. 인도, 인도네시아, 베트남, 멕시코, 브라질에 진출한 대기업 사례도 마찬가지다. 직원 가족에 대한 배려, 학비보조, 사내 의료복지, 교육과 환경 개선 노력 등이 노동권과 시민권에 대한 인식을 제고해 주었다.

이렇게 보면, '공여'와 '촉진' 기능은 정부의 사회복지 역량이 취약한 나라와, 정부가 복지정책을 개발해도 사각지대에 놓인 인구집단이 많은 나라에서 일종의 의사疑似정부적 행위quasi-governmental activities에 해당한다. 기업시민은 정부가 아니지만 정부의 역할과 유사한 행동양식을 펼쳐 보이고, 그 행위양식에 대한 내국인의 평판이 모방의식으로 이어져 정부에 거꾸로 영향을 미친다. 제도 도입을 향한 시민적 욕구를 북돋우는 것이다. '기업시민은 의사정부적 행위자'라는 견해에 대한 비판도 제기되었다. 기업시민은 사회복지와 시민권 확장에 부차적, 보완적 기능을 담당할 뿐이어서 과도한 주장이라는 것이다(ABlander & Curbach, 2014). 그럼에도 시민권의 중요성을 인식시키고, 노동권과 사회복지의 선진 제도적 모습을 실증적으로 보여 주며, 해당국의 현실에 비판적 시각을 갖고 대안 모색을 촉구한다는 점에서 정부의 본질과 맞닿아 있음에는 틀림없다.

요약하자면 이렇다. 기업시민은 '기업 + 시민'의 신조어로서, CSR과 CSV보다 훨씬 넓고 진일보한 개념이다. 그것은 실천적 행위를 지향한다. 기업시민은 시민이 아니지만 시민적 행동양식을 수행하고, 시민권을 부여받지 않았지만 시민권 증진과 확장에 기여하는 적극적 행위자를 지칭한다. 시장 영역에 위치하면서 정치사회political society로 나아가 시민권 보장과 확장을 위한 중대한 역할을 수행할 것을 공약하는 개념이다. 일종의 메타포다. 메타포로서 기업시민은 참여, 공여, 촉진 기능을 통하여 사회경제적 권리socio-economic right 증진에 기여한다. 그 행위에 대한 평판과 비판은 정치사회에서 이뤄져 정부와 시민사회의 행위

〈그림 1-2〉 기업시민의 역할

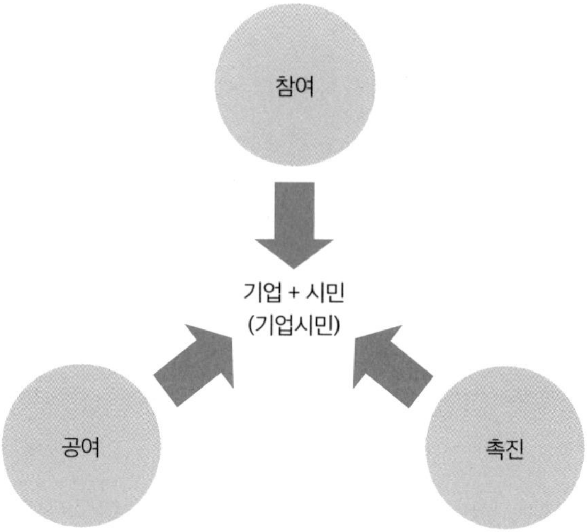

자들에게 역으로 영향을 미친다. 기업시민의 역할을 도해하면 〈그림 1-2〉와 같다.

시민권과 세계화

시민권citizenship이란 무엇인가? 우리는 지금까지 시민권을 정의하지 않은 채 논의를 진행했다. 논의 가운데 시민권 개념이 은연중 드러났을 것이다. 시민권은 '시민'으로서의 '권리'를 의미한다. 사회계약론자들이 설파한 천부인권이 그 출발점이다. '인간은 자유를 갖고 태어났다'는 루소Jean J. Rousseau의 유명한 명제가 기점이다. 루소는 그러나 그 천부인권이 시민사회에서 위태로워짐을 경고한다. 초기 시민사회가 그랬다. 자유, 재산권, 노동권은 로크John Locke가 강조한 초기 시민권 개념의 요체다. 마셜Thomas H. Marshall은 이런 시민권을 시민적 권리civic right로 개념화했고, 이것이 확장되면서 사회적 권리social right로 발전되어 왔다고 설파했다(Marshall, 1965). 시민적 권리가 사회적 권리로 발전하는 과정에서 정치적 권리political right가 주요한 역할을 수행했다. 사회권으로의 발현과정을 정치체제가 관장하기 때문이다. 다시 말해, 사회권의 질적 수준을 결정하는 것은 정치적 권리다. 자유민주주의에서 사회적 권리는 제한적인 반면, 사회민주주의 내지 민주적 조합주의democratic corporatism에서 그것은 활짝 개화한다. 유럽의 복지국가가 그에 해당한다. 사회적 권리는 전후에 사회적 복지social welfare에 녹아들었고, 복지국가 발전을 측정하는 주요 지표가 되었다.

시민적 권리, 사회적 권리, 정치적 권리는 궁극적으로 시민권을 구성하는 세 가지 요소다. 이 세 가지 요소를 복합한 포괄 개념이 바로 UN에서 채용한 '사회경제적 권리social-economic right'다. 이는 인간답게 살 권리로부터 출발해, 복지공여를 받을 권리, 차별 · 배제 · 억압 · 소외 · 격리 · 불평등 등 부정적 외압으로부터 자유로울 권리를 포함한다. 전후 태어난 복지국가welfare state는 사회경제적 권리를 국가와 사회의 조합주의적 협의를 통해 개화시킨 주역이다. 조합주의corporatism는 국가, 기업, 노동 간 3자협약에 의해 중요 정책이 결정되고 실행되는 민주적 의사결정 체제이다. 그러나 문제는 우리가 겪고 있는 '세계화'에 의해 그러한 협약체제가 손상되는 현실이다.

세계화에 의한 신자유주의적 파고가 협약정치의 제도적 효율성을 무너뜨리는 모습은 유럽 곳곳에서 나타났으며, 전 세계로 확산되었다. 복지국가의 재구조화restructuring, 복지제도의 위축retrenchment 담론이 1990년대를 기점으로 확산되어 복지국가의 존립근거를 위협했다. 복지국가의 위축은 곧 사회경제적 권리의 쇠퇴로 나타났으며, 이는 다시 시민권의 축소로 이어졌다. 이 글의 주제인 포괄적 의미의 시민권이 세계화의 진전으로 인하여 위협에 직면한 지 오래되었다. 1990년대 이후 세계화globalization는 사실상 시민권에 영향을 미치는 가장 중대하고 강력한 변동과정이다. 세계화론자들의 여러 논의를 종합적으로 고찰한다면, 다음과 같은 정의가 가능하다.[22]

세계화는 정보과학기술혁명을 활용하여 전 지구촌을 하나의 단위로 통합하고, 자본과 상품, 노동의 유통이 국가경계를 뛰어넘어 신속하게 이뤄지며, 이를 규제할 국가의 능력은 축소되고, 자유시장의 원리가 모든 국가에 관철되는 거대한 변동이다. 이런 일련의 과정은 기업과 사회 조직의 구조를 바꾸고, 사람들의 행위양식과 사고양식을 정보화와 자유시장의 요건에 맞게 변화시킨다. 상호연관성과 상호의존성이 증대하기에 세계화를 주도하는 선진 자본국가들의 정책결정, 행위양식, 지배이념 등에 적응해야 할 중진국과 후진국의 외적 긴장과 압력은 급속히 증가한다.

---

22 여러 세계화론자들의 견해를 종합한 것이다. 송호근(편), 2001, 29쪽.

문제는 세계화가 기업시민이 수행할 긍정적 기능들에 역방향으로 작용한다는 사실이다. 딜레마임에 틀림없다. 기업은 세계화의 첨병인데, 세계화는 분배와 복지를 약화시킨다. 이 모순을 푸는 것이야말로 기업시민의 역할이다. 세계화론자인 대니 로드릭Dani Rodrik은 세계화의 효과와 연쇄 고리를 다음과 같이 설명했다. "세계화는 시장개방을 촉진하고, 시장개방은 양극화를 낳으며, 양극화는 분배구조의 악화를 초래한다. 따라서 세계화의 중단기적, 부정적 영향을 각국 정부가 어떻게 상쇄할 것인가는 복지정책에 달렸다."(Rodrik, 1997; 2012) 이 부정적 영향이 곧 포괄적 의미의 시민권 위축현상이다.[23] 세계화와 신자유주의 물결을 타고 기업은 세계 시장으로 진출한다. 세계화는 국가 경계를 타고 넘으면서 시민권 보호의 장벽을 무너뜨리는 효과를 창출한다. 세계화의 주요 행위자인 기업은 이 모순을 해소해야 할 책무를 떠안았다. '기업'에 '시민' 인격을 부여해서 시민권 보장과 증진에 나서야 한다는 시대적 명법을 천명한 적극적 실행 개념이 바로 '기업시민'이다.

---

[23] 물론 이에 대한 반론도 만만치 않다. 자유시장 원리가 관철되면 궁극적으로는 사회복지 수준이 증대될 것이라는 주장이 그것이다.

5. 결론: 기업시민, 시민성 증진의 주체

기업시민이기를 천명한 포스코는 어떤 비전과 역할을 정립해 가야 하는가? 이 질문은 사실상 한국의 모든 대기업에 적용되는 공통적 문제다. 이 글에서는 기업시민의 이론적 배경과 시대적 필연성에 대해 살펴보았다. 구체적인 행동양식과 프로그램을 찾는 일은 지금부터의 과제다. 그런데 그것이 안갯속에 흐릿한 형체로 멀리 있는 것은 아니다. 그동안 실행해 온 많은 공익사업들과 임직원들이 활발하게 참여해 온 사내 프로그램에 그런 정신이 깃들어 있다. 다만 하나의 상위 명제로 수렴되지 않았을 뿐이고, 구성원들의 마음에 시대적 핵심 개념으로 구체화되지 않았을 뿐이다. 목표는 '시민성civicness' 증진이다. 한국사회는 '시민성이 결핍된 국민'을 양산했음은 앞에서 살펴본 바다.

한국은 국민의식이 승하고 시민의식은 취약한 불균형적 상태에 놓여 있다.[24] 국민과 시민의 결합, 수직적 관계와 수평적 관계가 제대로 발달된 사회가 건강하고 단단하다. 필자는 한 칼럼에서 한국의 시민 상태를 이렇게 진단했다. 이 점은 거듭 강조할 필요가 있다.

한국의 시민계층은 정신적 무정형이 특징이다. 비록 권위주의 체제였지만 연대와 협력을 중시하는 주체적 개인들이 생겨나긴 했다. 그런데

---

24 이하는 필자의 앞의 글 "시민민주주의의 미시적 기초"에서 부분 발췌하여 수정함.

빈곤극복과 국력신장, 국가안보를 위한 일사불란한 동원체제 속에서 국익에 헌신하는 수직적 관계는 강화되었으나 이웃과 공동체를 배려하는 수평적 관계를 배양하기에는 역부족이었다. 수평적 관계, 즉 시민성civicness의 기반은 자발성이다. 사회적 갈등과 쟁점을 십시일반 해결해 본 경험이 있어야 남의 사정을 이해한다. 자제와 양보의 미덕이 얼마나 중요한지를 깨닫게 된다. 우리가 소망하는 '사회정의'가 멀리 있는 게 아니다. 연대와 협력, 자제와 양보가 확장되는 참여와 공공성publicity의 공간에서는 국가권력도 독주하지 못한다. 우리는 그것을 몰랐다.
— "왜 지금 시민인가?", 〈중앙일보〉, 2015. 1. 21.

이런 질문들이 제기된다. '시민성 없는 국민'을 너무 오래 경험했다면, 어떻게 부족한 시민성을 배양할 수 있는가? 프랑스와 독일처럼 시민교육 내지 정치교육을 실행할 수는 없는가? 입시 위주의 중·고등학교 교육에서 시민성을 몸에 익힐 교육개혁은 가능한가? 대학은, 성인은? 이런 질문들 말이다. 시민교육civic education! 시민민주주의 이념에 맞춰 시민성을 배양할 미시적 기초를 다지는 일이 절실하다.25 즉, 기업시민은 궁극적으로 시민교육의 주요 행위자여야 한다는 뜻이다.

---

25 이 각 쟁점에 대한 서술은 필자의 논문 "시민교육, 더 이상 늦출 수 없다"(〈동아일보〉, 2015b) 결론 부분을 토대로 최근 데이터와 자료를 활용하여 재작성했다. 원본은 동아닷컴(domnga.com)의 인촌기념회 사이트에서 PDF 파일로 볼 수 있다.

기업시민의 역할과 기능은 모두 구성원의 교육적 관점, 마음mind-set 훈련과 태도attitude 훈련에서 출발한다고 할 수 있다. 기업시민은 그 자체로서 시민권 증진에 나서는 주체이기도 하지만, 그런 행위를 통하여 시민성 배양과 시민교육의 중요한 행위자이기도 하다. 시민교육은 나라마다 다양한 이름으로 불린다. 영국과 미국에서는 시민교육civic education 또는 민주시민교육democratic citizenship education으로, 일본에서는 공민교육公民教育으로 불린다. 독일에서는 정당이 중심이 되어 정치교육Politische Bildung을 행하고 있다. 26

일반시민의 시민교육을 담당하는 가장 주요한 주체가 시민단체라고 한다면, 기업이 시민단체와 동일한 역할을 할 수는 없다. 독일이 그러하듯, 일반 직장인을 위한 교육 및 토론 프로그램을 운영하는 것은 좋은 방법일 것이다. '평생교육'이 그것에 해당하지만, 주로 지식 전파에 치중되어 있기에 다른 시각이 필요하다. 한국의 〈평생교육법〉에 따르면, 평생교육이란 "학교의 정규교육과정을 제외한 학력보완교육, 성인 문자해독교육, 직업능력 향상교육, 인문교양교육, 문화예술교육, 시민참여교육 등을 포함하는 모든 형태의 조직적인 교육활동"을 일컫는다. 그런데 대부분 기업의 연수는 구성원

---

26 정당이 운영하는 주요 재단은 6개다. 기독민주당의 '콘라드 아데나워 재단', 사회민주당의 '프리드리히 에버트 재단', 자유민주당의 '프리드리히 나우만 재단', 기독사회당의 '한스 자이델 재단', 녹색당의 '하인리히 뵐 재단', 좌파연합의 '로자 룩셈부르크 재단'이 있다. 재단은 연계 정당이 연방의회 선거에서 4회 이상 5% 이상 의석을 얻은 경우에 한해 정부 지원금을 요청할 수 있다.

들의 업무와 관련된 전문성 제고에 초점이 맞춰진다. 피교육자들은 자신의 담당업무와 연관된 인사, 재무, 마케팅, 기획 등의 분야별 교육을 받게 된다. 리더십 교육, 의사소통 교육 등 기업 내 의사결정 과정의 효율성을 증진시키기 위한 프로그램도 일부 포함되어 있지만, 많은 프로그램은 '마케팅 리더 과정', '재무 리더 과정', '영업 관리 실무 기초' 같이 전문화된 내용으로 채워져 있다(전혁상, 2001, pp. 33~44). 피교육자는 업무수행의 전문성을 키워 경력 개발에 도움을 얻고자 하는데, 직무훈련이 우선이고 시민의식은 소홀히 다뤄진다.

직업윤리는 구성원들의 시민성을 창출하고 기업의 사회적 자본이라는 무형의 자산을 증대시키는 수단이자, 경제적 이익을 지켜 내는 수단이기도 한 것이다. 직업윤리는 시민윤리다. 그런데 강의식 의무교육에 피교육자들이 동원되는 방식으로 직업윤리 교육이 운영된다면 그런 효과는 기대하기 어렵다. '자발적 참여'라는 기본 원칙을 지킬 때 시민교육의 효과는 극대화된다. 근래에 일부 스타 강사들을 중심으로 한 인문학, 사회과학 강의에 수백 명의 시민이 자발적으로 참석하고, 그들의 강의가 공중파를 타고 심심치 않게 방송되는 것을 보면, 직업윤리 교육 또한 자발적 참여로 연결될 수 있는 가능성은 충분해 보인다. 다만 운영방식과 토론주제, 그리고 행위주체에 대해서는 숙고해야 할 것이다.

기업시민이 시민교육과 관련해 벤치마킹할 만한 대상은 사회적 경제social economy, 그중에서도 협동조합과 사회적 기업, 마을기업의 역할이다.27 민주화 이후 시민단체의 문제의식이 국가로부터 자율성을 확보하고 견제세력으로서 역할을 강화하는 것이었다면, 협동조합과 사회적 기업, 마을기업의 문제의식은 거대 시장에 대해 공동체의 자율성과 창의성을 지켜 내는 것이다. 협동조합과 사회적 기업, 마을기업은 기본적으로 경제조직이지만 자발적 결사체로서의 성격을 갖고 있으며, 또한 학습 공동체로서의 기능도 갖고 있다. 따라서 그 구성원이 되는 것만으로도 '시민성'을 학습하는 기회다.28 자발적 참여와 공익에 대한 긴장이라는 측면에서 협동조합과 사회적 기업, 마을기업 등은 시민교육의 장으로서 최적의 조건을 갖추고 있다. 최근 사회적 경제에 관심을 보이고 사회적 가치창출에 솔선수범하는 기업이 출현한 것은 반가운 일이다.29

기업시민에 어떤 정해진 역할이 있는 것은 아니다. 시민성 배양과 시민권 증진에 기여하는 어떤 행위라도 실행 프로그램으로 구체화하면 된다. 여기서 중요한 것은 기업 구성원들이 그런 마음을 자

---

27 사회적 경제 개념과 관련해서는 다양한 견해가 공존한다. 그러나 사업체이자 결사체로서의 혼종적, 이중적 성격을 지니고 있다는 점에는 의견이 일치한다. 김의영 등은 사회적 경제 조직을 "사회서비스 제공에 직간접적으로 관여하는 사회 조직 중 조직의 목적 내지 운영에 있어 민주성, 경제성, 사회성 요소가 모두 혹은 부분적으로 결합된 혼합조직"으로 정의한다. 협동조합, 사회적 기업, 마을기업 등은 대표적인 사회적 경제 조직으로 분류된다. 김의영·미우라 히로키 편, 2015 참조.
28 민주화운동기념사업회, 〈시민교육〉 5호 관련 기사 참조.
29 SK가 사회적 가치창출을 기업의 목표로 선언했다. 회사의 회계도 '사회적 가치'와 '경제적 가치'를 별도로 측정하는 DBL(Double Bottom Line) 방식을 채택했다. 산하에 사회적 기업을 두고 중요 업무를 분장해 준다.

율적으로 기르고 시민과의 동참 채널을 개척해 가는 일이다. 이른바 '참여모델participatory model'이 그것이다. 기업시민은 사회적 쟁점을 공유하고, 해결을 위해 스스로 참여하고 시민참여를 촉진하는 행위자다. 그러는 가운데 시민교육의 싹이 트고 사회 전역에 그 의미가 포자처럼 번져 나간다. 공감 영역이 확대되는 것이다. 경제주체로서 기업이 공동체적 연대와 접속하는 일, 그것이 '기업시민 되기와 만들기'의 첫 발짝이다.

참고문헌

김의영·미우라 히로키 편(2015), 《한·중·일 사회적 경제 Mapping》, 진인진.

마루야마 마사오 저·김석근 역(1995), 《일본정치사상사연구》, 통나무.

_____(1997), "일본에서의 내셔널리즘", 《현대정치의 사상과 행동》, 한길사.

민주화운동기념사업회(2011), 〈시민교육〉 5호(특집: 새로운 문명 새로운 교육).

박근갑(2006), "유럽시민과 시민사회: 하나의 환상 또는 우리의 거울?", 〈지식의 지평〉, 20호.

송복(2016), 《특혜와 책임》, 가디언.

송호근(1999), 《또 하나의 기적을 향한 짧은 시련》, 나남.

_____(편)(2001), 《세계화와 복지국가: 세계정책의 대전환》, 나남.

_____(2014. 12. 2.), "우리는 아직도 '국민'시대를 산다", 〈중앙일보〉.

_____(2015a), 《나는 시민인가?》, 문학동네.

_____(2015b), "시민교육, 더 이상 늦출 수 없다", 〈동아일보〉.

_____(2017a), 《촛불의 시간: 군주·국가의 시간에서 시민의 시간으로》, 북극성.

_____(2017b), "시민민주주의의 미시적 기초: 시민성, 공민, 그리고 복지정

치", 한림대 사회과학원(편), 《다시 국가를 생각한다》, 소화.

_____(2018), 《혁신의 용광로: 벅찬 미래를 달구는 포스코 스토리》, 나남.

임혁백(2015), "한국의 정치와 사회의 공공성", 인촌기념회 주최 제1심포지엄, 〈선진사회의 기반, 공공성을 확립하자〉(2015. 1.).

전혁상(2001), "기업 내 교육의 사회교육적 역할에 관한 연구: 사회교육적 관점에서 기업 내 교육의 문제점과 대안을 중심으로", 서강대학교 교육대학원 석사학위 논문.

조대엽(2014), 《갈등사회의 도전과 미시민주주의의 시대》, 나남.

〈한국경제〉(2018. 12. 27.), "냄비 속 개구리 된 기업, 이제는 화상 입기 직전".

ABlander, M. S. & Curbach, J. (2014), "The Corporation as Citoyen? Toward A New Understanding of Corporate Citizenship", *J Bus Ethics*, *120*, pp. 541~554.

Habermas, J. (1990), *Strukturwandel der Offentlichkeit*, Suhrkamp, 한승완 역(2001), 《공론장의 구조변동》, 나남.

Marshall, T. H. (1965), *Class, Citizenship, and Social Development*, New York: Anchor Books.

Matten, D. & Crane, A. (2005), "Corporate Citizenship: Toward an Extended Theoretical Conceptualization", *Academy of Management Review*, *30*.

Moon, J., Crane, A., & Matten, D. (2005), "Can Corporations Be Citizens? Corporate Citizenship as a Metaphor for Business Participation in Society", *Business Ethics Quarterly*, *15*, pp. 429~453.

Rifkin, J. (2014), *The Zero Marginal Cost Society*, Palgrave Macmillan, 안진환 역(2014), 《한계비용 제로사회》, 민음사.

Rodrik, D. (1997), *Has Globalization Gone Too Far?*, Brookings Institute.

_____(2012), *The Globalization Paradox*, New York: W. W. Norton & Company.

Smith, A. (1759), *The Theory of Moral Sentiments*, 박세일·민경국 역(1996), 《도덕감정론》, 비봉출판사.

Sachs, J. (2011), *The Price of Civilization*, 김현구 역(2012), 《문명의 대가》, 21세기북스.

2

CSR-일체화 경영을 위한
기업시민의 도전과 과제

조준모

성균관대 경제학과

본 연구를 위해 자료협조를 해주신 포스코 기업시민실 관계자 분들, 초일류기업 사례에 대해 자문을 해준 서덕일 변호사께도 감사의 뜻을 전한다. 그리고 연구자료 정리 등 열심히 RA 역할을 해준 성균관대 경제학과 박사과정 정예성과 교열을 도와준 박세정에게도 감사한다.

1. 주류경제학에서 기업시민론

'기업시민Corporate Citizen', 포스코가 새로 내세운 경영이념이다. 여기서 시민이란 '사회구성원으로서 권리와 의무를 가지고 사회 전체의 이익을 위해 자발적으로 참여하는 주체'를 뜻한다. 그러나 이 용어는 보통 사회학에서 기업의 사회적 책임Corporate Social Responsibility, CSR을 설명하면서 이것을 실행하는 기업 주체를 인격화하는 것을 의미한다. 경영학에서는 기업시민이라는 용어를 보편적으로 사용하지는 않지만, 기업의 CSR을 경영활동의 하나로 설정하고 마케팅, 경영전략 등 이론적 논리를 전개한다. 마르크스 경제학을 필두로 하는 비주류 진보경제학에서 주로 기업, 특히 재벌이 이윤을 많이 얻고 사내유보금이 많으니 사회공헌 차원에서 소득재분배에 기여해야 한다는 좌파 이데올로기를 기반으로 시민의식, 재분배, CSR의 주제어들을 혼합blending한다. 이 혼합된 가치는 기업의 각출을 유도하는 슬로건으로도 활용된다.

그렇다면 사회과학의 꽃이자 사회과학에서 가장 오랜 역사가 있는 학문 중 하나인 주류경제학에서는 이러한 이슈에 대해 침묵해 왔을까? 여기서 주류경제학이란 애덤 스미스-리카도-마셜로 이어지는 신고전학파 경제학을 의미한다. 결론부터 설명하자면, 주류경제학은 사회학(혹은 진보경제학)보다 50년, 경영학보다 100년 앞선 학문으로서 연관된 이슈에 대해 깊은 사고와 철학적 고민이 있었다. 하지만 그것에 대한 온당한 소개와 이해가 이루어지지 않던 차에 늦게나마 필자에게 이 글을 쓸 기회가 주어져 다행이라고 생각한다. 이 글은 주류경제학자인 필자의 입장에서 요즘 사회적 화두가 되고 기업경영에 중요한 요소로 등장한 기업시민, CSR을 어떻게 볼 것인가부터 설명하고자 한다.

먼저 주류경제학에 대해서는 애덤 스미스부터 설명을 시작하는 것이 적절할 것이다. 애덤 스미스 이후 주류경제학의 발달은 신고전학파와 케인스 경제학 등으로 넘어가면서 스미스의 철학을 구체화, 이론화, 실증연구 등으로 발전시키는 과정으로 단순화할 수 있다.

애덤 스미스 경제학의 본체로는 《국부론*The wealth of Nations*》(1776)을 꼽을 수 있다. 그러나 이보다 17년 앞서 기술된 《도덕감정론*The Theory of Moral Sentiments*》(1769)을 이해해야 《국부론》의 핵심 주제어인 '보이지 않는 손invisible hand'이 어떤 철학적 배경에서 탄생했는지를 이해할 수 있다. '보이지 않는 손'이란 시장 기제의 가격이 가지고 있는 자원을 적재적소에 배분하는 기능을 의미한다. 이는 추후 케인스 경제학에서 정부를 '보이는 손'으로 표현한 것과 대비된다. 애덤 스미스는 《도덕감정론》에서 경제주체들의 이익 추구와 도덕이 번영을 이끌 수 있는 자유를 보장한다고 주장했다. 즉, 선악의 이분법적 구분을 강조한 이전의 철학적 사조와 다르게, 그는 도덕이라는 플랫폼 위에서 정당한 방법으로 추구되는 기업의 이윤 추구행위, 소비자의 행복 추구행위는 욕심이라는 부정적 단어로 치부해서는 안되며 존중받아야 한다고 주장한 것이다. 애덤 스미스는 자본가의 혁신(이익 추구)과 노동자의 기여에 대한 상생이 국가경제의 지속가능한 역량을 확보할 수 있는 길이라고 여겼다. 그는 인간의 사익 추구가 온전히 부정적인 것이라고 생각하지 않았다. 다만 기업의 이익 추구가 도덕감정과 함께 이루어져야 '보이지 않는 손'의 공익적 성격이 증대된다고 주장했다. 시장경제가 나타나기 이전 원시경제체제에서도 사회적 효용에 대한 도덕윤리는 인간의 이기심 발현으로 인한 경제행위의 전제조건precondition이었다. 여기서 도덕은 공감sympathy과 동정empathy이라는 감정을 기반으로 하는, 타인과 이웃에 대한 감정이입을 통한 이해를 말하며, 1자와 2자가 아닌 제3자적 관점impartial spectator과 적절성propriety을 전제로 한다. 이때 적절성은 선과 악의 이분법적 구분을 벗어나, 정당한 방법의 이기심도 도덕으로 포섭한다. CSR 관점에서 살펴보면 《도덕감정론》에서 이야기하는 도덕moral sentiment이란 기업 이기심의 사회화 과정으로 이해할 수 있다. 기업이 이윤 극대화를 추구하는 과정에서 사회적 책임에 공감하고 참여함으로써 사회화가 내재되어야 한다는 것이다. 이러한 이윤 극대화의 사회화는 다른 말로는 CSR로 나타낼 수 있으며, 기업들은 CSR 활동을 통해 생산활동에 도덕적 의미를 부여받을 수 있다.

애덤 스미스의 《도덕감정론》은 《국부론》-신고전학파-주류경제학으로 이어지지만, 많은 경제학자가 경제학이 《도덕감정론》이란 샘물에서 기원했음을 잊기도 한다. 모순되게도 경제와 사회의 조화 내지는 균형적 감각은 사회학에서 먼저 이루게 된다. 1985년 사회학자 그라노베터Mark Granovetter는 그간 경제학에서는 경제를 다루되 사회와의 관계를 과소화했고 사회학에서는 경제행위의 의미를 축소했지만, 현실을 정확히 반영하기 위해서는 경제행위를 사회구조에 적절한 수준으로 일체화embedded해야 한다는 내용을 중심으로 한 'embedded theory'를 최초로 제시한다(Granovetter, 1985). 이후로 사회학자에게 'embedded'가 뭐냐고 물으면 그들은 그라노베터의 논문을 떠올린다.

한편 시카고대The University of Chicago 경제학과와 사회학과 겸임교수joint professor이자 노벨경제학상을 수상한 게리 베커Gary Becker는 경제학에서 쓰이는 개인의 효용함수에 사회 규범적 요소(예를 들면 이타주의, 헌신, 사랑 등)를 고려하였다. 이타주의altruism란 상대방 혹은 사회의 효용수준이 나의 효용함수에 내재화됨을 의미한다. 기업의 이윤 극대화 또한 기업의 효용 극대화로 표현할 수 있으며, 신고전학파 이론에서는 여기에 이윤, 사회효용함수 등을 넣어 경제와 사회의 조화를 포용, 확장하게 된다. 《도덕감정론》과 연계하여 해석해 보면, 도덕감정을 지닌 기업은 모든 이익을 사회에 환원하거나 재분배를 위해 사용하는 것이 아니라, 이윤 극대화와 사회적 효용에 대한 연립방정식을 풀고 그 해를 찾을 수 있는 것이다.

포스코의 기업시민 이념은 주류경제학에서 논의됐던 이윤 극대화의 사회화 과정에서 주체의 능동적 역할을 강조하는 것으로 해석할 수 있다. 필자는 이 과정을 CSR-일체화embedded 경영이라고 정의하고, 현재 발생하는 현상들을 주류경제학자의 관점에서 재해석해 보고자 한다.

이 글에 자주 등장하는 'embedded'(혹은 embed)란 단어를 사전에서 찾아보면 '내재된built-in', '포함된'이라는 의미를 지닌다. 그러나 'CSR-embedded 경영'에서 'embedded'란 CSR이 경영전략에 내재되었을 뿐 아니라 '배태되다', '재생산되다'라는 의미1로, 지속 가능한 성격을 갖는다. 후술하겠지만, 필자가 사용할 'embedded' 개념은 'embedded theory'처럼 심오하지 않고 내장built-in화와 유사하지만, 정신적 측면을 조금 강조하여 정신적 재생산이 가능하도록 배태한다는 개념으로 편리하게 사용할 것임을 미리 선언하고자 한다. 그리고 'CSR-embedded 경영'이란 용어에서 'embedded'는 독자들의 쉬운 이해를 위해 일체화란 용어를 사용하여 'CSR-일체화 경영'이란 용어로 표현하고자 한다.

과거 대기업들은 자본주의의 대전제인 이윤 극대화를 위한 전략으로 주요 협력업체의 생존 문제, 지역사회 문제 등은 고려하지 않은 채 재무성과를 향상하는 데에만 초점을 두었다. 이로 인해 대기업들이 공동체의 이익을 무시하고 부를 축적한다는 반기업 분위기가 조성된 것도 사실이다. SOMO, CLW 등 국제 NGO 단체에서 글로벌 기업들을 추적·고발하여 SNS에 올림으로써 환경파괴, 근로조건 덤핑 등 사건 사고가 삽시간에 퍼져서 글로벌 기업의 브랜드가 단번에 무너지는 경우가 많다. 때로는 거짓 뉴스가 퍼져서 사실 확인 비용도 많이 들고 수습도 잘 안 되는 경우도 많다. 우리 기업

---

1 Embedded가 일본에서는 '배태되다', '재생산되다'의 의미로 사용되어 원래의 뜻보다 더 과장되었다.

일이 아니라고 주장해도 발생하는 수습 비용, 브랜드 손상 비용은 고려하지 않은 채 추구하는 협의의 이윤 극대화는 소탐대실일 수 있다. 또한 국제사회에 만연한 다자 간, 혹은 양자 간 FTA로 인해 ISO 26000, UN 글로벌 콤팩트 등 사회공헌 및 국제 노동권 기준 등을 가입하고 준수해야 수출을 할 수 있는 경우가 많다. 게다가 노동협정을 따로 두어 이에 대한 준수 여부가 상호 모니터링되는 상황에서 국제사회의 압박으로 인해 기업의 이윤 극대화가 아무 제약 없이 추구될 수는 없는 세상이다. 설사 이윤 극대화만을 추구한다고 해도 추후 발생할 수 있는 비용을 고려한다면 어느 정도의 사회화를 통한 사전 예방비용 투자가 더 큰 이윤을 보장할 수 있다.

주류경제학을 조금 더 응용하고 조금 더 소프트하게 사고한다면 현재 나타나는 모든 사회현상을 경제학에서 이미 설명해 왔음을 알 수 있다. 다만 다른 학문 분야에서 자신들의 존재감을 위해 경제학은 '돈 버는 것만을 다루는 학문이다'라고 정의해 애꿎은 경제학이 피해를 보는 경향도 있다. 필자가 박사학위를 받은 시카고대에 대해 많은 한국 사람들은 밀턴 프리드먼으로 대표되는 신자유주의의 메카로 이해한다. 하지만 《넛지Nudge》로 노벨경제학상을 받은 리처드 탈러Richard Thaler 교수에 대해서는 잘 모르고, 이타주의 등을 경제학적으로 정립한 게리 베커 교수의 《생활의 경제학Economics of life》에 대해서도 잘 모른다. 《괴짜경제학Freakonomics》에서 경제와 심리의 관계를 다룬 스티븐 레빗Steven Levitt 또한 시카고대 교수로 재직 중이다. 시카고학파를 그저 극단적으로 이윤만 추구하는 냉혈한 학파로 몰고 가는 것은 분명 잘못된 이해이고 비판을 위한 왜곡된 정의이다. 물론 시장의 펀더멘털이 궁극적으로 작동하도록 자유의 숨통을 열어 주는 것이 대부분 선한 목적으로 만들어진 규제들이 나쁜 성과를 낳는 것보다 더 낫다는 믿음이 학풍의 축이다. 그러나 근시안적이고 돈을 버는 데만 혈안이 된 기업 옹호학파라고 비판하는 것은 비주류 학문의 콤플렉스라고 볼 수밖에 없다.

아무튼 기업들이 사회와 동떨어져서 자사의 이윤만을 추구하는 경영전략을 유지하기는 더 이상 어려워졌다. 그로 인해 기업 경쟁력 강화, 브랜드 가치 향상 등 기업 가치 측면과 지역사회 삶의 질 향상, 좋은 일자리 창출, 산업 생태계 건강성 유지 등 사회 가치 측면이 선순환 구조를 이루어 함께 성장할 수 있는 경영전략이 강조되고 있다. 환경 문제, 법 준수, 근로조건 준수 등은 고려하지 않는 근시안적인 단기 경쟁 전략과 소비자에게서 최대한 많은 소비를 끌어내기 위한 독점기업들의 최저가격 책정을 통한 치킨게임에서 벗어나 사회적 책임을 다하면서 공동체의 행복을 고려하는 지속가능한 경영전략이 강조되고 있다. 공동체의 플랫폼 위에서 이윤 극대화를 추구하고 이 공동체 플랫폼의 경기규칙 중 하나로 애덤 스미스의 도덕, 그라노베터의 사회구조에 embedded, 게리 베커의 이타주의와 연계하여 경계를 설정한다면 이데올로기 혹은 상상력의 빈곤이라는 교조주의 사고의 함정으로부터 탈출할 수 있을 것이다.

기업시민을 이해하기 위해 경제학 이론을 좀더 탐색해 보자. 경제학에서 게임이론이 등장하였고, 요즘은 행동경제학이 태동해 가

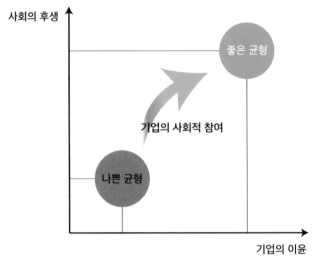

<그림 2-1> 기업과 사회의 균형점

사회의 후생

좋은 균형

기업의 사회적 참여

나쁜 균형

기업의 이윤

자료: 조준모(2019), "포스코 기업시민의 새로운 도전과 과제" 발표자료 재인용.

고 있다. 우선 게임이론에서 많이 사용하는 것이 죄수의 딜레마 게임이다. 갑과 을의 주체가 게임을 하는데 상호 신뢰가 부족하여 각자 이기적인 전략을 선택한 결과 갑·을 모두 불행한 나쁜 균형의 함정에 빠진다는 그 게임 말이다. 이 죄수의 딜레마는 모두 원치 않은 결과로 빠져 버리는 공유지의 비극tragedy of commons으로 설명되기도 한다. 이런 현란한 이론은 기업시민 이론에도 적용될 수 있다. 기업들이 자신의 이윤만을 추구하고 사회구성원, 시민들이 근시안적인 효용 극대화 등을 추구한다면 기업과 사회는 나쁜 균형의 함정에 빠지게 된다. 환경, 삶의 질 개선 등 사회문제에 무관심한 채 이윤 극대화의 1차 최적화 방정식을 풀게 되면 장기적으로 사회의 후생과 기업의 이윤이 모두 감소하고 사회적 비용은 증가할 수밖에 없다. 좋은 균형은 공동선의 균형이고 원원Win-Win, 혹은 파레토 개선Pareto-improving이 되지만 그 존재를 알면서도 이기적인 주체들이 가지 못해 안타까워하는 균형이다. 이러한 좋은 균형은 조금 느슨하게 설명하면 사회의 공정성fairness에도 부합한다고 말할 수 있다.

필자가 정의하는 기업시민 이론이란 나쁜 균형에서 좋은 균형으로 이동시키는 능동적인 기업시민의 역할에 대한 것이다. 모래알 같은 개인들이, 혹은 시민단체를 조성하여 좋은 균형으로 이동할 수도 있겠지만 시민단체가 반드시 좋은 균형으로 이동한다는 보장은 있는가? 기업이 사회적 활동에 적극적으로 참여한다면, 그리고 좋은 균형으로 이동하는 사회 프로그램을 시민과 같이 고민하고 해를 찾아 간다면 나쁜 균형에서 좋은 균형으로 이동할 수 있다. 사회의 후생 극대화와 기업의 이윤 극대화를 적절히 조합하면 기업에 대한 긍정적 이미지가 높아지고, 이에 따라 제품 구매가 확대되어 사회의 후생은 더 높게, 기업의 이윤은 더 크게 달성되는 지속가능한 상태를 유지할 수 있다.

나쁜 균형에 계속 머무르는 것은 이 균형을 탈출하고자 하는 능동성, 시민성이 부족하기 때문이다. 기업시민 이론은 나쁜 균형 함정 탈출론이기도 하다. 2009년 노벨경제학상 수상자 엘리너 오스트롬은 나쁜 균형에서 좋은 균형으로 탈출하는 데 경제 거버넌스economic governance가 활용될 수 있음을 강조하는데(Ostrom, 2010), 이 경제 거버넌스에는 법, 제도를 넘어서 기업시민 정신이 포함될 수 있다.

2. 기업의 사회적 책임CSR

'사회적 책임을 다하는 기업', 우리는 무엇을 떠올릴 수 있는가? 필자가 각종 민간기업, 공공기업 평가 및 수상 심사를 맡아 사회적 책임 영역에 가면 예외 없이 등장하는 것이 기업 임원진이 추운 날 연탄을 배달하는 모습, 고아원 등에 방문하여 가난한 학생을 위해 장학금을 지급하는 행사 등이다. 따라서 기업이 사회적 책임을 다한다는 것이 봉사, 자선활동 등의 행위와 유사하다고 생각할 수도 있다.

물론 이러한 행위도 사회적으로 큰 의미를 가진다. 그러나 CSR은 일시적 이벤트보다는 기업경영 속에 지속가능한 시스템으로 안착되어야 한다. 예를 들어 글로벌 컨설팅업체인 레퓨테이션 인스티튜트Reputation Institute에 따르면, CSR을 측정하는 지표는 제품 및 서비스, 혁신성, 근무환경, 지배구조, 시민의식, 리더십, 성과 등으로 나뉘어 있다(송호근, 2018). 기업의 이익을 넘어 사회적 이익을 창출하기 위한 활동, 가능한 많은 수익을 얻고자 하는 이윤추구 목적하에 사회에서 요구하는 법, 윤리적 관습 등 기본적 규율을 준수하고 사업을 운영하는 것 등이 CSR 활동에 포함된다(McWilliams & Siegel, 2001; Friedman, 1970). 최근에는 기업의 법적, 경제적, 기술적 활동을 넘어서 사회적 환경에 대한 기업의 역할이 강조된다 (McWilliams & Siegel, 2001). 유럽위원회European Commission는 CSR을 "기업이 사회적, 환경적 이슈들을 수행하는 사업과 이해관계자와의 상호작용에 자발적으로 통합 및 반영하는 것"으로 정의한다.

덧붙여 이러한 활동이 기업의 혁신적 잠재력과 경쟁력을 강화하는 데 도움을 줄 수 있다고 밝혔다.

기업의 CSR 활동은 종업원 만족도에도 중요한 영향을 미치는 것으로 알려져 있다(Gaudencio et al., 2017; Barakat et al., 2016; Jung & Kim, 2015). 기업의 CSR은 기업 이미지를 향상시키며 조직 신뢰를 활성화하는 데 도움이 되고, 결국 조직의 목표와 가치에 영향을 미쳐 기업성과가 향상된다. 또한, 종업원들은 사회공헌을 하는 기업이라면 종업원을 공정하게 대할 것이라고 기대한다(Jones et al., 2014). 사회공헌에 헌신적인 기업들은 조직 내 분위기도 좋으며 인재 활용에 적극적일 것이라고 기대하게 한다. 이러한 요소들은 종업원 사이에 CSR을 활발히 하는 기업에 대한 근로 선호도를 높이고 이직률을 감소시켜 인적자본을 최대한 활용할 수 있는 발판을 마련해 준다(Bhattacharya et al., 2009; Branco & Rodrigues, 2006). 이처럼 CSR은 기업의 성과, 성장, 지속성 및 기업 평판, 인적자본 활용도, 브랜드 이미지 등을 향상시켜 기업 스스로의 발전과 사회에 대한 기여를 돕는다.

한편 기업들이 CSR을 신경 써야 하는 영역이 가치사슬value chain상으로 점점 연장되고 있다. 과거에는 기업이 아닌 개인 고객을 상대하는 기업(B2C)이 상대적으로 CSR 활동에 집중하였다. 일반 개인 고객들과 접촉이 잦은 기업은 소비자의 이미지를 뚜렷이 파악하고 있으며 그들의 니즈를 충족해 주고 양질의 서비스를 제공함으로써 기업 이미지를 향상시키려 노력했다. 예를 들어, 식품회사의 경우 소비자의 건강에 대한 사회적 요구를 수용하여 영양상으로 개선된 제품들을 생산해 내는 것만으로도 CSR을 소비자들에게 체감시킬 수 있다. 반면 보잉, 포스코 같은 B2B 기업의 경우 이후에 이어지는 생산 가치사슬에서 최종 소비자의 니즈를 정확히 파악하기 어렵다. 보잉은 항공기 제조, 포스코는 철강생산이 주종이니 기본적으로 B2B 기업이라 할 수 있다. 이 경우 직접적인 고객 대면이 부족하니 CSR 활동 지표가 상대적으로 낮을 수밖에 없다(송호근, 2018). 그럼에도 불구하고 생산 가치사슬이 유통, 최종 서비스 제공 등으로까지 확대됨에 따라 기존에 개인 고객과 직접적 접촉이 없었던 기업(B2B)들도 최종 생산품 고객들을 위한 CSR을 고려해야 할 필요성이 증가했다. 사실 산업 4.0 융복합 서비스 시대에 B2B에 안주하는 기업은 거의 없다. 보잉의 경우 항공기 유통, 서비스로 분야를 확대하고 있으며, 포스코도 포스코 건설, 포스코 대우 등을 통해 요소요소에서 포스코 브랜드로 소비자들의 심리를 파고들고 있다.

B2b에서 b2C로 넘어가는 과정에서 사이에 낀 b는 B의 중간재를 납품받는 기업이긴 하지만, 이들에게 환경오염, 근로조건 덤핑, 각종 법률 위반, 산업재해 등 사건 사고가 발생하면 B가 법적으로 "우리 회사 아니에요" 외쳐도 SNS에 돌고 돌아 그런 법적 범위를 넘어서 도덕적 비난이 B로 집중되기 마련이다. 물론 B에게 b가 거래하는 C까지 관리하라고는 할 수 없다. 그러나 최소한의 리스크 관리risk management는 해야 한다는 것이다. 독일 보쉬Bosch 사의 경우, 하청업체의 환경, 근로조건 등을 정기적으로 감독하고 이러한 감독권

-피감독 의무를 계약조항에 삽입한다. 이러한 감독을 거부하는 업체와는 일체의 거래를 거절한다. 설사 부품가격이 최저라고 해도 말이다. 이를 통해 B2C로 확대되는 가치사슬상에서 최소한의 리스트 관리를 하는 것이다.

이미 B2C 기업이기는 하지만 소비자들이 좀더 체감할 수 있는 맞춤형 CSR을 위해 고민하는 기업들도 있다. LG전자의 경우 최근 소방서에 방화복 세탁기를 기증하였다. 특수 재질로 제작된 방화복은 전용 세탁기가 반드시 필요하지만 열악한 소방관 처우와 부족한 예산 등으로 인해 각 소방서에서 이를 구비하기가 어려워 손빨래를 해 왔다고 한다. LG는 자사의 기술력을 이용하여 가장 효과적으로 사회적 가치에 기여할 수 있는 영역을 찾은 것이다. 여기에 마침 드라마 〈알함브라 궁전의 추억〉에 나온 박신혜 씨도 세탁기를 기증하고자 하여 소방서-LG전자-박신혜 씨가 자발적으로 연결되어 CSR을 하니 소방서-LG전자가 연결될 때보다 인지도 또한 획기적으로 높아졌다.

여기서 놓쳐서는 안 될 포인트 하나는 역시 LG전자의 USR^{Union} ^{Social Responsibility}이다. LG전자는 노사관계가 아니라 노경관계라 칭하며, '두 개의 수레바퀴'처럼 노와 경이 합쳐야 굴러갈 수 있음을 강조한다. 10년째 진행하는 USR 경진대회에서는 해외공장을 포함하여 나름대로 혁신적인 USR 활동을 소개하고 포상도 한다. 최근 애프터서비스 협력회사 근로자들이 자회사로 신규 영입되면서 LG전자 노조에 약 3,800명의 새 조합원 식구들이 늘어났다. 집집마다 돌아다니며 제품을 설치하고 수리하는 서비스 직원들이야말로 소비자가 LG전자의 CSR을 접하는 최전선이다. 협력회사 유니폼을 입고 가도 소비자는 이들을 LG전자 직원으로 여겨 왔다. 이제 이들이 진짜 LG전자 자회사 직원이 된 것이다. CSR-USR 활동의 가치사슬이 연장되었고 소비자 체감도는 더욱 강화된 셈이다.

오뚜기를 갓뚜기(God + 오뚜기)라 한다. 오랫동안 정직하게 세금을 내고 선행을 많이 해온 기업에 대한 최고의 평판을 나타내는 표현이다. 한 가지 특히 주목해야 할 것은 석봉토스트와의 합작 CSR이다. 석봉토스트에서 노숙자 지원 등 선행을 하는 것을 관찰한 오뚜기 CEO는 석봉토스트에 무료로 소스를 지원하기로 결정하였다. 두 개의 CSR 가치사슬이 연결된 것이다. 많은 CEO가 내 이름으로, 우리 회사의 브랜드만으로, 남 좋은 일 시켜서는 안 된다는 생각으로 CSR을 한다. 그러나 창의적으로 합작하고 맞춤형 CSR을 위해 노력한다면 적은 비용만으로도 많은 비용을 CSR을 위해 지출하는 경쟁사보다 더 큰 효과를 수확할 수 있다.

대외적인 CSR 활동 이외에 최근 논의되는 또 다른 영역은 근로자의 기본권 보장과 일-가정 양립을 목적으로 하는 정책들이다. 일-가정 양립과 근로시간 단축을 통해 근로자에게 적절한 휴식을 제공하고 삶의 질을 높여 줄 수 있는 사내제도 구축은 근로자의 생산성을 높이는 데 충분한 도움을 줄 수 있다. 예를 들어 몇 년 동안 쟁점이 되었던 워라밸work and life balance, 모성보호 정책 등이 CSR 차원에서의 인적자원관리에 포함될 수 있다. 특히 젊은 세대에게 워라밸은

삶에서 지향하는 가치 중 하나로, 그들은 직장 선택 시에도 일과 여가의 균형을 중요하게 생각한다.

CSR은 근로자에 대한 동등한 기회 제공, 직업훈련, 더 나은 일-가정 양립, 고용 안정성 등을 목표로 해야 한다. 직원들의 건강, 웰빙Well-being, 안전 등을 보장하고 동시에 직원들이 최대 역량을 발휘할 수 있도록 기업의 역할을 하는 것이다. 또한, 필자가 생각하기에 우리나라 노동법은 정말 문제가 많다. 일본 노동법을 모방하여 만든 경향이 강한데, 그나마 일본은 노동법을 환경에 맞게 수정해 왔고, 민법적 속성이 강한 주제는 사랑방인 노동계약법을 만들어 현실 정합성, 유연성을 더해 왔다. 그러나 우리의 경우는 노사 대립 구도에 정치권이 눈치를 보느라 구태의 법 틀을 벗어나지 못했다. 그럼에도 불구하고 악법도 법이다. 구태스러운 악법이기는 하지만 묵묵히 노동법을 준수하고 사회적 가치를 중시하는 모습은 기업 이미지 제고라는 긍정적 효과를 가져올 뿐만 아니라, 훌륭한 인재들이 모여 생산성을 증진하는 하나의 방안이 될 수 있다.

글로벌 환경에서 사업을 수행하는 기업들은 문화적 차이, 규제적 환경의 차이와 더불어 기업경영의 정당성 차원에서 여러 이슈들을 고려해야 한다. 글로벌 공급업체나 협력업체가 자리 잡은 저개발국가의 노동권 및 인권 문제, 뇌물 수수 등은 글로벌 커뮤니티에서 자주 제기되는 윤리적 이슈들이다. 현재 40개국이 인준한 OECD 뇌물방지 협약, 국제노동기구ILO의 국제노동기준, UN 글로벌 콤팩트2, ISO 260003 등 국제적 차원에서 글로벌 기업의 사회적 책임을

<표 2-1> ISO 26000의 세부내용

핵심 주제	주요 내용
지배구조 개선	의사결정 과정의 투명성, 이해관계자들의 동등한 참여, 여성·소수자 등 마이너리티 참여 보장
인권	노동자와 소비자들의 기본적 인권 존중, 표현의 자유 보장, 아동 노동력 착취 금지
노동	국제노동기구(ILO) 기준 준수, 안정적인 고용 관계 권유, 직장 내 안전 및 보건 관리
환경	오염물질 및 탄소 배출 감축, 지속가능한 자원 사용
공정운영	부패에 대한 감시, 내부고발자에 대한 보호, 공정한 경쟁, 재산권 보호
소비자 보호	소비자 보건 및 안전관리, 공정한 마케팅, 상품에 대한 정확한 정보 제공, 위조나 표절 금지, 리콜 보장, 가격구성정보 공개
공동체 기여	지역공동체 참여, 고용 창출, 책임 있는 투자, 납세 의무 준수

자료: International Organization for Standardization(2017).

도모하기 위한 행동 규범이 도입되고 있다. 특히 ISO 26000은 기업 조직의 지배구조, 인권 및 노동 관행, 생태계에 대한 고려, 공정거 래 관행, 소비자 이슈 등에 관한 내용을 포괄적으로 담고 있다.

이러한 기업의 대내외적 사회공헌활동은 한국에서도 비약적으로 증가하고 있다. CSR 활동은 다양한 측면의 인적, 물적, 재무적 자 원 소비를 수반하기 때문에(Friedman, 1970) 기업은 장기적으로 비 용이 증가할 것으로 예상되는 이슈들에 대한 투자를 피할 수도 있 다. 그러나 점점 발달하는 SNS와 높아져 가는 지구촌 시민들의 눈

---

2 UN 글로벌 콤팩트(UN Global Compact)란 기업의 사회적 책임에 대한 지지와 이 행을 촉구하기 위해 만든 자발적 이니셔티브이다.

3 ISO 26000은 국제표준화기구(ISO)에 의해 제정된 사회적 책임에 관한 국제표준으 로, 2010년 11월 1일 세계 77개국 중 93%의 찬성으로 채택 및 제정되었다.

높이로 인하여, 기업들의 단기 이벤트에 CSR 서비스 수요자들은 금방 식상함을 느낀다.

3. CSR-일체화 경영

세계적 기업들은 경영전략에 CSR을 일체화embedded하는 방향으로 나아가고 있다. 예를 들어 300개 업체와 40만 명의 근로자를 보유한 자동차부품 및 전자장비 기업 보쉬Bosch의 경우 원·하청 상생, 전방위 생태계 중심 상생 등 사회 공동체 이해관계자를 적극적으로 고려하는 모습을 보인다. 또한 기업 소유자가 아닌 전문경영인이 경영의사를 결정하며 직원, 고객, 지역사회 등 사회 공동체에 대한 적극적 가치증진 활동을 시행 중이다. 필자가 보쉬 사의 독일 슈투트가르트 현지 상생팀을 방문했을 때 놀라운 점 두 가지를 발견했다. 첫째는 비서나 하위직원이 아니라 상생팀 임원이 직접 현관에 나와 영접했다는 점이다. 그분은 아마도 전무, 부사장급인 것 같았는데, 한국 대기업에는 이 직급이 청바지 입고 현관에 나와 혼자 영접하는 문화는 필자 경험으로는 거의 없다. 둘째로, 회의 중 커피 타임에는 회사 중간에 위치한 부엌에서 머그잔에 커피를 담아 마신 후 식기세척기에 넣으며, 종이컵은 쓰지 않는다. 청바지 입고 캐주얼하게 부엌에서 토론도 하니 자유롭고 편안한 분위기도 연출된다.

　보쉬는 재단이 유한회사limited company, 유한책임회사limited liability

company로 경영하고, 주식회사corporation에서 보이는 대주주 소유주의 힘을 종업원과 다수의 투자자에게 분산시키는 경영이 초기부터 의무화된 기업이다. 필자는 보쉬 담당자에게 왜 글로벌 기업이 영미식 주식회사로 가지 않았느냐는 질문을 했다. 영미식 주주 자본주의, 유럽식 이해관계 자본주의를 마음에 둔 질문이었다. 답변은 놀라웠다. 그들도 주식회사로 가고 싶었지만, 독일이 제 2차 세계대전에서 패한 이후 티센크루프와 같이 철강, 탱크, 비행기 등을 만드는 회사가 모두 전범으로 몰려, 소유주는 재단을 설립하여 투자할 수밖에 없었다는 것이다. 보쉬는 공급회사와 계약 시 CSR 감사와 관련된 내용을 계약에 포함하여, 실제로 사회 기여를 통해 가치를 창출해 내는 사업체를 우선 선정하고 함께 시너지를 창출하고 있다.

독일 발도르프에 위치한 소프트웨어 제작업체 SAP도 보쉬와 마찬가지이다. SAP이 보쉬와 다른 점이 있다면, 발도르프 지역경제의 대부분을 차지하기 때문에 지역사회와 매우 밀착되어 있다는 점이다. 포스코가 포항, 광양에 집중되어 있는 것과 같은 모습이다. 또한 IT 기업이므로 보쉬보다는 젠더 이슈에 더 획기적으로 접근하며, 근로시간 자유제, 일부 봉사시간의 근로시간 인정 등의 제도를 도입했다. 젠더 이슈와 관련하여 독일 법에 따르면 임원의 20%를 여성으로 임명해야 하는데, 이를 위해서 채용 및 하위 직급 구성부터 종업원의 통계적 관리를 하여 20%를 달성한다고 한다. 또한, 'Work on Confidence'를 모토로 전 직급에서 본인이 원할 때 자유롭게 일하는 재량근로제를 폭넓게 사용하고 있다. 우리나라에서 탄력근로제 도입을 둘러싸고 사회적 대화체에서 난항을 겪은 모습과는 천차만별이다.

SAP을 방문했을 때 또 한 가지 놀란 점은 상생팀에서의 역할과 경력이 꽤 비중 있게 인정받는다는 점이었다. 상생팀이 사랑방 별채, 혹은 임원들의 승진을 막는 무덤으로 여겨지는 한국과는 딴판이었다. SAP의 CEO가 되려면 대부분 상생팀 임원 경력을 거치고, 총괄 CEO와 상생팀장 간 핫라인이 있어 판매, 생산 등의 부서와 충돌이 있을 경우 수시로 업무 조율을 한다. 상생팀 임원은 임원의 마지막 자리라는 인식이 팽배한 우리나라 대기업 구조와는 분명 다르다. 또한, 회사에서 의무로 부여하는 봉사마일리지 제도 중 리더십 프로그램을 접목하여 근로시간으로 인정한다고 한다. "회사가 자선단체도 아니고 뭣 하러 그러냐?"는 필자의 질문에 담당자가 자신들은 이런 과정을 거친 임직원들이 혼자 일하는(오타쿠) 임직원보다 훨씬 더 창의적이고, 훨씬 더 생산성 있는 임원이 됨을 통계적으로 확인할 수 있었기 때문이라는 답을 하여 놀라웠다.

항공기 전문업체인 보잉Boeing은 직원이 소유하고 운영하는 비영리재단을 구성하고 5대 중점 사업영역(교육, 시민사회, 문화예술, 환경, 보건복지)을 지정하여 지역사회를 위한 지원을 지속해 왔다. 이처럼 직원이 직접 주도하여 진행하는 공헌사업은 직원들의 자발적 관심을 고취하고 실제 지역에 거주 중인 직원이 주도하여 지역의 니즈를 명확히 파악하는 시스템을 갖고 있다. 미국의 초일류기업 대부분이 CSR 체계를 구조화, 종합화하여 이를 인사관리에 환류, 반영

〈표 2-2〉 초일류기업의 CSR-embedded HR 프로그램

기업 명	10대 명품 프로그램
구글	'직원 분석 팀'(People Analytics Team)
HP	'생활 진보를 위한 보고서'(Living Progress Report)
쉘	'다양성과 포용력'(Diversity and Inclusion)
페덱스	'조사-피드백-조치'(Survey-Feedback-Action)

자료: 필자와 권순원 교수, 박지순 교수가 2016년에 조사한 결과를 재인용한 것이며
현장에 대한 자문은 서덕일 변호사의 의견을 참조하였음.

함을 알 수 있었다. 심지어는 임원 급여도 CSR 활동에 따라 일부 수당이 결정되는 방식이다.

공동체의식, 상생협력을 강조하는 것 이외에도 CSR을 인적자본 관리 시스템에 내재화하여 CSR-일체화 HR을 추구하는 세계적 기업들도 상당하다. 이들은 "이웃에게는 좋은 사람이지만 직원에게는 나쁜 고용주"가 아닌 "좋은 이웃이 되기 위한 근간으로서 좋은 고용주"를 지향한다. 글로벌 다국적 에너지 기업인 쉘Shell은 2000년대부터 다양성과 포용력Diversity & Inclusion을 주요 HR 전략으로 삼았다. 고용 단계부터 각 지점의 사업 환경에 맞는 현지인 채용을 의무화하는 등 다양한 출신의 사람들을 고용하고 조직에 몰두할 수 있게 한 것이다. 성별과 국적에 상관없이 성장과 승진을 도와 적재적소에 필요한 인재들의 생산성을 극대화하는 전략이다.

미국의 다국적 컴퓨터 정보기술업체 HP는 기업 운영 이념의 초점을 직원 존중에 두어 매년 다양한 직원 만족 프로그램을 시행하고 있다. 직원의 삶의 질 및 근로 만족도 향상은 곧 기업의 생산성 향상

으로 이어지기 때문이다. HP는 Voice of Workforce^{VOW}라는 직원 설문조사를 매년 시행하여 직원 참여 촉진, 경력 개발, 다양성 및 포용 존중, 표창 및 보상, 건강, 안전 및 보건으로 이루어진 다양한 사내 정책에 대한 직원 만족도를 조사한다. 또한 웹사이트를 통해 결과 보고서를 매년 발표하여 각 정책 프로그램들이 구체적으로 어떠한 성과를 가져왔는지 직원들에게 투명하게 공개한다.

미국의 유통 및 물류 브랜드 페덱스^{Fedex}의 경우에는 엄격한 평가를 통해 리더십과 커뮤니케이션 능력을 갖춘 사람만을 관리자로 선발하여 현장 직원들의 고충을 들어주고 경영층에 전달하여 해결될 수 있게 한다. 이와 유사하게, 구글^{Google}은 고도의 업무 전문성뿐만 아니라 대화를 통해 직원의 요구사항을 확인하여 철저하게 지원하는 능력도 리더의 중요 덕목으로 꼽는다. 직원이 일과 회사에 대해 가진 고충이나 불만 요소를 신속하게 파악하고 지원하는 것은 노사관계의 리스크를 줄이고 직원들을 행복하게 만드는 지름길이기 때문이다. 구글에서는 부서 회식 장소나 방식을 팀원들이 돌아가면서 정하는 경우가 많다고 한다. 하위 직급이 〈리니지〉 게임을 하면서 샌드위치를 먹자고 하면 그것이 부서의 저녁 회식이 될 수 있다. 상사가 정하고 폭탄주를 마시며 "우리가 남이가"를 외치는 한국 회식 문화와는 양극단에 있다고 할 수 있다.

구글, HP, 쉘의 새로운 경영전략의 공통점은 정기적인 구성원 간 소통을 통해 중요한 경영 사안까지도 직원들에게 공개하고 의견을 구하는 체계를 가지고 있다는 점이다. 또한 투명하고 격의 없는 소통문화도 매우 성숙하게 자리 잡았으며, 이러한 특성들이 노사 간 신뢰 구축에 매우 중요한 토대가 되고 있다. '구성원 간에 지속적으로 그리고 투명하게 소통'한다는 것 자체가 가지는 가치의 소중함을 인식하고 실행에 옮기고 있는 것이다. 사내 인트라넷이나 SNS, 공식적인 미팅이나 회의 등을 통해 지속해서 회사의 상황과 경영진의 입장 등을 직원에게 설명해 줌으로써 직원들이 주인의식을 가질 수 있도록 유도하는 모습들이 자주 발견된다. 일반 경영진뿐만 아니라 창업주까지 직접 나서서 직원들과 소통하는 모습 속에서 회사의 진정성이 직원들에게 전달되었고, 이에 기반을 둔 신뢰는 회사의 경영상 위기를 슬기롭게 극복할 수 있었던 원동력이 되었다.

세계적인 전기·전자 기업 지멘스Siemens의 경우 사업장 협의회 대표가 선출되면 이들로 하여금 별도의 '근로자 대표 교육 프로그램'을 수료하게 하여, 성숙하고 합리적인 경영자의 대화 파트너가 될 수 있도록 유도하고 있다. 이것은 직원 존중의 가치 전파 및 분배 공정성 실현이라는 목표를 실현하기 위한 기업들의 다각도의 노력이 있었기에 가능하다. 창업한 지 20년도 되지 않은 구글과 같은 신생기업에서 168년이라는 유구한 역사를 자랑하는 지멘스에 이르기까지, 성공적인 노사관계를 구축한 기업의 노사철학의 핵심에는 '직원 존중'이 자리하고 있다. 직원 존중 가치의 실현은 기업이 거두어들인 성과를 직원들과 공정하게 분배하는 관행을 통해 이루어진다. 지멘스와 HP의 경우 각각 '형평성 문화 정착 프로그램Equity Culture Program', '우리사주제도Employee Stock Purchase Plan'라는 이름으로 회사 지분을 싸게 구입할 기회를 일반 직원들에게 제공하며, 신생 기업인 구글도 회사 주식의 상당 부분을 직원들에게 나누어 준다. 직원 급여의 경우 항상 시장 최고수준을 지향할 것이라는 일반적인 기대와는 달리, 조사대상 기업들은 전반적으로 시장 평균수준 이상 정도를 지향하는 정책을 가졌다. 대신에 직원들이 원하는 사항을 선제적으로 파악해서 비용 효율적으로 복리후생 정책을 펼치는 회사가 많았다. 페덱스의 경우 직원들을 최우선으로 대우하는 것이 곧 회사의 수익으로 직결된다는 창업자의 신념('직원-서비스-수익')에 따라, 직원들의 의견 및 고충을 회사 운영에 반드시 반영하는 정책을 실행한다. 이 같은 노력은 근로자의 필요와 요구를 발 빠르게 파악하고 조직의 운영 방안과 전략에 반영할 수 있는 기반이 된다.

물론 기존에도 기업들의 CSR에 대한 촉구로 인해 조직문화와 경영전략에 많은 변화가 있었다. 그러나 사랑채와 본채처럼 경영전략과는 분리되어 이루어지거나(CSR-분리화 경영) CSR-이벤트 경영 형태로 진행되어 CSR 시스템이 없는 경우가 많았다. 전통적인 CSR 활동은 기업 평판 향상에 중점을 두고 핵심 경영전략과는 단절되어 있었다(Porter & Kramer, 2006; 2011). 그러나 경영전략에 내재되지 않은 CSR은 자칫 쇼show로 여겨질 수 있다. 통상 기업 경영이 좋지 않을 때는 CSR 예산부터 줄인다. CSR이 일회성, 이벤트성으로서 예산과 높게 연동되어 진행되었기 때문이다. CSR 시스템 구축이 반드시 돈이 많이 들어간다는 생각은 내려놓아야 한다. 적은 비용으로도 시스템은 구축할 수 있다. 오히려 경제 불황기에 비용 문제로 인해 CSR 활동을 줄이면 경기가 회복된 이후에 CSR을 다시 진행하는 데 막대한 비용이 발생할 수 있다.

필자가 방문한 초일류기업들을 보면, 영미형 기업들의 경우 CSR 활동을 CSV^Creating Social Value (공유가치창출)로 연계하고 성과를 계량화하는 노력이 많음을 알 수 있다. 우리나라의 경우 SK가 이 부분에 가장 앞서간다. 임원의 사회적 가치의 부가가치를 SPC^Social Progress Credit로 계측하고 이를 성과수당으로 돌려준다는 개념이다. SK의 경우 SK네트워크와 SK하이닉스처럼 IT기업 플랫폼 사업이 주력이기 때문에, 플랫폼 위에 사회적 기업 생태계를 조성하여 이윤이 없어도 플랫폼 수입을 통하여 지속가능한 경영을 할 수 있다. 그러나 이를 여타 일반 제조업에 적용하는 데는 무리가 따를 수 있다. 필자가 방문한 SAP에 따르면, CSV란 용어를 유럽에서는 잘 안 쓴다고 한다. 미국의 피터 드러커가 창안하고 많은 학자들이 연구물을 쏟아내어 유행했지만, CSR의 정신이 지나치게 계량화되고 협의로 운영되는 단점이 크기 때문이라는 지적이다. CSR을 지나치게 계량화하여 측정할 경우 창의적이고, 실험적이고, 정성적인 CSR은 기피될 수 있다.

현재 기업들에게 무엇보다도 필요한 것은 핵심 경영전략에 CSR을 내재화 및 통합화하여 지속가능한 형태로 자리 잡게 하는 것이다. 기업의 정체성에 맞게, 시민들이 공감할 수 있도록, 이해관계자들이 참여하는 장기적 시스템이 구축되어야 한다. 탐스 슈즈^TOMS Shoes는 'Shoes for tomorrow'를 슬로건으로 내세워 신발 한 켤레가

판매될 때마다 한 켤레씩 맨발의 어린이들에게 기부하는 마케팅을 펼쳤다. 2010년 기준으로 기부된 신발 수는 100만 켤레가 넘었으며, 사회적 책임을 경영전략과 결합시킨 이 마케팅은 탐스 슈즈의 브랜드 가치를 상승시키는 데에 일조했다. 반면에 KFC의 경우 치킨 1버킷bucket이 판매될 때마다 50센트씩 유방암 협회에 기부하는 캠페인을 진행하였으나, 치킨은 유방암의 원인이 되는 과체중을 유발하는 음식이라는 기사와 함께 냉소적인 반응에 직면하였다. 이러한 '병 주고 약 주고' 식 캠페인의 실패는 기업의 정체성(경영전략)과 맞지 않는 방법을 이용하였기 때문이며, 탐스 슈즈와는 정반대의 결과를 초래했다.

4. 포스코와 CSR, 그리고 기업시민

포스코는 다른 기업의 사회적 가치 추구보다 더 큰 공감대를 형성할 수 있는 잠재력과 역사를 가진 기업이다. 오랫동안 제조업의 뿌리 산업의 중심 기업으로서 커다란 경제 및 사회적 책임을 지고, 민영 기업과 공기업의 중간에 위치한 국민 기업으로서 역할을 다해 왔다. 무철無鐵국가였던 대한민국에서 철을 만들어 중화학공업을 일으키고 철강산업의 파급효과를 통해 국가 산업을 일으켜 세운 역사를 만든 주인공 중 포스코가 있었다.

포스코는 과거 50년간 제철보국製鐵報國을 통한 경제적 역할을 수행해 왔다면, 이제는 사회와 함께하는 여민제철與民製鐵의 가치를 창출하고자 한다. 서양철학은 '인간은 다르다'는 인식으로부터 출발한다. 그래서 다른 인간들 사이의 질서를 확보하기 위해 애덤 스미스는 다른 인간들, 이해관계가 있는 인간들이 아닌 제3자적 관점을 강조하여 도덕을 정의한다. 서양철학에서 민주주의는 국민이 주인인 정치체제를 말하지만 사실상 다수결이 절대 규칙인 이데올로기이다.

동양철학은 기본적으로 '인간은 같다'는 전제로부터 출발한다. 이

〈그림 2-2〉 포스코의 과거 50년과 미래 50년

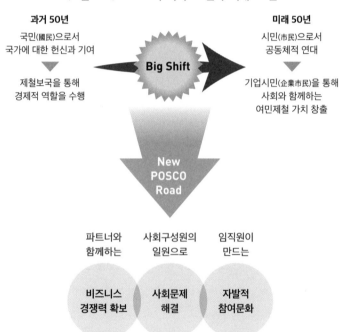

자료: 포스코 기업시민실 자료(2019)에 필자의 여민제철 개념을 삽입한 것임.

전제하에서 '여민與民'은 국민과 함께한다는 의미이며 'with people'에 해당한다. 또한 '위민爲民'은 국민을 위한다는 'for people'에 해당한다. 인간은 같다는 전제하에 여민과 위민 모두 근본적으로는 크게 다르지 않다. 다만 인간은 같다는 전제를 포기하면 여민은 다른 인간을 같게 하고자 노력하는 철학을 의미한다. 이 경우 여민은 위민을 위한 필요조건이 된다. 여민이 없는 위민은 존재할 수 없다. 동양철학에는 민주주의 다수결이란 없다. 한 몸이자 한 정신인 가족끼리 의사결정을 위해 다수결을 따른다는 것은 왠지 어색하다. 동양철학에는 민주주의 대신에 민본주의民本主義가 더 적합하다. 조선을 왕권국가, 혹은 광해군과 연산군 후에는 신권국가였다고도 한다. 그러나 대부분 역사학자들은 이는 틀렸으며, 근본적으로 조선은 민권국가民權國家, 즉 백성이 주인인 국가였다고 판정한다.

한국 전통철학의 중심에 있는 선비정신은 '청렴'과 '여민'을 주제어로 한다. 청렴은 근검절약을 의미하며, 여민은 '백성과 함께'를 의미한다. 경주 최 부자의 경우를 예로 들자. 최 부자는 조선시대 영남지방의 만석꾼이지만 청렴하고 절제하는 노블레스 오블리주를 실천한 사람으로 알려져 있다. 최 부잣집의 가르침을 보면 '과거를 보되 진사 이상 벼슬을 하지 마라', '만석 이상의 재산은 사회에 환원하라', '흉년에는 땅을 늘리지 마라', '과객을 후하게 대접하라', '주변 100리 안에 굶어 죽는 사람이 없게 하라' 등이 있다. 그런데 최 부자는 프랑스 사람이 아닌데 무슨 노블레스 오블리주인가? 인간은 다르다는 서양철학이 최 부자 철학에도 적용될까? 최 부자 철학은 마을의 인간은 모두 하나라는 동양철학에서 출발한다. 인간은 다르며 그중 있는 자가 시혜성으로 노블레스 오블리주를 행하는 것이 아니라, 인간은 하나이기 때문에 나를 돌보듯이 마을의 이웃을 돌본다는 것이다. 분명 서양철학과 동양철학은 다르다. 동양철학의 관점에서 기업시민이란 기업＝시민으로 모두 하나 됨을 의미하며, 기업의 이윤 극대화 활동에 기업시민 정신, 최 부자 정신을 내재화하여 지속 가능한 사회공헌 경영을 이루고자 하는 것이다.

포스코는 과거 대일청구권 자금으로 국가부채를 안고 성장한 국민기업이다. "가난한 집의 묵묵히 일하는 맏형 역할"(송호근, 2018)을 톡톡히 해왔다. 오래전부터 이미 CSR 활동을 했으면서도 한 번도 소리 내 자랑한 적은 없다. 무철국가에서 포스코가 철을 생산한 덕분에 중화학공업을 토대로 고도성장을 했고, 지금의 대한민국이 있다. 물론 진보학자들이 비판하듯이 불균형 성장으로 인한 소득분배 악화 등의 문제점이 없진 않았지만, 포스코의 제철보국이 없었으면 현재의 대한민국 경제도 없음은 모두들 인정한다.

과거 제철보국의 CSR은 국민기업으로서 국민을 위한for people 것일 수밖에 없었다. 산업 4.0, 에코 세대, 민주화, 수평적 소통, 창의 시대에 백성을 위한다는 돌봄의 의미의 '위민'에서 백성과 함께한다는 의미의 '여민'으로의 전환이 필요하다.

노무현 정부 때 여민관이라고 불린 청와대 비서동이 이명박, 박근혜 정부 때에는 위민관으로 현판을 바꾸어 단다. 이어 집권한 문재인 정부는 이를 다시 여민관으로 돌려놓았다. 위민이든, 여민이든 정치적 의도를 뺀다면 깊은 철학을 가진 단어이다. 조선 왕의 통치철학은 한마디로 위민치세 내지는 애민치세라고 할 수 있다. 여민은 《맹자》의 '여민동락與民同樂'에서 비롯된다. 왕과 백성이 함께든지, 백성들이 함께 즐기는 것을 왕이 즐기든지, 이는 깊은 철학적 배경을 가지고 있다. 기업들의 CSR 활동 효과가 작았던 이유는 자기만의 위민에 초점을 맞췄기 때문이다. 지속가능한 시스템 없이 메뉴만 바뀐 일회성 활동, 사회공헌활동을 경영과 연계되지 않은 별개의 영역으로 생각했다. 또한, 시혜성의 일방적인 지원활동만을 해왔다.

이제 포스코는 여민, 기업시민 속에서 새로운 스토리를 만드는 기업이 되어야 한다. 기존의 CSR을 더 발전시켜 여민적 사회 가치를 창출해야만 '기업시민' 이념에 부합하는 활동이 될 수 있다. 수동적 대응이 아닌 임직원이 스스로 사회문제 해결에 적극적, 능동적으로 참여하는 활동, 경영활동과 조화를 이루는 사회적 가치창출활동, 일방적인 베풂이 아니라 사회 공동체의 의견과 니즈를 직접 소통하며 함께 수행하는 활동 등이 필요하다.

포스코는 때마침 기업시민에 부합하는 CSR-일체화 경영을 위해 3가지 비전을 제시하였다. 'Business With POSCO', 비즈니스 파트너와 가치를 함께 만들어 가는 것, 'Society With POSCO', 더 나은 사회를 함께 만들어 가는 것, 그리고 'People With POSCO', 신뢰와 창의의 기업문화를 만들어 가는 것이 그것이다.

Business With POSCO

Business With POSCO는 계열사별 효율적인 관리 방안 및 지속가능한 신사업 추진 등 생산 과정의 효율성을 높이려는 방안들을 포함하고 있을 뿐 아니라 기존 성과공유제 프로그램FOCUS을 개선하려는 방향성을 담고 있다.

포스코는 2004년에 국내 기업 최초로 성과공유제를 도입하였으며, 2018년 5월 말 기준으로 성과공유 과제가 1,852개로 두드러진 성과를 보인다.[4] 포스코와 협력기업 간 동반성장에 초점을 맞춘다는 의미인 'FOCUS'는 포스코형 성과공유제의 명칭으로, 협력사를 적극 육성하고, 이들과 사전에 협의한 기준에 따라 향상성과를 공유하는 취지를 담고 있다.[5] 이러한 성과공유제는 현장부서뿐 아니라 포스코 패밀리사, 협력기업에 이르기까지 가치사슬상의 모든 주체가 참여할 수 있도록 지원된다. 철강산업의 경우 원재료 생산, 가공 및 최종제품 생산 등 세분화된 벤더들에 위치하는 중소기업들이 많기 때문에, 각 벤더에 위치해 있는 협력사의 생산성 강화가 산업 생태계의 경쟁력을 높이는 방법이 될 수 있기 때문이다. 또한, 연구역량이 부족한 중소 협력기업과의 공동 연구개발을 통해 신기술 및 신제품을 개발하고 신제품 시장을 개척함으로써 중소 협력기업의

---

4 http://www.businesspost.co.kr/BP?command=article_view&num=102972
5 http://news.mk.co.kr/newsRead.php?year=2012&no=431922

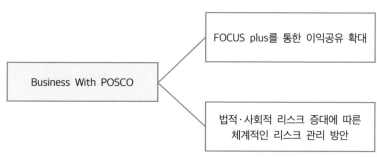

자료: 포스코 기업시민실(2019).

역량 강화뿐 아니라 산업 생태계 발전을 이룰 수 있다.

FOCUS Plus에서는 이익공유 범위가 기존의 협력사 및 고객사에서 지역 등 사회로 확대된다. 이를 통한 지역사회와 협력사들의 발전은 신규 시장 창출을 가져오고, 그에 맞는 일자리 수요 확대를 동반한다. CSR에서 핵심 요소는 사회적 가치를 기업의 이윤 극대화와 동시에 추구하는 것이다. FOCUS Plus에는 경쟁력 있는 산업 생태계를 넘어 환경문제, 실업문제 등 사회문제를 함께 해결하고자 하는 취지가 담겨 있다.

이 외에도 급격한 사회·기술적 변화와 관련하여 관련 제도에 대한 인지를 높이고 준법정신을 재정비하고 있다. 준법정신은 기업 이미지뿐 아니라 CSR의 토대이다. 부당노동행위, 직장 내 괴롭힘 등이 언론에 보도되면 그때까지 쌓아 온 CSR 효과가 한순간에 무용지물이 될 수 있다. 사전예방을 위한 고민이 전제되어야 CSR 효과로 상승기류를 탈 수 있다.

Society With POSCO

Society With POSCO는 다른 중소기업들과의 동반성장 생태계 조성 및 사회문제 해결을 위한 가치 추구를 목표로 둔다. 기존에 포스코는 32개의 상생협력 프로그램을 가동하고 있었다. 중소기업 자금난 해소를 위한 지원, 녹색성장 기반구축 활동 등이 이에 포함된다. 중소기업 자금난 해소 지원 프로그램은 중소기업들을 대상으로 특별보증, 상생협력 특별펀드 등을 조성하여 금융 지원을 해준다. 또한, 상대적으로 상생협력 지원이 취약한 협력사들에 대해서는 금전적 지원뿐만 아니라 직업훈련을 제공하는 등 교육지원에 힘쓰고 있다. 이는 핵심역량을 보유한 협력사들을 꾸준히 성장시켜 포스코 공급망의 경쟁력을 향상시키기 위함이다.

중소기업 육성뿐 아니라 글로벌 환경규제에 맞게 환경경영체제와 환경관리 노하우를 전수하는 '그린파트너십'도 시행하고 있다. 이를 통해 에너지 비용을 절감할 수 있는 기술을 전수하고 친환경 비즈니스 체제를 구축하여 저탄소 녹색성장 기반을 마련하는 데 힘쓰고 있다. 사회적 효용을 배제한 이전의 경영전략은 무분별한 자연파괴, 환경오염에 따른 지역사회 피해 등을 동반했다. 이는 해당 기업에 대한 반감을 증가시키며 장기적으로는 기업 이미지에 타격을 준다. 가치사슬에 속해 있는 협력사들의 에너지 이용 효율화, 자원의 효율적 이용 등을 통해 산업 경쟁력 강화뿐 아니라 환경 피해를 최소화하는 기업의 사회적 책임을 다해야 할 필요가 있다. 아직도 이 부분

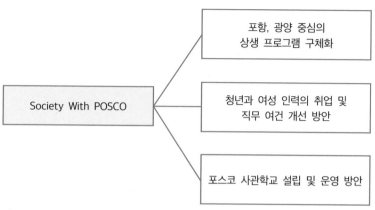

자료: 포스코 기업시민실(2019).

에서는 아쉬운 점이 많다. 단기이윤 극대화로 발생한 지역 주민들의 실망감, 법적 소송 및 보상비용 등 헤아릴 수 없는 비용이 발생한다. 긴 호흡의 경영이 이루어지도록 불망초심不忘初心해야 한다. 이러한 필요성을 토대로 포항, 광양 중심의 상생 프로그램을 구체화하여야 미래형 동반성장 생태계가 구축될 수 있을 것이다.

포스코는 사내 구성원들의 삶의 질 향상을 위해 청년과 여성 고용비율 목표를 설정하고 관리 방안을 모색하고 있다. 특히 세계적 기업들은 상위 직급에서 여성 비율을 높이고 여성 할당을 두거나 가족 친화적 사내제도를 늘림으로써 더 나은 일터문화를 구축하고 있다. 또한 모성휴가 사용 및 사후 관리 등을 통해 가족 친화적 기업문화를 형성하기 위한 노력이 세계적으로 나타나고 있다. 일-가정 양립 및 모성에 대한 사회공헌을 뜻하는 CMR Corporate Maternity Responsibility

〈그림 2-5〉 CMR의 효과

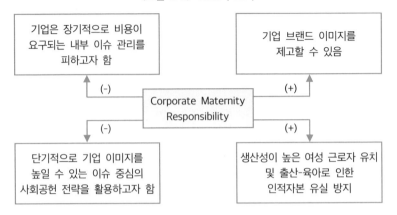

은 조직 구성원들의 삶의 질 향상을 위한 CSR의 부분 요소로 볼 수 있다.

새로운 가족의 구성과 자녀 탄생은 고되고 어려운 일이다. 직장 업무와 함께 이 일을 개인의 책임으로만 감당하도록 한다면 출산을 택하기보다 개인의 삶의 질과 회사를 선택하게 되고 부모 중 한 명, 특히 모성의 경우 노동시장을 이탈할 가능성이 커진다. 즉, 가족 친화적인 정책은 근로자의 삶의 질뿐만 아니라 자녀, 가족 나아가 사회에 큰 영향을 미친다.

남성 사원 비중이 94.7%'(2017 고용보험 기준)에 이르는 현실에서 육아휴직을 신청하는 남성 사원은 아직은 소수에 불과하다. 이는 상명하복의 조직문화로 인하여 아직 육아휴직 사용은 어려운 직장 분위기를 반영한다. 포스코는 국내 최고의 직장임은 틀림없지만 출산·육아 후 직장복귀율이 100%에 육박하는 글로벌 경쟁사인 아르

셀로미탈, 티센크루프와는 아직은 격차가 있다. 장차 양성 평등 등 개인의 주권을 존중하고 다양성을 포용하는 소프트한 조직문화로의 개선 노력이 필요하다. 모성보호의 덤핑(즉, CMR 불이행)은 SNS를 타고 기업 브랜드에 치명적인 비용을 발생시키는 경우가 많아 단기 비용 절감 차원에서 접근해서는 안 된다. CMR을 위한 포스코의 정책 방향은 브랜드 이미지 상승을 유도하여 양질의 여성 근로자 유치로 이어질 수 있다.

여성 근로자가 적은 현 상황에서 국가의 저출산, 고령화 개선을 위해 포스코가 기여할 수 있는 것은 두 가지이다. 하나는 부성휴가를 확대하는 것이다. 부성휴가 이용률은 여전히 낮다. 또한, 근로 시간 유연제(탄력근로, 재량근로, 시간선택제)를 확대하는 방안이 검토되었으면 한다. 교대제, 야간정비 등이 많은 포스코의 입장에서 어려운 과제이기는 하지만, 보다 시스템적이고 과학적인 고민을 한다면 생산적으로 개선할 여지는 충분히 있다고 본다.

한편, 사회적 책임을 다하는 기업에 대해서는 구직자의 관심도가 증가한다(Jones et al., 2014; Bhattacharya et al., 2009; Branco & Rodrigues, 2006). 인재들은 기업의 사회적 책임에 공감하며, 자신이 입사하여 그 사회적 가치 속에서 일하고자 한다. 결국 사내 구성원들의 삶의 질 향상을 위한 모성보호 정책 등은 기업의 인적자본에 긍정적 영향을 미치게 된다. 포스코는 또한 청년실업 문제 해소를 위해 포스코 사관학교 설립 및 운영 방안을 도출 중이다. 포스코 사관학교는 우리 사회가 당면한 청년실업 문제를 해결하고 인재를 개발하려는 목적을 지닌다. 6천 명가량의 청년을 선발, 현장에 필요한 인력을 배출하여 독일 특유의 마이스터 학교로 성장한 지멘스 사관학교와 비슷한 체제의 포스코 사관학교는 매년 1천 명의 고·대졸자 대상 교육을 계획 중이다. 1년간 현장 중심의 교육 및 훈련을 진행하고 과정 수료 이후 해당분야 취업가능 역량을 확보하는 것을 목표로 한다.

산·학·연의 연계도 아직까지는 부족하다는 평가이다. 대학이나 연구소에서 연구 중인 기술이 실제 산업현장에서 쓰이기까지에는 많은 걸림돌이 존재하며, 중소 협력사는 산업 정보가 적어 제대로 된 인력 개발을 하지 못하는 실정이다. 전문인력이 요구되는 철강산업의 경우, 산업 내 상생협력 활용과 연계하여 공급사슬 과정에 놓여 있는 협력사 간에 필요한 연구개발직, 생산직 등의 전문인력을 육성하고 공급하는 노력이 필요하다. 포스텍은 세계 최고 수준의 교수들이 〈네이처Nature〉, 〈사이언스Science〉, 〈셀Cell〉지에 논문을 게재하는 우수한 연구기관이다. 이러한 연구력을 토대로 생산, 공정, 수출인증 등 부가가치 창출과 내재화에 기여할 수 있는 USRUniversity Social Responsibility 연구도 강화할 필요가 있다. 이를 통해 산업인력 육성과 산업 발전, 일자리 창출 간의 선순환 구조를 형성하는 것이 포스코가 추구하는 기업시민 이념에 부합하는 경영전략이 될 것이다.

People With POSCO

포스코의 '기업시민'이라는 이념이 대외적으로 이해되기에 앞서, 조직 내 구성원들이 '기업시민'에 대해 이해하고 회사와 본인의 목표를 일치시키는 작업이 선행되어야 한다. 조직원들의 자발적 참여와 능동적 행동이 제외된 CSR은 결코 지속가능할 수 없기 때문이다. 특히 CSR이 내재된 인적자원관리를 통해 단기적 이벤트가 아니라 조직운영의 개방성, 인사관리의 공정성 등이 기업 내부에 자리 잡도록 해야 한다. 이러한 혁신은 훌륭한 인재가 포스코에 매력을 느끼게 하는 것뿐만 아니라 양질의 일자리를 제공함으로써 사회적 가치인 일자리 창출을 비롯하여 기업의 생산성 향상까지 가져올 수 있는 필수 요소이다.

People With POSCO는 조직 내 구성원 및 조직문화 개선에 관한 내용을 포함한다. 첫 번째는 새로이 경영이념으로 자리 잡은 '기업시민'에 대한 조직 내 구성원들의 이해도를 높이는 것이다. 기업시민성이 변화와 개혁에 내포되기 위해서는 경영진뿐 아니라 근로자들의 의식 속에도 기업시민성이 자리 잡아야 하기 때문이다. 또한 대졸 취업자 선발 기준의 하나로 협력적인 소양을 꼽아 기업시민성을 조직 내에 체화하려는 노력이 깃들어 있다.

취업을 희망하는 청년들이 쉽게 포스코에 접근할 수 있도록 기존의 학력 중심 채용 프로세스를 다양화하려는 노력도 있다. 직업훈련을 포함한 다양한 선발 기준을 수립하고 다원화된 창구를 운영하여

〈그림 2-6〉 People With POSCO 세부내용

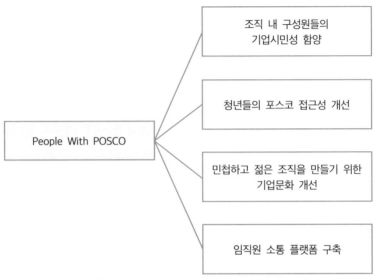

조직 내 구성원들의
기업시민성 함양

청년들의 포스코 접근성 개선

민첩하고 젊은 조직을 만들기 위한
기업문화 개선

임직원 소통 플랫폼 구축

People With POSCO

자료: 포스코 기업시민실(2019).

현장 적재적소에 맞는 인재를 선발하기 위함이다. 유연 신속하고 젊은 조직을 만들기 위한 기업문화 개선도 필요하다. 산업 4.0 시대를 맞이하여 다량의 정보들과 빠른 사회변화 등이 발견되는 가운데, 변화에 빠르게 적응하지 못하는 기업들은 쇠퇴할 것이라는 우려의 목소리가 커지고 있다. 폐쇄적이고 수직적인 조직문화와 유연하지 않은 인력구조를 가진 기업들은 변화에 유연하게 대응하기 어렵다. 이에 포스코는 대규모 조직보다는 유연한 소규모 조직을 결성하고 인력 구성 및 배치를 유연하게 하기 위해 노력한다. 이를 위해 각 제품의 수요에 맞춰 생산량을 조달할 수 있도록 프로젝트형 조직을 활성화하는 등의 운영방안을 내세우고 있다. 또한, 세대 간 인식 격차

Generation Gap, 노사관계 패러다임의 변화가 동반되는 시점에서 수평적이고 개방적인 인간 중심 조직문화로의 진화가 필요하다. 따라서 포스코는 변화 관리Change Management 전담팀을 신설하여 조직문화를 지속해서 평가하고 변화 관리를 주도하는 체제를 도입해야 한다. 이러한 변화는 공유 가치를 중요시하고 인간 중심의 열린 조직문화로 나아가고자 하는 의지를 보여 줄 것이다. 또한 포스코는 인구구조의 변화와 세대 간 문화의 괴리로 인한 다양성을 경험해 왔다. 그러나 이러한 구성원들의 이질성을 오히려 경쟁력의 한 요소로 전환하여 철강 외 무역, 건설, 에너지, ICT, 소재 등 다양한 부서별 구성원 간의 협업을 확대해야 한다. 조직 내 세대구조의 변화 및 인적 경쟁력 제고를 위한 'Young POSCO' 방안도 검토 중이라고 하니, 실효성 있는 프로그램을 기대해 본다.

마지막으로 선진 사례를 통해 임직원 소통 플랫폼을 구축하는 방안을 마련 중이다. 앞서 살펴봤듯이 CSR-일체화된 HR 시스템을 도입한 세계적 기업들의 경우 직원들과 경영진 간 소통 창구가 항상 열려 있다. 조직 구성원 간 원활한 대화가 이루어지고 경영진은 직원들의 애로사항을 파악, 해결하여 원만한 노사관계를 유지한다. 포스코의 경우 엄격한 보고서 문화와 촘촘히 잘 짜인 조직문화로 인해 조직원들의 수용적인 자세들이 종종 발견된다(송호근, 2018). 그러나 혁신은 조직원들의 비판적 태도와 건설적 제안 등으로부터 시작될 수 있다. 경영진은 현상유지적 태도를 지양하고 조직원들의 목소리에 귀를 기울여야 한다. 물론 포스코 내에서는 시니어 직원의 경험을 주니어 직원에게 멘토링해 주고 주니어 직원은 시니어 직원에게 IT, SNS 등 디지털 역량을 역멘토링하는 프로그램을 구축 중이다. 이뿐 아니라 포스코 전 계열사에 비디오 컨퍼런스 시스템을 도입하여 각 지사에 흩어져 있는 그룹 간 소통을 원활하게 하기 위한 방안을 모색하고 있다. 이 외에도 경영진과 직원, 혹은 직원들끼리 수시로 소통하고 서로의 주장을 수용 및 비판할 수 있는 길을 확대하여야 한다.

5. CSR-일체화 경영을 위한 기업시민의 미래 전략

시민의식의 세대별 변화와 기업시민 경영의 변화

여러 해외 기업은 이미 CSR-일체화 경영을 위해 대내외적으로 경영방침을 수정해 왔다. 이에 발맞추어 한국의 대기업들도 제로섬 게임에서 벗어나 이윤 극대화의 사회화를 위한 경영전략의 필요성에 직면하였다. 특히 한국은 기업경영 패러다임의 큰 변화가 요구된다. 그 원인은 다양하다. 대표적으로, 산업 4.0 시대를 맞아 산업구조의 변화속도가 상당히 빨라 과거 수직적이고 경직적인 조직문화는 생산성이 떨어질 수밖에 없다. 또한 다양한 직무, 직책 등이 생겨나면서 기업 내 인사관리의 다양성이 중요시되고 있으며, 급격한 고령화, 세대 간 문화 격차의 증가 역시 한몫한다.

<표 2-3> 세대별 특징 비교

	X세대	에코 세대 / N세대
특권	특권층 존재 인정 사회구조적 불공정을 사회적으로 해결해야 한다고 믿음	개인적 특권주의 부인 사회구조의 공정성에 관심이 낮고 자신에 대한 불공정에 민감
행동/ 설명	결정된 내용을 행동으로 옮기는 것을 중시	자신이 이해하지 못하는 것을 행동으로 옮기려 하지 않음
주인의식/ 협력의식	자신이 일을 도모하고 주도하는 것을 중시	자기중심적이나 관심사를 공유하는 사람들과는 적극적으로 협력 (다양성, 개인 주권 중시)
민주화	정치 민주화 상사의 일방적 소통 수용 절차와 대의민주주의 중시	소통 민주화 수평적 소통 선호 직접민주주의 선호
소비	생계를 위한 소비 중시	문화 소비 중시

자료: 이경묵 외(2017), 2장 재구성.

　　필자는 베이비붐 세대이다. 대부분의 대기업 임원들도 베이비붐
세대 또는 X세대이다. 이들이 자신의 과거 경험과 눈높이를 토대로
사회를 보는 것은 당연하다. 베이비붐 세대는 스마트폰이 없던 시절
〈갤러그〉게임을 즐겼다. 그리고 요즘 유행하는 드라마 〈SKY 캐
슬〉에 몰입한다. 베이비붐 세대의 자녀들은 에코 세대라고 불린다.
이들은 스마트폰, 유튜브에 익숙하고 〈던전앤파이터〉게임을 즐긴
다. 또한 에코 세대 내부에는 그들의 부모 세대보다 훨씬 다양하고
자유분방한 개성이 공존한다. 〈SKY 캐슬〉이 그리는 베이비붐 세대
는 자녀의 학벌에 집착하는 반면, 실제 에코 세대는 자신의 전공이
나 직무에 관한 정보에 더 관심이 많다. 젊은 세대[6]는 사회구조의

6　이경묵 외(2017)에 따르면 출생연도를 기준으로 1946~1964년생은 베이비붐 세

공정성에 관심이 낮고 자신에 대한 불공정에 민감한 특성을 나타낸다(이경묵 외, 2017). 또한, 이들은 수평적 소통을 선호하며 권리의식과 개인주의가 강하다는 특징을 갖고 있다. 이러한 세대별 문화차이를 이해하지 못한다면, 유연하고 수평적인 인사관리 정책은 불가능할 것이다.

경제 침체로 인한 구조조정 발생, 일자리 정책의 저성과 지속, 최저임금의 급격한 인상 등 경제 판과 노사관계 판 간의 충돌로 노사관계 갈등은 더욱 악화될 전망이다. 이에 초일류기업들은 수직적이고 경직적인 노사관계를 버리고, 직원 존중과 공정 분배를 중시하는 새로운 HR 시스템에 대해 논의하고 있다. 또한, 국제적으로 기업윤리를 위한 법제 변화 등도 동반됨에 따라 기존의 경영전략은 구시대적인 발상이 되어 버렸다.

통상 기업 내 조직문화Employee Relation, ER와 인사관리Human Resource, HR 부서는 비밀결사대 역할을 맡기 쉽다. 회사마다 성격은 다르지만 대부분 음지에서 일하고 양지를 지향하는 모습이다. 그런데 이 조심스럽기만 한 ER과 HR이 CSR과 잘 연결될수록 초일류기업으로 거듭나게 된다. 물론 여기에는 단계가 있고 조심스러운 경영전략이 필요한 점은 인정한다. 많은 학자는 ER과 HR의 종업원 배려가 CSR의 기본이라 생각하지만, 과거부터 음지에서 방화벽을 설치해

대, 1965~1984년생은 X세대, 1985~1990년생은 에코 세대, 1991~1996은 N세대, 그리고 1997~2000년생은 밀레니엄 세대로 구분된다.

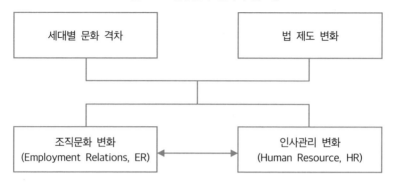

온 기업으로서는 거꾸로 CSR을 통해 ER과 HR이 CSR-일체화 경영을 하도록 유도하는 것도 하나의 정답이다. 어쨌든 미래경영에 음지, 비밀결사대란 없다. 점차 통합화 경영을 해야 복합계 미래 환경에 대응하고 발전해 나갈 수 있다.

전통적인 공기업들과 총수 중심의 관료주의가 팽배한 대기업군에서 많이 나타나는 Silo 문화(조직 장벽과 부서 이기주의를 의미하는 용어)의 완화와 공동의 목표 설정을 통한 조직원 간 협동심 고취가 필요한 시점이다. 기업의 CSR이 ER, HR과 통합되어 지속가능한 체제로 자리 잡도록 하기 위한 계획과 고민이 필요한 시점이다.

기업시민의 지속가능경영을 넘어 번영경영으로

포스코는 기업시민으로서 CSR-일체화 경영을 위해 노력해 왔다. 자동차, 건설 등 수요산업의 성장을 견인하는 대표 기업이었으며,

공헌활동으로 지역사회 성장을 도모해 왔다. 또한, 2017년 기준 평균 근속년수가 약 19.7년이며 대학생 취업 선호도 1위에 꼽힐 만큼 행복하고 좋은 일터를 지향해 왔다.

포스코가 주도하는 철강산업은 제조업의 근간이 되는 기초산업으로, 오래전부터 자동차산업, 조선업과 함께 우리나라 대표 산업으로 꼽혔다(권우현 외, 2015). 철강산업은 주로 대기업인 포스코가 중소기업들을 주도하는 형태를 지닌다. 이러한 대기업 주도는 상공정(원자재를 제선, 제련하여 비금속 덩어리로 가공) 중심으로 중간재적 소재를 공급받아 최종 철강제품을 생산하는 하공정 기업의 공정상 특성에서 비롯된 것이다. 상공정은 대규모 투자와 자본이 필요하고 원료를 대부분 해외에 의존하기 때문에 중소기업의 진입이 어렵다. 기초소재를 생산하는 산업 특성상 원소재 제조업뿐만 아니라 제품을 공급받아 다른 수요업체에 공급하는 협력사들과의 효율적인 연계도 중요하게 꼽히는 철강산업 분야에서는 기업 간 동반성장에 대한 접근이 매우 중요하게 논의되고 있다. 중국산 철강제품의 유입과 철강의 과잉공급으로 인해(남시경, 2007) 새로운 경영전략이 필요한 현 시점에서 이윤 극대화와 사회적 책임의 적절한 균형을 통해 성장 동력을 확보해야 할 필요성이 대두되고 있다. 특히 고숙련 근로자가 부족한 중소기업, 전문인력이 턱없이 모자란 신소재산업 등 인력 문제로 인해 철강산업 분야 대기업의 지속가능한 전략이 요구된다(조준모 외, 2018).

베이비붐 세대가 대거 퇴직하는 가운데 그들의 모노즈쿠리物作(고숙련)가 젊은 세대에 전수되지 않는다면 큰 문제이다. 또 한 가지 문제는 젊은 세대가 원하는 숙련 전수 소통방법은 베이비붐 세대처럼 수직적이지 않다는 것이다. 수평적인 세대 맞춤형 소통방법, 송호근 교수의 설명처럼 튀는 젊은이의 창의적인 의견도 경청하고 수용할 수 있는 조직문화로의 전환이 필요하다.

또한 불평등, 청년실업 등 사회문제의 대두, 대·중·소 기업 간 격차 확대로 인한 산업 생태계 붕괴 우려, 시민단체와 국제기구 등의 기업활동 감시와 압력 증대, 사회적 책임 관련 정책의 강화, 기업의 영향력 확대로 기업이 보유한 자원과 역량을 활용한 사회문제 해결 참여가 요구되고 있다. 이러한 환경 속에서 포스코가 내세운 기업시민 이념은 사회와의 공동체의식을 바탕으로 사회적 가치와 경제적 가치를 동시에 추구하고 자발적으로 참여하는 사회구성원으로서 책임과 역할을 다하는 기업이라는 의미를 내포한다. 공동체의 지속가능한 발전과 사회적 요구 수용 등을 통한 CSR-일체화 경영을 위한 새로운 다짐이다. 포스코는 경제적, 사회적 가치의 전체 파이를 증가시키기 위해 조직문화 변화, 동반성장 프로그램 등을 추진해 왔다. 특히 여러 벤더들 간의 협력과정으로 되어 있는 포스코의 가치사슬 속에서 사회적으로 문제가 되는 일자리 창출을 끌어내는 데에도 힘쓰고 있다. 이러한 포스코의 CSR 성과는 이윤 극대화 과정에서 사회적 책임 및 역할을 고려하여 새로운 가치를 창출하고자 하는 많은 기업들에게 모범 사례가 될 수 있을 것이다. 물론 현재까지의 많은 CSR 성과에도 불구하고 도전 과제들이 아직 존재한다. 그러나 이벤트성, 단기성 CSR 단계에 머물러 있는 기업의 책임의식을 지속가능한 전략으로 발전시키는 데 있어 충분한 역할을 할 수 있을 것이다.

우리 시대가 원하는 포스코의 역할이 무엇인지, 포스코와 사회가 함께 성장하기 위한 방안은 무엇인지에 대한 진지한 고민이 필요하다. 이윤 극대화를 위한 혁신과 사회효용 극대화의 균형이라는 새로운 가치를 포스코의 인적자본, 문화자본, 그리고 조직자본에 심는 것이 기업시민이라는 새로운 성장 방식과 지향점으로 나아가는 길이 될 것이다.

이를 위해서는 앞서 살펴본 with POSCO 구성 프로그램들을 지속가능하게 설계하는 것이 필요할 것이다. 가치사슬상의 동반성장, 조직문화의 재정립 등을 통해 여민 정신을 실현해야 한다. 포스코는 포스텍과 기술연구소, 제철소라는 3가지 요소가 산·학·연으로 구성되어 있다. 그러나 실제 연구·개발된 기술이 현장에서 상용화되는 데에는 어려움이 존재할 수 있다. 정확한 시장 정보가 부족한 학교와 연구소에서는 현장과는 동떨어진, 연구를 위한 기술 개발이 이루어지고, 산·학·연 간의 유기적 협업이 안 되는 현상들이 타 산업 내에서도 종종 발견된다(조준모 외, 2018). 특히 철강산업을 대체할 가능성이 존재하는 신소재(알루미늄, 마그네슘 등)에 대한 정보가 부족하다. 협력사인 중소기업들은 충분한 정보를 확보하기 어려우며, 산·학이 협업하기는 더 어려운 실정이다. 현장에서는 학교와 연구소에 충분한 시장 정보를 전달해 주고, 학교와 연구소에서는 현장에서 상용화가 가능한 연구들을 지속하고 협력사와 결과 및 기술을 공유하는 노력이 필요할 것이다. 그러나 기업 간 상생협력을 통한 가치사슬의 확보 없이 노동공급 중심의 인력육성을 한다면 융·복합적 산업 발전과 분절적 교육으로 인해 맞춤형 인력육성 및 공급의 효과가 더디게 나타날 수도 있다. 따라서 산업 내 상생협력 활동과 연계하여 가치사슬 간 필요한 전문인력을 종합적으로 육성 및 공급하는 구조가 동반되어야 한다. 이를 통해 새로 연구되는 신소재산업도 소재기술 확보, 경쟁력 있는 부품 개발, 시장 확보 및 수출, 소재 개발 확대로 이어지는 선순환 체계를 갖추어야 할 것이다. 이러한 가치사슬 확보는 산업 활성화 및 인력 확보뿐 아니라 국제경쟁력을 높여 주는 도출구가 될 수 있다.

또한, 베이비붐 세대형 인사관리를 고수하고 경직된 조직문화로 인한 소통 단절이 잔존하는 상태에서, 고민이 부족한 CSR이 기업 경쟁력과 직원 사기를 악화시키는 나쁜 시나리오로 빠질 가능성도 경계해야 한다. 기업의 이익추구 기반에 사회적 책임이 내포된 기업시민 이념을 도입한 포스코는 시민市民으로서 공동체적 연대성을 갖고 CSR-일체화 경영을 통해 사회와 함께 여민제철 가치를 창출하는 좋은 시나리오를 실현해야 한다. 이를 위해 포스코의 경영진은 직원들이 조직에 더 많이 참여할 수 있도록 열린 마음으로 적극적으로 소통하여 맞춤형 수평적 소통문화를 구축해야 한다.

과거의 영광으로 인해 고통받았지만, 혁신을 통해 또 다른 영광을 맞이한 IBM의 사례는 포스코에 주는 시사점이 크다. 세계적인

IT 기업인 IBM은 과거에 빅 블루Big Blue 문화를 가지고 있었다. 폐쇄적인 조직문화, 복장 획일주의 등으로 대표되는 빅 블루 문화로 인해 IBM은 대우는 최고지만 혁신은 최저로 평가받았다. 출근 후 회사 사가社歌를 부른 시기도 있었다고 하니 놀라울 뿐이다. 그러나 거대공룡 IBM은 애플 등 소형컴퓨터 랩터들이 등장하자 환경변화에 대응하지 못하고 심각한 경영위기를 경험하고 대대적인 구조조정을 단행할 수밖에 없었다. 최고 복지의 평생직장에 연연하다가 시기를 놓쳤고, 구조조정도 대폭 일어날 수밖에 없었다. 이러한 구조조정은 조직문화를 완전히 바꾸었다. 조직 구성원들에게 개인 맞춤형 교육을 제공함은 물론 기존의 관료주의 조직문화 청산을 적극 추진했다. 복장규정 폐지, IBM식 어휘사용 금지 등 직원들이 일상에서 동참하여 변화를 실감할 수 있는 실천적 아이템을 제시하였다. IBM은 일체감보다는 조직원들의 다양성을 관리하고 열린 조직문화로 변화함으로써 위기를 기회로 바꾼 대표적인 기업으로 꼽힌다.

이러한 사례는 포스코의 기업시민적 조직문화를 설계하는 데 토대가 될 수 있다. 이를 통해 회사와 관련된 직원들의 오해가 발생할 경우 설명하고 소통할 수 있는 창구를 만들어야 한다. 또한, 경영진은 제 규정을 엄격하게 준수하여 직원들의 모범이 되고 직원평가, 업무지시, 조직관리 등은 원칙에 따라 공정하게 진행하여 직원과의 신뢰관계를 구축해야 한다. 또한 CSR-일체화 경영으로 나아가기 위한 기업시민 이념의 비전과 목표를 직원들과 적극적으로 공유하여 직원들이 사회적 책임 활동에 적극적으로 동참할 수 있는 공감대를 조성할 필요가 있다. 이러한 활동들을 위해서는 HR, ER, CSR 부처 간의 칸막이 문화를 점차 개선하여 통합된 경영체제를 만들어야 할 것이다. 이러한 노력을 한순간에 무너뜨릴 수 있는 부당노동 행위들을 항상 경계하고, 외부적으로도 원·하청 관계에 있어서 중장기 경쟁력 강화와 리스크 관리 시각을 통해 사회적 책임을 다하려는 모습 또한 필요하다.

미래에 생존 가능한 경영전략과 혁신은 현상 유지에 급급한 자세에서는 도출될 수 없다. 협력사들과의 공동 생존, 환경 문제에 적극적으로 대응하는 자세, 혁신을 이끌어 낼 수 있는 조직문화 등 새로운 경영전략이 필요한 시점이다. '오직 기업의 이윤 극대화를 위하여'라는 자본주의의 대전제에서 탈피하여 조직과 사람, 지역사회를 위한 미래를 계획하면 이윤은 원치 않아도 스스로 더 크게 찾아올 것이다.

참고문헌

권우현·방글·정은미·김주환(2015), 《철강산업 인력 수요 전망》, 한국고용정보원.

남시경(2007), "한중 철강교역구조 및 철강제품별 경쟁력 분석", 〈POSRI 경영연구〉, 제7권 1호.

송호근(2018), 《혁신의 용광로: 벅찬 미래를 달구는 포스코 스토리》, 나남.

이경묵·한준·윤정구·양동훈·김광현·이영면·이장원·박지순(2017), 《초고령사회 조직활력을 어떻게 높일까》, 한국인사조직학회(기획).
조준모(2019), "포스코 기업시민의 새로운 도전과 과제", 발표자료.
조준모・조동훈・박송동・김진하・정예성・정덕성・박세정(2018), 《신소재 경량금속 산업 육성과 전문인력 양성 방안》, 한국노동연구원.
포스코(2019), 기업시민실 자료.

Barakat, S. R., Isabella, G., Boaventura, J. M. G., … & Mazzon, J. A. (2016), "The Influence of Corporate Social Responsibility on Employee Satisfaction", *Management Decision*, *54*(9), 2325~2339.

Bhattachargy, C. B., Korschun, D., & Sen, S. (2009), "Strengthening Stakeholder-company Relationships through Mutually Beneficial Corporate Social Responsibility Initiatives", *Journal of Business Ethics*, *85*, 257~272.

Branco, M. C. & Rodrigues, L. L. (2006), "Corporate Social Responsibility and Resource-based Perspectives", *Journal of Business ethics*, *69*(2), 111~132.

Friedman, M. (1970), "Money and Income: Comment on Tobin", *Quarterly Journal of Economics*, *84*, 318~327.

Gaudencio, P., Coelho, A., & Ribeiro, N. (2017), "The Role of Trust in Corporate Social Responsibility and Worker Relationships", *Journal of Management Development*, *36*(4), 478~492.

Granovetter, M. (1985), "Economic Action and Social Structure: The Problem of Embeddedness", *American Journal of Sociology*, *91*, 481~493.

International Organization for Standardization(2017), ISO 26000 and OECD Guidelines: Practical overview of the linkages.

Jones, D. A., Willness, C. R., & Madey, S. (2014), "Why Are Job Seekers Attracted by Corporate Social Performance? Experimental and Field Tests of Three Signal-based Mechanisms", *Academy of Management Journal*, *57*(2), 383~404.

Jung, H. & Kim, D. (2015), "Good Neighbors but Bad Employers: Two Faces of Corporate Social Responsible Programs", *Journal of Business*

Ethics, *138*(2), 295~310.

McWilliams, A. & Siegel, D. (2001), "Corporate Social Responsibility: A Theory of the Firm Perspective", *Academy of Management Review*, *26*(1), 117~127.

Michael, E. P. & Mark R. K. (2006), "Strategy & Society", *Harvard Business Review*, 78~92.

_____(2011), "Creating Shared Value", *Harvard Business Review*, 62~77.

Ostrom, E. (2010), "Beyond Markets and States: Polycentric Governance of Complex Economic Systems", *American Economic Review*, *100*(3), 641~672.

Smith, A. (1969), *The Theory of Moral Sentiments*, Liberty Classics.

3
_____

사회의 품격과
기업시민의 역할

이재열

서울대 사회학과

1. 역설의 시대, 지속가능성의 위기

해방 후 70년을 어떻게 요약할 수 있을까? 고도성장기 화두는 성장과 효율을 함축하는 '경제적 가치', 민주화 시기 화두는 직선제로 대표되는 '정치적 가치'였다. 시대적 화두에 대해 논란의 여지가 별로 없었다. 보릿고개가 일상이던 시기, '잘살아 보세'라는 구호는 전 국민의 마음에 공감과 공명을 자아냈고, 강력한 지도자의 모범과 지휘 하에 일사불란하게 고지탈환전을 펼치는 토대가 됐다. 경제개발계획, 경부고속도로 건설, 포항제철 설립 등이 모두 동형구조로 진행됐다. 분명한 목표, 체계적인 자원동원과 집중, 그리고 성과달성 여부에 따른 보상이 결합한 위계적인 발전국가 주도형 산업화는 큰 효력을 발휘했다. 고도성장기의 시대적 가치는 열강이 각축하던 19세기 제국주의 질서에서 보던 것과 같은 따라잡기 산업화와 부국강병이었다.

1980년대 이후 직선제로 대표되는 민주화 요구는 경제적 풍요 위에서 급속하게 성장한 시민의식과 스스로 운명을 선택하고자 하는 강렬한 참여 열망이 토대가 됐다. 우여곡절이 있기는 했으나, 학생과 중산층이 중심이 된 시민적 저항을 통해 단기적으로는 강력한 권위주의 체제를 연성화했고, 장기적으로는 문민화하는 데 성공했다.

제2차 세계대전이 끝난 후 독립한 나라 중에 이처럼 산업화와 민주화를 동시에, 성공적으로 이룩한 나라는 드물다. 그래서 한국은 객관적 지표로는 선진국이다. 경제협력개발기구OECD 회원국이자,

무시할 수 없는 경제력과 군사력을 가진 중견국가로 발돋움했다. 제도주의 경제학자들은 성공적인 성장과 민주화를 이룬 모범 사례로 한국을 거론한다.

이 시기 포스코의 성장은 한국의 경제발전과 궤를 같이한 기적의 역사라 할 수 있다. 김병연과 최상오는 서지적, 실증적 분석을 통해 ① 포스코의 건설은 초기 단계부터 개별 기업 차원에서 해결할 수 있는 문제가 아니었으며, 공장 건설을 위한 외자 도입과 다양한 지원정책을 통해 대규모 프로젝트를 관리하는 노하우를 학습하고 축적했다는 점, ② 포스코의 건설과 확장공사는 '우리도 할 수 있다'라는 자신감을 널리 확산시키고 기업 레벨에서의 국제경쟁력을 확보하는 중요한 전기가 되었다는 점, ③ 글로벌 기업으로 성장한 1980년대 포스코의 성공 역사는 대표적인 기업 성장모델로 자리 잡게 되었다는 점 등을 들어 포스코의 성장이 초기에는 한국경제 성장에 직접적 효과를 미쳤으며, 이후에는 정부와 사회의 학습효과, 자신감의 전파, 글로벌 기업으로서의 성장모델 역할 등 점점 더 큰 간접적 효과를 미치게 되었다고 분석한 바 있다(김병연·최상오, 2011). 포스코는 기업시민으로서 당시에 가장 중요한 이해관계자인 국가와 민족에게 큰 기여를 한 것이다.

그러나 현재 한국경제와 한국사회는 어디에 와 있는지, 그리고 우리의 자의식은 어떠한지 되돌아볼 필요가 있다. 현재 한국에는 경제성장과 민주화로는 풀리지 않는 일들로 가득하다. 고도성장과 민주화의 성과를 온 세계가 부러워하는데 정작 한국인은 불안, 불신,

차별, 무기력에 시달린다. 1인당 국민소득 2천 달러 수준이던 1980년대에는 국민 대다수가 스스로를 중산층이라 생각했다. 그러나 국민소득 3만 달러를 목전에 둔 지금, 스스로 중산층이라 여기는 이는 20%에 불과하다. 왜 이런 '풍요의 역설'에 빠졌을까? 민주화에 성공한 나라라고 하지만, 시민들의 선거참여율은 지속해서 하락했다. '그들만의 리그'가 이루어지는 여의도에 대한 비판과 냉소는 넘치는데, 정작 주요 선거의 투표율은 지속해서 하락했다. 촛불혁명으로 이루어진 정권교체가 새로운 활력을 불어넣었다고 하지만, 제도권 정치는 바뀌지 않았다. 정치적 무력감을 해소했다고 이야기하기도 힘들다. 오히려 제도권 정치로는 해소되지 않는 다양한 불만이 끓어넘친 것이 촛불이라고 보는 것이 더 정확할지 모른다. 문제는 정권교체가 이루어진 후에도 정치의 작동은 여전히 변하지 않았다는 점이다. 즉, 국민의 불만을 해소하고 눈높이를 겨냥한 정치는 없다. 민의에 대한 대표성이나 비례성이 제대로 작동하지 않는 정치과정 때문이다. 그래서 민주화에도 불구하고 민주적 참여나 시민사회의 활성화는 수반되지 않았다.

결과는 풍요의 역설, 민주화의 역설로 요약되는 '역설의 시대'가 된 것이다. 역설의 특징은 투입을 늘려도 결과가 나빠진다는 것이다. 경제적으로 성장을 지속했어도 국민 행복감은 떨어지고, 자살률은 더 늘어났다. 정치적으로 민주화되고 직선제가 확대됐지만, 정치에 대한 냉소는 늘어나고, 투표 참여율은 오히려 감소했다.

역설의 시대를 맞아 고도성장기의 견인차 구실을 해온 포스코에도 새로운 시대적 역할이 요구된다. 앞으로 살펴볼 다양한 지속가능성의 위기에 직면한 한국사회에서 기업시민으로서 포스코에 부여된 시대적 책무는 무엇인가. 사회의 품격과 기업시민의 역할은 어떤 관계를 갖는가. 과거 고도성장기에 포스코가 기업시민으로서 한 역할은 국가와 사회를 위해 시대적 사명을 다하는 것이었다. 그러나 국제화되고 민주화된 시대에 민영화된 포스코가 맞이한 환경은 훨씬 개방적이고, 이해관계자들은 중층적이며, 기대되는 역할도 다양해졌다. 이 글에서는 그 내용에 대해 하나씩 살펴보고자 한다.

지속가능성의 위기

한국의 미래 지속가능성과 관련하여 제기되는 의문은 크게 다섯 가지이다. 재생산의 위기, 동기부여의 위기, 교육과 고용 간의 심각한 부조화, 심각한 신뢰 적자, 그리고 계속 하락하는 국가경쟁력이 그것이다(이재열, 2019).

첫째, 한국사회의 지속가능성을 위협하는 가장 심각한 문제는 재생산의 위기다. 출산율이 급격히 감소한 것이다. 1970년을 전후해 100만 명을 넘겼던 신생아 수가 이제는 30만 명대로 떨어졌다. 청년층의 결혼 기피와 출산 포기가 원인이다. 출산 감소는 생산가능인구 감소로 이어질 것이다. 인구 '보너스'가 인구 '오너스'로 바뀌었다. 일할 연령대의 인구는 지속해서 줄어드는 반면, 부양받아야 할 노인인구가 급증하기 때문에 사회적 활력이 떨어지고, 실질성장률은 지속해서 하락하게 된다. 출산비용 보조 등의 임시방편 출산장려책으로는 이 문제를 해결할 수 없다. 마음 놓고 결혼하고 아이를 낳을 수 있는 사회적 환경을 만들지 못하면 저출산 고령화의 문제에 걸려 심각한 위기에 직면할 수 있다.

두 번째는 동기부여의 위기다. 사람들이 할 일을 찾아 노력을 다 하도록 시스템을 갖추지 못해서 생긴 문제다. OECD 국가 중 최장시간 노동하는 한국은 '피로사회'의 증상을 보여 준다. 취업자들은 살인적인 장시간 노동에 노출되어 있고, 학생들은 세계 최장시간 학습에 시달린다. 그런데 투입 대비 성과는 신통찮다. 생산성은 미국의 절반이다. 과거 오랜 기간 기본급 인상을 억제하는 임금 가이드라인을 써온 덕에 총액 임금을 늘리려 시간 외 수당을 받을 수 있는 야근과 주말 연장근무를 당연시했다. 그것이 이제는 발목을 잡았다. 스마트하게 집중적으로 일하는 방식 대신, 저강도로 오래 근무해야 임금이 극대화되는 방식으로 최적화된 것이다. 그러다 보니 장시간 노동과 피곤함에 절은 이들은 생산적 여가도 누리지 못한다. 주말을 낮잠이나 누워 TV 보는 것으로 보내는 이들이 다수다.

세 번째는 교육과 고용 간의 부조화다. 과거 정치적 결정으로 인해 대학 정원을 두 배로 늘리고 대학 설립을 자유화한 결과, 대학교육 공급은 급속히 늘어 대부분 고졸자가 대학에 진학하는 시대가 됐다. 그러나 그에 걸맞은 좋은 일자리, 즉 전문직, 행정직, 사무직 일자리 숫자는 제자리걸음이다. 과잉 교육받은 이들이 제한된 좋은 일자리를 두고 벌이는 치열한 경쟁이 고용 문제의 본질이다. 나이가

서른이 되어 뒤늦게 잉여라는 것을 깨달은 이들은 안타깝게도 다시 과거로 돌아가지 못한다. 이들은 일하지도 교육받지도 않고, 그렇다고 구직활동도 하지 않아 실업자도 아닌 니트NEET족으로 축적되는데, 그 숫자가 벌써 수백만 명에 달한 것으로 추정된다.

네 번째는 신뢰의 위기다. 과거 관료적이고 권위적인 정부하에서는 오히려 제도 신뢰, 일반적 신뢰의 수준이 높았다. 그런데 민주화 이후 '신뢰 적자' 사회가 됐다. 가장 큰 적자는 입법부, 사법부, 행정부에 대한 깊은 불신에서 비롯됐다. 규칙을 제정, 집행하고 위반자를 처벌하는 심판 역할을 하는 기관에 대한 불신이 깊다는 것은 사회적으로 엄청난 불신 비용을 치러야 함을 의미한다. 갈등이 있으면 해소가 어렵다. 심판을 신뢰하지 못하면 승복할 수 없기 때문이다. 서로 믿을 수 없기에 '공유지의 비극'이 곳곳에서 관찰된다. 치열한 경쟁과 미래에 대한 불안에 시달리지만, 공유할 해법이나 믿을 만한 규칙이 없다 보니, 모래알처럼 흩어진 '각자도생'의 사회가 되고 말았다.

다섯 번째는 추락하는 국가경쟁력의 위기다. 세계경제포럼WEF의 평가에 따르면, 한국의 국가경쟁력은 2007년 11위로 정점을 찍은 후 계속 하락하여, 2017년에는 137개국 중 26위까지 떨어졌다. 1위 스위스는 물론, 아시아권의 싱가포르(3위), 홍콩(6위), 일본(9위), 대만(15위), 말레이시아(23위)에도 뒤진다. 사회간접자본(2위), 대학진학률(3위), 특허 수(5위), 초고속 인터넷 보급률(5위) 등에선 양호하지만 노사관계 협력(130위), 기업 이사회 역할(109위), 정부

정책결정 투명성(98위), 정부규제 품질(95위), 은행 건전성(91위), 정치인 신뢰(90위) 등은 낙제다. 인프라 투자와 하드웨어, 양적 투입은 세계 최고인데, 제도 운용과 관련한 소프트웨어는 최하위다. '사회의 품격'이 낮다 보니, '고투자, 저효율' 국가가 된 것이다. 4차 산업혁명을 눈앞에 둔 한국경제의 발목을 잡은 것은 '제도 운용 능력'이다. 연구개발투자를 늘려도 산업혁신으로 연결되지 않고, 대학교육 공급을 늘려도 니트족만 늘리는 실력으로는 미래를 기약하기 힘들다. 세계은행이 이미 지적한 바 있지만, 선진국일수록 자연자원이나 인적자본보다 사회적 자본이 경제성장에 이바지하는 비중이 훨씬 높다.

이러한 시대적 변화와 지속가능성의 위기를 돌아보면, 한국사회가 지향해야 할 대안이 분명해진다. 그것은 경제성장이나 민주화만으로 해결되지 않는 사회성의 문제다. 어찌 보면 가장 기본이라고 해야 할 신뢰, 배려, 공정성, 포용성, 협동의 정신 등인데, 이러한 시대적 과제를 포괄할 수 있는 것이 사회적 가치이고, 이를 잘 구현한 것이 격이 있는 사회라 할 수 있다.

시대변화와 기업시민의 역할

새로운 시대적 변화에 비추어 포스코의 역할이 어떠해야 할지 모색하기 전에, 설립 이후 포스코의 기업시민으로서의 역할은 어떻게 변화해 왔는지 분석할 필요가 있다. 이를 위해 도움이 될 만한 흥미로운 분석틀은 문성후와 박영렬이 사용한 이해관계자 모델이다(Moon & Park, 2017). 이 모델은 본래 시소디어Rajendra Sisodia가 제시한 사회, 파트너, 투자자, 고객, 종업원 등 주요 이해관계자들과의 관계를 분석하는 틀인데, 이들은 이 틀을 이용해 포스코의 주요 이해관계자가 어떻게 바뀌었는지 역사적으로 분석하였다.

이들은 1968년 포스코 설립부터 광양제철소가 준공된 1992년까지를 설립기, 글로벌 경쟁과 기술혁신, 민영화 등이 이루어진 1993년부터 2010년까지를 도약기, 세계적인 철강생산 과잉으로 인한 다각화와 구조조정 시기인 2011년 이후를 성숙기로 구분하였는데, 이는 포스코의 기업시민 역할 변화와도 밀접하게 연관되어 있다.

기업시민으로서의 사회적 책임은 시대적 상황과 긴밀하게 연결되어 있다. 설립기(1968~1992년) 포스코의 주된 이해관계자는 국가와 사회, 그리고 글로벌 파트너였다. 포스코 설립의 기본 설계를 마련한 것이 국가였고, 동원된 자본이 대일청구권 자금이었으며, 기술도입선이 신일본제철이었기 때문에, 포스코의 기업시민으로서의 역할에서 국가적 프로젝트의 성공적 수행과 국제적 파트너와의 원활한 관계 형성은 가장 중요했다. 경제성장이 절실했던 시기, 식민지를 벗어난 후 남북 간의 전쟁에 휘말려야 했던 신생국이 국가 간 경쟁에서 살아남기 위해서는 원조를 벗어나 자체의 산업화에 필요한 인프라를 갖추는 것이 필수였고, 강력한 민족주의적 자존심의 토대가 절실했다. 이 시기 기업의 사회적 책임은 사익을 버리고 공익을 추구하는 청렴한 지도력을 갖춘 기업을 요구했다.

도약기(1993∼2010년) 포스코에 주어진 기업시민으로서의 사명은 개방된 환경에서 민영화를 통해 다양해진 이해관계자들의 요구를 수용하면서 사회적 책임을 다하는 일이었다. 다양한 투자자들의 수요를 충족시키면서 종업원의 충성을 끌어내고, 포스텍을 설립하여 국가와 사회에 대한 사회적 기여를 새롭게 하는 일에 새롭게 도전했다.

성숙기(2011년 이후)의 포스코는 새로운 사회적 역할을 필요로 하게 되었다. 전 세계적인 철강공급 과잉으로 인해 포스코의 부채비율은 늘어났고, 2015년에는 최초로 순손실을 경험하기도 했다. 앞으로의 발전을 위해서는 다양한 기술 수출, 전략적 제휴, 사업 다각화, 고객 만족 등과 더불어 열린 환경 속에서 기업의 효율성과 함께 정당성을 높여 지속가능성과 성장가능성을 모두 높여야 하는 압력에 직면하게 되었다. 그 결과 더 나은 세상을 만들기 위한 포스코 1%재단이 설립되었고, 베트남 등 해외에서의 사회적 공헌도 활발해졌다.

열린 체계와 사회적 정당성

기업의 구조와 역할은 동심원으로 표현할 수 있다. 한가운데 위치한 것은 합리적 체계로서의 특징인데, 기업은 늘 재무적 성과와 효율성을 중시할 수밖에 없음을 보여 준다. 합리적 체계의 가장 큰 특징은 목적이 분명하다는 것, 그리고 그 목표를 달성하기 위해 가장 효율

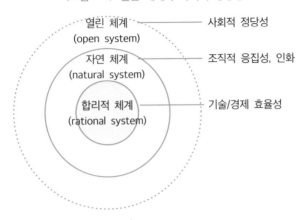

〈그림 3-1〉 열린 체계와 사회적 정당성

열린 체계 ········ ──────── 사회적 정당성
(open system)

자연 체계 ········· ──────── 조직적 응집성, 인화
(natural system)

합리적 체계 ──── ──── 기술/경제 효율성
(rational system)

적인 수단을 선택하도록 압력을 받는다는 것이다. 전통적으로 볼 때 기업의 목표는 이윤을 극대화하는 것, 그리고 그 수단은 효율성을 극대화하는 것이다. 포스코의 뛰어난 학습능력과 추격역량, 그리고 성장성은 효율성 측면에서 세계적인 주목의 대상이 되어 왔다.

그러나 그다음 층위를 보면 기업은 자연 체계, 즉 인간관계로 둘러싸인 조직이다. 인화人和는 조직 내 인간관계의 중요성을 드러내는 가치다. 조직문화는 다양한 구성원들 간에 오랜 기간에 걸쳐 전승되고 재생산된 관계의 특성 위에서 구조화된다. 포스코는 오랜 기간 신뢰의 선순환을 통해 조직의 시너지효과를 극대화한 좋은 사례로 인용된다(박호환, 2011).

동심원의 제일 바깥은 열려 있는 체계로서의 기업 특성을 보여 준다. 기업뿐 아니라 대학, 언론조직 등이 모두 열린 체계로서의 특징을 갖는데, 그 가장 중요한 것은 매우 다양한 포괄적인 이해관계자

<표 3-1> 기업의 이해관계자 유형

	시장적 이해관계자	비시장적 이해관계자
내부 이해관계자	종업원, 관리자	
외부 이해관계자	주주, 고객, 공급자, 도소매업자	정부, 공동체, 비정부조직, 다양한 결사체, 언론, 경쟁자

들로부터 사회적 정당성을 요구받는다는 점이다.

환경을 다루는 기업의 역량environmental intelligence은 소비자 환경, 경쟁 환경, 경제적 환경, 기술적 환경, 사회적 환경, 정치적 환경, 법적 환경, 지정학적 환경 등에 대한 정보를 습득하고 이를 활용할 수 있는 능력을 의미한다. 이러한 환경은 구체적으로는 다양한 이해관계자로 구체화된다.

기업시민으로서 포스코의 역할도 사회적 정당성과 밀접하게 관련되어 있다. 투자자, 소비자, 협력업체 등 직접적 관련을 맺는 이해관계자뿐 아니라, 정부, 노총, 직능집단, 언론, 종교계, 군대, 학계 등 간접적 관계를 맺은 이해관계자와의 관계도 포스코가 기업시민으로 역할을 하는 데 큰 영향을 미친다. 때로는 조직의 구성원보다 외부 이해관계자의 의견이 조직 운영에 훨씬 더 결정적 영향을 미치기도 한다. 서울대의 예를 들어 보자. 서울대 구성원은 정확히 누구를 지칭하는 것일까? 학생과 교직원인가? 그렇다면 학부모와 졸업생은 구성원이 아닌가? 그런데 서울대에 관한 언론 기사에 가장 민감하게 반응하는 이들은 누구인가? 입학을 희망하는 고등학생과 그들의 부모다. 이처럼 열린 시스템에서는 외부에 존재하는 이해관계자들을 만족시키지 않으면 조직의 안위와 존속을 기대할 수 없다. 기업도 마찬가지다. 그래서 정당성의 문제가 중요한데, 향후 5G 인터넷의 시대, 인공지능과 사물인터넷으로 모든 것이 연결되고 블록체인으로 인해 조직의 경계 자체가 사라지는 개방적인 초연결 사회로 갈수록 정당성의 문제는 점점 더 중요해질 것이다.

그런데 초기 포스코의 경우에는 정당성의 문제가 비교적 단순했다. 가장 강력하고 중요한 환경이 바로 국가였으므로, 국가의 계획과 설계에 부응하여 강력하게 목표를 달성할 수 있는 조직문화와 리더십이면 절실한 정당성의 문제가 해소됐다. 반면에 효율성의 문제는 매우 어려운 문제였음이 분명하다. 사전에 축적된 기술이 전혀 없는 상태에서 새롭게 제철소를 건설하고 운영해야 했는데, 빠른 추격자 전략이 성공하기 위해서는 한편에서 학습하면서 한편으로는 혁신하는 고도의 동시적 역량을 발휘해야 했기 때문이다.

2. 포스코의 기업시민 역할:
설립부터 도약기까지(1968~2011년)

설립기 포스코의 기업시민 역할을 보기 위해서는 포스코를 설립한 박태준의 리더십과 역할에 주목해야 한다. 박태준의 기업관과 리더십이 주목받는 이유는 그가 경영자로 활동한 기간이 한국의 고도성장기, 그리고 경제적 민족주의가 최고점에 달한 시기와 일치하기 때문이다. 민족주의는 근대적 산물이다. 서구에서 민족주의는 현실적으로 국가 이익을 극대화하기 위한 제국주의적 질서 확장과 맞물려 진행되었다. 국가 이익을 위해서는 전쟁도 불사하는 경쟁, 그래서 열강 간 각축은 단순 군비경쟁에 그치지 않고, 궁극적으로는 산업생산의 효율화와 자본축적, 그리고 이를 바탕으로 한 식민지 확대 경쟁이었다는 점에서 총체적인 생존경쟁의 양상을 띠었다. 그래서 경제성장에 긍정적 가치를 부여하고, 인간의 욕망을 성장에 집중케 하는 윤리와 가치체계가 자리를 잡은 경제적 민족주의의 정점은 독일의 비스마르크 시대나 일본의 메이지 유신기에서 찾을 수 있다.

근대자본주의 발흥을 종교 윤리를 통해 설명코자 한 이는 막스 베버이다. 그는 프로테스탄티즘이 내면화한 윤리체계가 자본주의의 초기 정착과정에 긍정적으로 이바지한 측면에 대해 주목했다. 그러나 그의 논의는 유럽대륙을 넘어 아시아에서 자본주의가 급속하게 발전한 과정에 대해서는 제대로 설명하지 못한다는 비판을 받았다. 막스 베버 논의의 타당성에 의문을 제기하게 하는 대표적 사례가 한국이고, 그중에도 민간기업이 아닌 공기업 포스코를 설립하고 발전시킨 박태준의 정신세계라고 생각된다.

한국의 경제적 민족주의는 '후발적'이면서 '반응적'이었지만, 성공적 자본주의화의 좋은 사례로 자주 인용됐다. 동양사학자 민두기의 표현을 빌리면 19세기 '시간과의 경쟁'에서 낙오한 조선은 20세기 전반까지는 일본의 식민지가 되어 민족주의적 경쟁에 참여할 기회를 잃었고, 해방은 곧이어 분단과 전쟁으로 이어졌기 때문에, 선진 산업화 국가들의 번영을 따라잡기 위한 후기-후발 경쟁은 1960년대에나 주어졌다. 뒤늦게 뛰어든 한국의 산업화 과정에서 기업가 정신이나 기업의 사회적 역할은 무엇보다도 국제 경쟁에서의 생존이라는 민족주의적 가치를 결합한 강력한 발전주의였다.

발전주의 전략은 강력한 리더십과 결합하여 추진되었다. 그 대표적인 인물인 박태준과 정주영은 각각 공기업 경영자와 재벌 총수라는 점에서는 대비되면서도 유사한 성격을 가진 지도자로 평가되곤 한다. 예를 들면, 이들은 모두 내적인 열정의 에너지를 긍정적 사고와 함께 적극적으로 밖으로 표출한 인물이다. 이들은 여러 가지 여건이 어렵고 미래가 불투명한 상황에서도 낙담하지 않고 미래를 개척하였고, 창조적 대안을 마련하고 솔선수범하였으며, 조직원을 자신의 열정적 목표로 전염시키고 이끌어 내는 강력한 지도력을 갖추었다(이대희, 2015). 후기-후발 산업화 경쟁 과정에서 가족기업의 확장을 통해 산업화에 참여한 대표적인 재벌그룹들과 비교해 보면 박태준은 일사불란하고 권위적인 운영방식에서는 공통점을 가지지만, 이윤실현의 동기에서는 매우 달랐다. '박태준 정신'으로 불리는 포스코 리더십의 원형적 DNA는 서구의 기업과 구별되는 매우 독특한 한국형 공기업 경영의 전형성을 보여 준다.

그는 식민지와 전쟁, 빈곤과 부패의 시대를 관통하는 삶을 살았지만, 그러한 시대에 저항하고 혁신하는 데 일생을 바쳤다. 절대적 빈곤의 시대에 대일청구권 자금으로 포스코를 건설하였기에 앞선 이들의 피와 희생의 대가로 사업을 일군다는 데 대한 엄청난 부채의식을 가졌다. 그래서 그의 철학이 천하위공天下爲公이었고, 그 지향이 애국주의였으며, 그의 행동이 무소유 대기업가로 나타났다는 것에 특별한 의미가 있다. 그는 포스코를 세계적 제철기업으로 키웠지만, 정작 본인은 포스코의 주식을 단 한 주도 소유하지 않았다.

그의 경영방식은 당시의 정치적 리더십이나 재벌그룹 총수들의 경영방식과 비교해 보면 시대적 표준이라고 할 만큼 대표적이고 전형적이었다. 그 이념은 국가주의적이었고, 리더십을 행사하는 방식은 위계적이고 권위적이었으며, 운영의 방식은 철저했고, 속도는 매우 압축적이었다. 그가 제시한 사회적 책임의 구현 방식은 복지와 교육을 통해 '기업이윤을 사회에 환원'하는 것이었다. 그는 유치원에서 대학까지 설립하여 한국 사학私學의 새 지평을 열었고 복지제도의 모범을 만들었다.

가산관료제인가 왕도정치인가

그렇다면 우리는 박태준 리더십을 어떻게 설명할 수 있을까. 그의 리더십은 포스코의 초기 조직적 특성과 구분해서 설명하기 힘들다. 그래서 필요한 것이 유형론이다. 포스코의 설립과 진화 과정에서 핵심적 행위자였던 박태준의 의식과 행동규범을 위치 지을 범주에 대해 고려가 필요하다. 그는 인격주의 윤리를 내면화한 존재라고 생각된다. 전통적 공동체에서 태어나 성장하다 보니, 보편적이고 근대적인 규범이 작동하지 않았을 당시에 그가 지킨 행동규범은 성장 과정에서 겪은 경험과 분리해 생각할 수 없다. 그는 와세다대 예비과정에 입학한 직후 해방되어 귀국했고, 1948년 남조선경비사관학교에 입학한 후 소위로 임관하여 한국전쟁을 거쳤다. 그의 초기 경력은 군인의 길이었다. 당시의 혼란과 부패를 생각해 보면, 박태준의 원칙주의는 시대적 상황과 대비해 매우 예외적인 것으로 보인다. 필자는 이를 충忠 개념을 내면화한 유교적 원칙주의라고 생각한다. 충의 대상은 군주가 아닌 국가다. 우여곡절 끝에 종합제철소 건설을 위한 첫 삽을 뜰 때 "실패하면 역사와 국민 앞에 씻을 수 없는 죄를 짓는 것이다. 그때는 우리 모두 우향우해 영일만에 몸을 던져야 할 것"이라고 한 '우향우 정신'은 그의 유교적 원칙주의가 잘 드러나는 일화이다. 군복무 시절 군수물자 빼돌리기가 심했던 상황에서 납품비리 업자를 엄하게 대한 강직한 장교의 모습 역시 공적 자원에 대해 엄격하게 관리한 원칙주의자의 면모를 보여 준다(이대환, 2016). 공공성에 대한 원칙론 못지않게 중요한 것은 인격주의적 관계유지의 원칙이다. 인격주의적 의리義理는 공리주의적이고 개인주의적인 인간관계와는 대척점에 있다.

　박태준의 중요한 자의식 중 하나는 높은 투명성과 모범적인 행동으로 본을 보이는 자신의 리더십과 결합한 하급자의 자발적인 복종으로 특징지어지는 위계적 인간관계다. 차별화된 위계를 정당화하는 강력한 권위의 원천은 보통 사람의 능력을 뛰어넘는 강력한 카리스마, 도덕적인 모범, 교화의 능력 등으로서, 지도자가 도덕적인 모범을 먼저 보이고, 사원들이 마음으로부터 흠모하여 따르도록 하는 유교적 교화정치의 이상향에 기반을 두고 있다는 점에서 '왕도정치'를 특징으로 한다고 할 수 있다. 내용분석을 통해 박태준의 리더십 특성을 분석한 최동주는 그가 지향한 제철보국이라는 목표지향적 가치를 구현하기 위해 완벽주의의 균형적 가치관에 기반을 둔 국제적 경쟁력 제고, 그리고 인간중심 가치관에 기반을 둔 노사공영의 관계유지를 지향했다고 분석한 바 있는데(최동주, 2011), 그 내용은 유교적 왕도정치 모델의 지향가치와 매우 유사하다고 생각된다.

박태준 리더십은 위계적인 권위주의와 인격주의적 원리를 결합한 것이지만, 가족적인 친소관계에 따라 중요한 일을 결정하기보다는 공개적인 업적 원리에 따라 성과를 배분했다는 점에서 가산관료제적 특징을 가지는 한국의 재벌조직과는 차별화된다. 비록 조직 내 권한을 독점하기는 했지만, 지도자와 사원들 간에 상호 신뢰와 의리로 강하게 결합하였다는 점에서 박태준의 리더십하에 운영된 포스코는 왕도정치의 모형에 근접한 모습을 보였다고 평가된다.

그러한 점에서 박태준 시대 포스코는 제도주의 경제학이 다루는 이념형적 시장이나 이념형적 관료제와 구별되는 독특한 특징을 갖는다는 점에 주목할 필요가 있다. 이념형적 시장은 상대방에 대해 강요하거나 강요당하지 않는 독자적 판단력을 갖춘, 자신의 효용을 극대화하는 데 관심을 가진 이기적인 개인들 간의 자발적 선택으로 거래가 이루어지고, 그 결과가 거시적인 균형을 이루는 상황을 의미한다. 위계적인 불평등과 투명한 규칙성이 결합한 베버의 관료제는 수평적으로 분화되지만, 수직적으로는 위계화된 명령의 고리로 연결된 직무의 체계를 의미한다. 특정한 지위를 점하고 있는 개인과 개인이 점한 지위를 명백하게 구분하여, 누가 그 지위를 차지하든 간에 같은 방식으로 조직이 운영될 수 있도록 직무 간의 관계를 명시적으로 문서로 만들어 규정하는 것이 관료제의 특징이다. 어떤 직무를 누가 점하든 간에 정해진 규칙과 절차에 따라 권한을 행사하면 거대한 조직이 본래 의도한 목적을 달성할 수 있도록 구성한 것이 관료제적 조직의 영속성과 효율성의 원천이라고 할 수 있다.

박태준 시대 포스코는 닫힌 위계조직으로서 일사불란하게 움직이는 군대조직과 같은 특성을 가졌다. 기업의 소유 또한 불특정다수인 주주에게 분산되기보다는 출처가 매우 분명한 대일청구권 자금으로부터 나왔다. 그래서 박태준 시대 포스코는 소유구조에서도 대표적인 재벌기업들과는 차별성을 가졌다. 가족 소유와 경영에 의존한 현대, 삼성, 대우, 선경 등의 대표적 대기업 그룹들에 비하면 포스코는 공기업으로 시작했고, 기업공개를 한 이후에는 이른바 '주인 없는 기업'이 되었다.

대리인 비용과 국영기업의 역설

기업 지배구조에 관한 논의에서 핵심 개념은 '대리인 비용'이다. 소유와 경영이 분리된 기업에서 전문경영자는 주주를 대리해 회사를 경영한다. 기업의 주인이 주주라면, 대리인 비용은 대리인이 주주의 이익에 반해 대리인 자신의 이익을 추구하는 것이다. 그래서 대리인이 주주의 이익을 극대화하게 하기 위하여 경영진이 주식을 갖게 하거나 스톡옵션을 사용하기도 한다. 또한, 이사회 제도를 통해 경영자를 감시하고 필요한 조치를 한다. 기관투자자나 소액주주가 힘을 합쳐서 경영진에게 의견을 제시하게 하기도 한다.

그런데 공기업의 경우 대리인 구조가 복잡하다. 주인은 국민이지만 일반 국민이 국영기업에 대해 감시하거나 감독할 창구가 거의 없으므로, 행정부 관료나 독립된 기관 관리자가 공기업을 감시 및 규율할 책임을 지게 된다. 그런데 이들도 대리인이다. 이들 공기업 감독기관을 관리하는 이들은 상위 관료나 정치집단의 관리 대상이다. 그래서 이러한 감독구조하에서 대리인 비용은 경영진이 회사가 아닌 자신의 이익을 위해 행동할 가능성을 의미한다. 불법이나 배임이 일어날 가능성이 많은 것이다.

그래서 대리인 비용이 가장 많이 발생할 것으로 지목되는 것은 공기업형이고, 그다음이 전문경영형이다. 대주주가 직접 경영하는 오너형의 경우 대리인 비용은 최소화된다. 그런데 지대추구와 부패에 가장 취약한 공기업에서 어떻게 높은 경제적 성과가 가능했는가. 경제적 성과와 제공되는 지대 크기 사이에는 어떤 인과론이 있는가, 포스코의 경험이 한국경제 전반의 일반론으로 확대될 수 있는가 등의 문제가 제기된다(류상영, 2001). 현재와 같은 회계 및 감시제도가 잘 발달하지 않았으며, 정치적 네트워크와 부패에 노출되어 있던 조직에서 어떻게 지대추구행위를 최소화하고, 기업 자율성을 높여서 경영진의 기업가 정신과 종업원의 국가와 회사에 대한 충성심을 극대화할 수 있었을까.

류상영은 포스코의 기업 자율성이 역설적으로 정치적 네트워크에 의해 보장되었다고 진단한다. 박정희와 박태준의 개인적 인맥이 정치권의 약탈적 지대추구로부터 포스코를 보호해 주었다는 것이다. 이는 전통적인 가설, 즉 정치적 네트워크가 기업 자율성을 훼손하고, 지대추구와 부패한 분배 연합을 형성하여 기업 비용을 높이며, 경제적 성과를 떨어뜨린다는 주장과는 반대되는 것이다. 이는 박태준이라는 지도자의 정치적 역량과 밀접히 관련되어 있다. 박정희 시대에는 대통령과의 개인적이고 비공식적인 관계가 기업 자율성을 보장하는 근거가 되었다. 전두환 정부에서는 박태준이 직접 정치에 참여하여 국회의원이자 국회 재무위원장으로서 포스코의 장기적 이익과 기업 자율성을 유지하는 '정치적 바람막이' 역할을 했다.

문제는 공기업이 민영화되는 과정에서 나타나게 된다. 공기업의 민영화는 전 세계적 추세이며, 민영화하는 기업 규모도 크게 증가했다(함시창·유승민, 2000). 포스코도 민영화의 압력에 직면했는데, 대리인 문제에서 결정적인 전환점은 1980년대 후반에 일어났다. 1987년 3월 정부가 발표한 주식시장 안정화를 위한 방침에는 시중 은행이 보유한 포스코 주식을 장외(場外)시장에서 입찰방식을 통해 매각하겠다는 내용이 들어 있었다. 이렇게 하면 재벌기업이 공기업을 지배할 우려가 있었고, 특정 정치세력의 영향력 아래 놓이게 될 가능성도 있었다.

당시 이에 관한 격렬한 논쟁이 있었다. 적극적인 홍보전이 이루어진 결과 1988년 6월 10일, 포스코는 국민주 1호 기업으로 공개되었다. 이에 따라 그동안 정부와 산업은행이 보유하고 있던 주식 일부분이 국민에게 할애되어 총 27.3%가 국민에게 돌아갔다. 또 기업공개와 함께 직원들의 노고에 보답하고 주인의식을 고취하기 위해 종업원지주제를 처음 도입, 전체 발행주식의 10%를 직원에게 배정했다.

포스코의 본격적인 민영화는 1997년 외환위기 직후에 이루어졌다. 공기업 혁신을 이유로 민영화 대상이 된 기업은 포스코를 비롯한 11개 기업이었는데, 필요로 하는 자금의 엄청난 규모를 생각할 때, 이들의 주인이 될 수 있는 곳은 재벌기업 이외에는 없었다. 그래서 포스코는 민영화 이후 재벌그룹으로 통합되거나 지분 분산을 통해 주인 없는 기업이 되는 선택의 갈림길에 서게 되었다. 오랜 논란 끝에 포스코는 공개 지분 매각방식에 의한 소유 경영 분리체제를 유지하게 되었는데, 이는 정부의 외화자금 확충, 철강산업 전문가에 의한 경영체제 유지, 임직원의 강한 소명의식과 조직문화 유지 등이 가능한 최적의 대안으로 평가받았기 때문이다.

민영화 이후 포스코는 '완전 소유 분산 기업'이 되었고, 2001년 기준으로 최대주주인 포스텍의 지분을 포함하여 주주 전원이 5% 미만의 주식을 소유한 소액주주로 구성되었으며, 전체 구성을 보면 외국인 58.8%, 은행 4.8%, 투자신탁회사 6.5%, 개인 지분 25.7%로 구성되었다(조동성·안세연·강민, 2009). 또한 전체 이사 15인 중 8인을 사외이사로 구성하고, 이사회 의장은 사외이사 중에서 선출하도록 하였다. 포스코가 도입한 체제는 소유와 경영이 분리된 전문경영체제로서 회사를 경영하는 전문경영진과 주주 권익을 대변하는 이사회가 견제와 균형을 유지하여 기업 가치 극대화를 도모하는 지배구조로 귀결되었다.

절대적 빈곤의 시기, 포스코는 발전국가적 압축성장의 중심축이었다. 박태준으로 대표되는 공기업 경영진의 공공성에 대한 높은 기준은 각종 비리로 얼룩진 오늘의 한국사회가 목마르게 갈구하는 대기업가 정신의 실천모델이자 공공성의 수호자로서의 지도자 모습을 잘 보여 준다.

정치의 영향력이 압도적인 시기에 공기업을 경영하면서도 박태준이 정치자금을 한 푼도 내지 않고 버틸 수 있었던 것은 13차례나 포스코 현장을 방문할 정도로 애정을 쏟은 최고권력자 박정희와 박태준의 개인적 신뢰 관계 때문이었다. 최고 권력자와의 사적인 친분이 공기업의 공공성을 지탱하는 든든한 버팀목이 되었다는 것은 매우 역설적이다. 그러나 유교적 왕도정치의 이념으로 보면 강력한 권력 공공성을 확보할 때 비로소 막스 베버가 언급한 바와 같은 카리스마적 권위가 발휘된다는 것을 박태준이 잘 이해했다고 볼 수도 있다. 그러나 10·26으로 박정희가 사라지고 전두환을 위시한 신군부 세력이 정권을 장악하자, 더 이상 사적인 신뢰만으로 공기업의 자율성과 공공성을 유지할 수 없는 상황이 되었다. 이에 박태준은 "최소한 포철의 울타리는 될 수 있을 것"이라면서 정치에 발을 들여놓고, 민주정의당 창당 멤버로 11대 국회에 진출하였다. 전두환 정권하에서의 약탈국가적 성격은 이후 5공 청문회에서 밝혀진 바와 같이 노골적인 정치헌금 요구로 드러났다.

이러한 정치권의 정치자금에 대한 압박은 비단 공기업에만 국한된 것은 아니고, 민간기업이나 재벌그룹에 대해서도 마찬가지였다. 현대그룹 총수였던 정주영의 국민당 창당과 대통령선거 출마도 이러한 정치적 환경의 변화로부터 기업활동의 자율성을 지키고자 한 '환경통제전략'의 하나였다고 본다면, 박태준과 정주영의 정치참여는 유사한 동기를 갖는다고 할 수 있다(강원택, 2015).

3. 성숙기 포스코의 기업시민 역할: 사회적 가치와 성숙사회 구현

배우자감을 고를 때 그 사람의 재산이나 지위도 따져야겠지만, 인품을 안 보면 나중에 후회한다. 나라나 기업도 마찬가지다. 경제력과 군사력도 중요하지만 '사회의 품격'이 낮으면 선진국이라 할 수 없다. 아무리 생산성이 뛰어나고 이윤을 많이 남기는 기업이라 해도 '조직의 품격'이 낮으면 사회적 지탄과 비난의 대상이 되기도 한다.

열린 환경 속에서 기업과 사회는 서로 영향을 주고받는다. 활발한 기업시민 역할이 사회의 품격을 높일 수 있지만, 동시에 사회 전반의 격이 낮은 사회에서는 기업의 격도 낮아질 수 있다. 결국 엔트로피entropy가 증가하는 무질서한 사회라면 사회의 낮은 품격이 기업에 부정적인 영향을 미칠 것이지만, 반대로 기업시민 역할이 뚜렷하고 분명하다면, 사회 전반의 무질서를 줄이고 격을 높이는 니젠트로피negentropy를 생성할 수 있을 것이다. 포스코 설립부터 도약까지의 약 40년을 되돌아보면, 포스코는 시장이 형성되지 않았거나 시장의 실패가 심각한 상황에서 부패로 인해 거래비용이 많이 들어가는 제도적 환경 속에서 높은 투명성과 효율성, 그리고 공적 책임성을 구현하는 촉매제이자 혁신의 전파자 역할을 성공적으로 수행했다. 그렇다면 성숙기에 들어선 포스코는 낮은 사회의 품격으로 인해 고통받는 한국사회에서 어떤 역할을 수행해야 제대로 된 기업시민 역할을 다한다고 할 수 있을까. 이를 위해서는 앞서 언급한 한국사회의 다양한 지속가능성 위기 증상에 대해 다시금 상기하고, 왜 그러한 위기의 징후들이 해소되지 않는지 검토할 필요가 있다. 위기는 사회의 품격이 낮아서 발생한다.

사회의 품격이란

사회의 품격은 사회성the social이 얼마나 유연하고 긴장감 있게 발현되는가로 개념화하고 측정할 수 있다. 사회성은 구성원들 간의 관계가 보여 주는 구성적 특징이다(이재열 외, 2015). 구성적 특징이란 개인 특성으로 환원되지 않는 출현적 속성을 의미한다. 예를 들어보자. 똑똑하고 뛰어난 능력을 가진 이들로 구성된 두 집단이 있다고 하자. 집단 A의 성원들은 서로 불신하여 협력하지 않는다. 그래서 집단은 해체되고 갈등이 넘쳐 난다. 반면 집단 B의 성원들은 서로 신뢰하고, 공통의 규칙에 따라 행동하여 갈등을 미연에 방지한다. 비록 개인적 능력이 동일하다 해도 구성원 간 관계의 양상에 따라 해체된 사회가 될 수도 있고, 신뢰로 뭉친 응집성과 통합성이 높은 사회가 될 수도 있다.

그래서 사회의 품격은 공동체와 개인 간 관계에 의해 결정된다. 달리 말하면 미시-거시 연계가 가져다주는 효과다. 개인은 다른 사람들과 관계를 맺으며 공동체를 만든다. 공동체는 마을, 조직, 국가 등 다양한 수준에서 형성된다. 그런데 개인과 공동체 간 관계는 기본적으로 이중적이다. 즉, 공동체는 개인 간 관계로 구성된다는 점에서 개인 속성의 결합체이지만, 동시에 역사적으로 보면 개인은 공동체의 성원으로 태어나서 성장하기에 공동체의 유전자가 각인되므로 그 영향에서 벗어날 수 없다.

그렇다면 어떤 사회가 좋은 사회인가. 공동체는 개인의 활력과 자율을 침해해서는 안 되고, 개인의 창의성을 잘 살릴 수 있는 환경을 제공해야 한다. 그렇다고 해서 개인의 창의성과 자유가 절대화돼서도 안 되는데, 타인과의 공존을 위해서는 공동체적 질서를 깨는 극단적 개인주의는 곤란하기 때문이다. 결국, 개인의 자유와 공동체 간에는 일방적인 압도보다는 상호 긴장의 길항拮抗관계 속에 역동적 균형이 이루어지는 것이 바람직하다.

사회성을 구성하는 또 다른 축은 시스템과 생활세계 간의 관계다. 하버마스Habermas와 록우드Lockwood가 이미 지적한 바와 같이, 시스템이란 정해진 규칙에 따라 기계의 톱니바퀴처럼 맞물려 돌아가는 정부 행정, 시장제도, 위계적 기업조직 등을 의미한다. 모든 것이 규정대로*de jure* 당위적으로 요구되고 예외 없이 집행되는 곳이다. 반면에 생활세계는 생활의 장이다. 서로의 감정을 소통하고, 불만을 이야기하며, 공감대의 확산을 통해 여론이 만들어지는 진원지다. 사람은 주어진 규칙대로만 살 수는 없다. 그래서 그 나름의 역동성을 갖춘*de facto* 생활세계는 삶을 호흡하는 이들의 터전이다. 그런데 만약 시스템이 생활세계와 완전히 괴리되어 시민 생활을 과도하게 억압하고 간섭한다면, 삶은 소외되고 무력해진다. 하버마스는 과도하게 성장한 시스템이 생활세계를 식민화하는 경향이 있다고 진단했다. 그래서 억압받는 생활세계에서 시민들의 불만은 저항을 낳고, 심하면 남미 일부 국가에서 보는 바와 같은 내전이 일어나기도 한다. 반면에 제도화되지 않은 생활세계는 무질서해질 수 있다. 그래서 좋은 사회는 시스템과 생활세계 간에 긴장감 있는 길항관계가 존재하는 곳이라고 할 수 있다.

사회적 가치

그렇다면, 사회적 가치란 무엇인가. 그것은 어떤 사회가 좋은 사회인가에 대한 규범적 정의를 내릴 때 필요한 기준이다. 좋은 사회에 대한 기준은 나라마다, 시대마다 다를 것이다. 앞에서 언급한 지속가능성 위기를 겪고 있는 한국사회를 염두에 두고 생각해 보자. 고도성장기에는 경제적 가치가, 민주화 시기에는 정치적 가치가 중요했으나, 역설의 시대에 가장 중요한 가치는 사회적 가치다. 앞에서 제시한 두 축을 교차하면 거시적 시스템, 미시적 시스템, 거시적 생활세계, 미시적 생활세계 등의 네 영역을 구획할 수 있는데, 영역마다 바람직한 가치가 존재한다.

첫째, 거시적 시스템의 지향가치는 '분배적 정의'다. 우리 사회에서 《정의란 무엇인가*Justice: What's the Right Thing to Do?*》라는 책으로 유명해진 마이크 샌델 식으로 이야기하면, 분배적 정의는 한 사회에서 가장 불이익을 받는 사람에게 최대의 혜택이 가도록 시스템을 구축하는 것이다. 즉, 정의로운 사회에서는 그 사회의 가장 불리한 위치에 있는 사람들도 최소한의 의식주 문제를 해결할 수 있고, 다양한 위험으로부터 보호받을 수 있어야 한다(Sandel, 2010). 그러기 위해서는 자원을 투입할 때 가장 위험한 처지에 있는 사람들에게 최대한의 혜택이 돌아가도록 설계되어야 한다. '정의'로운 사회가 되기 위해서는 사회경제적 안전성이 갖추어져야 한다. 누구나 먹고살 수 있는 일자리가 있어야 하지만, 혹여 직업을 잃거나 은퇴하더라도 최소한의 인간적인 생활을 보장받아야 정의로운 사회다.

둘째, 미시적 시스템에서 주요 가치는 '평등'이다. 사회구성원들은 남녀 간의 차이, 얼굴 색깔에 따른 차이, 종교적 차이, 성적 지향의 차이 등 다양한 차이들을 보여 준다. 이러한 차이가 차별로 이어지지 않도록 하기 위해서는 모두가 시스템이나 제도상의 차별 없이 고른 기회를 제공받도록 해야 한다. 정규직과 비정규직 간에 동일한 일을 하는데도 불구하고 본인의 노력으로 바꿀 수 없는 이유로 인해 차별을 받는다면 곤란하다. 이런 차별을 없애야 평등한 기회를 가진 포용적 사회로 갈 수 있다.

셋째, 거시적인 생활세계에서 구현할 가치는 '연대감'인데, 각 개인이 뿔뿔이 흩어진 것이 아니라 공동체의 성원으로서 소속감과 응집성을 가져야 함을 의미한다. 이를 위해서는 서로 신뢰하고, 공통의 규칙 아래에서 생활한다는 것을 확인할 수 있어야 한다.

넷째, 미시적 생활세계에서 구현할 가치는 '역량'인데, 개인이 자율적이고 창의적으로 능력을 발휘할 수 있는 환경을 만들어야 가능한 가치다. 센Amartya Sen이 말한 바와 같이 빈곤한 개인은 단순히 가난해서 문제가 아니라, 개인이 가진 잠재적 역량을 제대로 발휘하지 못하게 만들기 때문에 문제라고 했다. 그래서 개인이 가진 '역량'을 개발할 수 있게 도와주는 사회가 되어야 좋은 사회라고 할 수 있다. 역량은 개인이 자기 능력을 마음껏 펼칠 수 있는 사회적 역능성이 갖추어져야 실현된다. 그러기 위해서는 각자 교육과 훈련을 통해 능력을 개발할 수 있어야 하며, 자신이 속한 공동체의 운명을 정하는 일에 적극적으로 참여해야 한다.

갈수록 늘어만 가는 사회적 불신

그렇다면 이렇게 이상적인 '좋은 사회'의 가치, 즉 사회의 품격에 비추어 볼 때, 한국사회는 과연 좋아지고 있는가. 1997년 외환위기 직전부터 시작해 10여 년간 한국사회가 보인 변화의 경향을 앞에서 제안한 네 영역별로 살펴보면 좋아진 측면과 나빠진 측면의 양방향이 확연히 드러난다(이재열, 2007).

첫째, 사회경제적 안전성 영역에서는 의료, 방재, 교육 쪽의 지표들이 조금씩 좋아져서 보다 안전한 사회로 간 측면이 있지만, 주거, 빈곤, 범죄의 문제는 조금 나빠져서 위험사회로 근접했다.

둘째, 사회적 포용성 측면에서는 남녀 간 차별이 줄어든 것이 긍정적 변화이지만, 불평등과 실업이 증가하고 가족 내 결속이 감소하는 등의 부정적 변화도 눈에 뜨인다.

셋째, 사회적 역능성 영역에서는 과거와 비교하면 더 많은 정보를 얻고 자기계발이나 평생교육에 대한 투자가 늘어났으며, 억울한 일을 당했을 때 참지 않고 해결하려 노력하는 일이 늘어난 점은 활력 사회를 만드는 요인이지만, 투표율은 여전히 낮고 노조 조직 비율이나 신문 구독률이 계속 떨어지고 자살률이 계속 늘어나는 것은 무기력한 사회로의 변화를 드러낸다.

이처럼 세 영역에서는 긍정적 변화와 부정적 변화가 혼재되어 있다. 그런데 심각한 것은 네 번째, 즉 사회적 응집성 영역의 변화다. 문화적 관용이 미미하게나마 늘어난 반면 불신이 크게 늘었다. 다시 말해, 사회의 격을 보여 주는 각 영역에서 긍정과 부정으로의 변화가 공존하지만, 응집성 수준에서 불신이 압도적으로 늘어났다는 것이 전체의 변화를 요약하는 키워드다. 한국사회가 아무도 믿지 못하는 신뢰의 적자사회로 가고 있다는 것, 이것이 이 연구에서 발견한 가장 중요한 특징이다.

어떻게 하면 안심하고, 포용하고, 신뢰하며, 활력 넘치는 '품격 있는 사회'를 만들까. 정의와 평등, 개인 자율성과 사회적 유대감 등 서로 길항관계에 있는 '사회적 가치'가 잘 구현되어야 가능한 일이다. 개인의 자유와 창의성이 넘치되, 각자도생하지 않고 서로 신뢰하며 잘 뭉치는 곳, 체제의 규율과 일관성이 뚜렷하되 생활세계를 질식시키지 않는 곳, 활력 있는 시민사회의 도전이 체제를 기득권에 안주하지 못하게 긴장시키는 곳이 품격 있는 사회다.

한국의 사회적 품격은 OECD 30개 국가 중 28위에 불과하다. 낮은 사회적 품격을 벗어나야 중진국 함정을 벗어날 수 있다. 20년째 2만 달러 수준을 벗어나지 못한 한국에 비교하면, 같은 소득 수준이던 1980년대 북유럽이나 1990년대 독일은 훨씬 높은 '사회의 품격'을 갖추었다. 투명한 규칙, 신뢰, 그리고 활발한 시민참여가 있었기에, 과감하고 정교한 생산적 복지, 상생적 노사관계, 기술력 뛰어난 히든 챔피언 육성을 통해 지속적 경제성장이 가능했다(이재열 외, 2015).

자본주의의 변화와 가치혁신

그런데 자본주의의 양상이 달라지고 있다. 고전적인 자본주의는 자유방임주의였다. 정부는 절대 시장에 개입하면 안 된다는 것이 원칙으로 받아들여졌다. 그러나 1929년 대공황을 거치면서 정부의 적극적 역할이 요구되었다. 제도를 만들어 거시적 시장환경과 수요를 적극적으로 창출하고 일자리를 창출하는 케인지언 자본주의가 각광을 받았고, 수정자본주의처럼 사회주의는 아니더라도 정부의 적극적 역할을 중시하는 시기가 있었다. 1980년대 이후 레이건과 대처의 집권을 계기로 다시 정부의 역할에 대해 소극적인 신자유주의 체제가 굳어지게 되었으며, 모든 것을 시장에 맡기자는 주장이 한동안 힘을 발휘했다. 그러나 2008년 세계금융위기를 겪으면서 자본주의 4.0이 논의되고 있다(Kaletsky, 2011). 복잡하고 예측불가능하게 진화한 현재의 자본주의하에서 과거와 같이 시장 메커니즘을 순진하게 신뢰하거나 정부의 능력을 너무 과신해서는 안 되며, 경제를 이해하는 방식에 대한 근본적 변화가 필요하다는 주장이다. 자본주의 4.0 시대는 정부와 시장이 모두 잘못될 수 있다는 공감대 위에서 정치와 경제가 서로 적대적이기보다는 협력적 관계로 이행해야 한다고 주장한다. 자본주의의 심장부라고 할 월스트리트에서조차 이제는 시장과 기업이 공생의 생태계를 만들고 정부도 시장과 유기적인 상호작용을 이루어야 하며, 이를 위해 새로운 기준이 필요하다고 반성한다. 결국 사회의 품격이 자본주의 발전의 토대가 된다는 의미로 해석할 수 있다.

세계적 갑부인 빌 게이츠는 '창조적 자본주의'를 주장한다. 그 요지인즉, 지구상에서 인류가 겪는 많은 문제, 예컨대 빈곤, 불평등, 전쟁 등의 문제를 해결하는 가장 효율적인 방법을 자본주의적 방식으로 찾아보자는 것이다. 혹자는 포용적 자본주의를, 또 누군가는 온정적 자본주의compassionate capitalism를 제안한다. 기업활동이야말로 국민국가의 경계를 넘어 근본적 영향을 미치며, 따라서 어떤 가치를 지향하느냐에 따라 인류에게는 최악의 결과를 가져올 수도, 최선의 결과를 가져올 수도 있다고 본다. 따라서 온정적 자본주의는 돈을 버는 수단일 뿐 아니라, 많은 사람을 돕고 즐겁게도 할 수 있는 영적인 과업이기도 하다는 주장이다(Bartlett & Meltzer, 2016).

2017년 출간된 김위찬의 《블루오션 시프트》는 가치의 혁신에 대해 주목하라고 요구한다. 이제는 예전과 같은 파괴적 혁신을 할 게 아니라 눈을 돌려 우리가 인식하지 못했던 새로운 블루오션을 찾는 것, 즉 기업이 이윤만이 아닌 사회적 가치를 함께 추구하는 것이 장기적으로 그 기업의 생존과 성장에 도움이 된다는 주장이다(Kim & Mauborgne, 2017). 그 대표적 사례가 유니레버다. 소비자층을 피라미드 구조로 표현한다면 그 정점에는 부자 나라의 고소득층이 있지만, 유니레버의 소비자층은 제일 바닥에 있는, 하루에 1달러도 안 되는 돈으로 먹고살아야 하는 빈곤한 나라 국민이다. 이 사람들의 특징은 가난하지만 대단히 넓은 층이어서 인구가 많다는 점이다. 유니레버는 이들을 대상으로 철분을 대폭 보강한 음료수를 만들어

판다. 영양이 풍부한 선진국 국민에게는 당분이 많이 들어간 음료를 파는 반면, 영양이 부족한 가난한 나라 국민에게는 영양제가 되는 음료를 파는 것인데, 제품을 많이 팔수록 그들의 건강을 높여 준다는 발상의 전환이 돋보이는 아이디어가 아닐 수 없다. 즉, 사회문제를 포착하고 해결하겠다는 지향을 가질 때 기업들은 존경받으면서 돈을 벌게 되는 것, 이것이 블루오션이고 혁신도 이런 방식으로 하자는 것이 김위찬 교수의 주장이다. 지금까지 기업은 전통적 영리기업의 위상을 지녔다면, 이제 가치추구형 혁신기업으로 자리바꿈함으로써 광의의 사회적 기업이 될 수도 있는 것이다.

기업시민 활동: 똑똑하고 존경받는 기업 되기

전통적으로 영리기업은 효율성과 이윤만을 추구하고 비영리조직은 정당성만 추구하면 됐다. 반면에 최근 들어 주목받는 사회적 기업은 전통적 비영리조직이 해온 바와 같이 사회적 가치를 추구하되, 효율성과 이윤도 함께 추구하는 쪽으로 영역을 새롭게 개척했다. 그러나 한국의 대기업에는 재무적 가치와 사회적 가치를 함께 달성할 수 있는 블루오션, 즉 '가치추구형 혁신 대기업' 모델이 존재한다. 그리고 공기업의 DNA를 간직한 포스코의 경우에 이러한 새로운 혁신형 대기업으로 진화할 가능성이 가장 높아 보인다.

전략연구의 권위자 포터Michael Poter 교수는 기업이 공유가치를 만들어 내는 방식, 그것이 비즈니스에 미치는 영향을 몇 단계로 나누어 설명하였다. 우선 기업의 사회적 책임Corporate Social Responsibility, CSR 단계다. 이는 기업이 돈을 벌면서 사회에 좋은 일도 하는 것으로, 자선사업, 기금 출연 등으로 사회적 책임을 감당하는 것이다. 이보다 더 진전된 단계는 기업의 비즈니스 모델 자체에 사회적 가치를 녹여 그것을 중요한 성과지표로 관리하면서 기업이 성장하는 것이다. 그래서 비즈니스를 하면 할수록 사회적 가치가 더 잘 구현되도록 하는 것, 그것이 공유가치의 실현Creating Shared Value, CSV이다 (Porter, 2006; Porter & Kramer, 2011). 공유가치를 창출하려는 기업들에게 포터는 몇 가지 조언을 한다. 첫째, 충족되지 않은 수요를 만족시킬 새로운 제품과 시장, 그리고 서비스에 대해 근본적으로 다시 생각하라는 것이다. 예를 들면, 저가 휴대폰을 생산해 공급하는 것은 빈곤층에 대한 새로운 서비스를 가능케 하며, 동시에 새로운 생산의 기회를 만드는 것이기도 하다. 둘째, 위험을 줄이고 생산성을 높이려면 가치사슬에서 생산성을 다시 정의하라고 조언한다. 예를 들어, 제품배달에서 과잉포장을 줄이면 비용을 줄일 뿐 아니라 환경보존에도 기여한다. 셋째, 기업 운영을 지원할 외적인 프레임워크를 개선할 수 있도록 지역의 클러스터를 발전시키라고 주문한다. 하청계열사들의 기술 발전을 촉진함으로써 전체 생태계의 경쟁력을 발전시킬 수 있다는 주장이다.

기업시민 활동은 공유가치창출과 떼어서 생각할 수 없다. 공유가치는 개별 기업보다는 생태계에 연결된 모든 이해관계자를 향한 포용적 비즈니스 모델 개발을 통해 촉진될 수 있다. 그리고 그 성과는

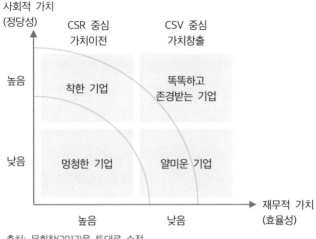

〈그림 3-2〉 사회적 가치와 재무적 가치로 분류한 기업 유형

출처: 문휘창(2012)을 토대로 수정.

다양한 차원의 효과에 대한 측정과 평가를 통해 확산할 수 있다.

한때 직장인들 사이에 '호사분면'이라는 유머가 유행한 적이 있다. 직장 상사를 네 가지 유형으로 나눈 것인데, 일 잘하면서 친절하기까지 한 사람은 '호인', 배려도 잘하고 친절하지만 일은 못하는 사람은 '호구', 일은 잘하지만 배려심이 없는 사람은 '호랭이', 일도 못하고 배려도 하지 않는 사람은 '호로××'라고 분류한 것인데, 많은 직장인의 공감을 얻었다.

기업도 마찬가지 유형으로 구분해 볼 수 있다. 효율성은 떨어지나 사회적 책임을 잘 감당하는 기업은 호구 같은 기업이고, 재무적 성과가 좋아 부러움을 사지만 사회적 책임을 회피한 기업은 '얄미운 기업'이다. 사회적 가치와 재무적 가치 둘 다 충족하지 못하면 '멍청한 기업'이다. 재무적으로 성과도 내면서 사회적으로 존경받는 곳이 '똑똑하고 존경받는 기업'이다.

똑똑하고 존경받는 기업이란 기업 내부 효율성만 챙기는 것이 아니라 기업을 둘러싼 이해관계자들의 관심과 걱정을 배려하고 사회적 가치를 고려해서 경영하는 기업이다. 이와 같은 기업들의 성과를 오랜 시간 추적 조사해 본 결과를 보면, 단기적으로는 다른 기업과 비슷해 보이지만 장기적으로는 훨씬 성장률이 높은 것으로 나타났다. 그래서 장기성장 기업으로 가기 위해서라도 현재의 기업들은 사회적 가치를 내면화하지 않으면 안 된다는 것이다.

존경받는 기업firms of endearment에 관해 연구한 시소디어 등에 따르면, 더 높은 목적을 향한 리더십을 가지고, 구성원의 발전과 성장을 추구하며, 납품업체의 육성과 개발에 전력을 다하고, 목적을 공유하는 고객의 만족을 극대화하며, 공동체와 사회 유지에 관심을 가지고, 투자자에게 더 많은 것을 보상하려는 기업, 즉 존경받는 기업일수록 장기적으로는 S&P 500대 기업보다 훨씬 더 높은 성장률을 기록했다(Sisodia, Sheth, & Wolfe, 2014). 결국 기업시민 활동을 통해 사회적 가치를 구현하려는 기업들이 단기적 효율성보다는 장기적 성장에 훨씬 유리하다는 것인데, 이는 앞서 언급한 조직의 정당성 문제와 밀접히 연관되어 있다.

경제의 세계화에 따라 기업과 사회의 관계도 글로벌하게 확장되고 있다. '글로벌 기업시민'이란 법, 공공정책, 이해관계자의 기대, 기업의 가치와 사업전략에 따른 자발적 행동 등에 의해 기업의 사회적, 정치적, 경제적 책임을 확인하고 분석하며 적절히 대응하는 과정을 의미한다. 〈이코노미스트〉지에서 세계적으로 566개 기업의 매니저를 대상으로 조사한 결과, 74%의 응답자가 기업시민이 이윤의 증대에 영향을 미쳤다고 답했으며, 대다수는 기업의 건강성에도 큰 영향을 미친다고 응답하였다(The Economist, 2008. 11.).

글로벌 기업시민 활동의 역할은 다섯 단계의 진화를 겪는 것으로 이해된다. 첫째, 기본 단계에서는 기업시민 의식이 부재하며, 매니저들은 사회적 이슈에 무관심하거나 관여하려 하지 않는다. 비록 법은 준수하지만, 그 이상의 일을 벌이려 하지 않고, 법에 대한 대응도 방어적이어서 위협을 받으면 행동하며, 이해관계자들과의 소통도 일방적인 경향이 강하다.

두 번째, 개입 단계에서 기업은 이해관계자들이나 공공의 기대가 변화하는 것을 인지하고, 기업의 가동 자격을 유지하기 위해 정부의 노동이나 인권 기준을 준수하며, 이해관계자들의 의견을 듣기는 하나, 주로 기존의 부처를 통해 소통이 이루어지고, 최고경영자나 기업은 자선사업이나 환경보호에 관심을 표하기도 한다.

세 번째, 혁신 단계에서 기업은 새로운 구조적 소임을 수행할 역량이 부족하다 느끼고 구조적 혁신을 시도하게 된다. 새로운 프로그램을 조율할 부서가 만들어지고, 기업은 주요 이해관계자들에게 사회적 회계social auditing를 제공하기 시작한다. 사회적 회계란 조직의 사회적, 윤리적, 환경적 성과에 대한 체계적 평가를 의미하는데, 대체로 외부에서 제시한 기준에 비추어 어느 정도의 성취를 이루었

	내용	전략	리더십	구조	이슈관리	이해관계자	투명성
1. 기본	일자리, 이윤, 세금	법적 순응	립서비스	주변적	방어적	일방적	둘러대기
2. 개입	자선, 환경보호	라이선스	지지자	기능적 주도자	수동적	상호작용	공적 관계
3. 혁신	이해관계자 관리	비즈니스 사례	스튜어드십	범기능적 조율	반응적	상호영향	공적 보고
4. 통합	지속가능성	가치정의	챔피언	조직적 대응	적극적	파트너십	확신
5. 전환	게임체인지	시장창조 사회변화	비전제시형	메인스트림화	발굴형	다중조직	전체공개

자료: Mirvis & Googins(2006).

는지를 가늠하게 된다. 사회적 회계를 도입하면 조직 내에서 무슨
일이 벌어지는지 알 수 있고, 이해관계자와 공중이 기업에 요구하는
것이 무엇인지 이해하며, 이해관계자에게 기업의 성취를 알리고 이
들의 헌신을 높이고, 조직의 의사결정과 성과를 높일 수 있게 된다
(Zadek, 1998).

네 번째, 통합 단계에서 기업은 더 체계적인 이니셔티브를 행사
하게 된다. 사회적, 경제적, 환경적 지속가능성이라는 트리플 바텀
라인Triple Bottom Line, TBL을 제시하고, 이를 측정하기 위한 외부 감사
기관과 협력하며 이해관계자들과 적극적인 파트너십을 맺는다.

다섯 번째, 전환 단계는 가장 높은 단계로서, 기업은 미래지향적
인 비전을 가진 리더에 의해 더 높은 수준의 기업 목표를 갖게 된다.
다양한 산업, 조직, 개인들과 파트너 관계를 맺으며 광범한 사회문
제에 관심을 갖고 해결책을 추구하게 된다.

기업시민활동을 위한 글로벌한 사회적, 환경적 회계의 기준

사회적 회계는 기업시민 활동의 양상뿐 아니라 그 성과를 평가한다. 회계의 기준은 크게 몇 가지 방향으로 발전했다. 첫 번째는 기업이 공급자나 파트너가 기대하는 성과표준을 반영한 기준을 만드는 방법인데, 애플의 사례처럼 자체적으로 성과표를 만들 수도 있고, 산업 내에서 표준화된 공통의 성과표를 만들 수도 있다. 글로벌한 비정부기구에서 표준을 제시하기도 한다. 중요한 사례를 들면 〈표 3-3〉과 같다. 그리고 2017년 조사결과에 따르면, 49개 국가의 100대 기업을 합산한 총 4,900개 기업(N100) 중에는 총 75%가, 〈포춘 *Fortune*〉 500대 기업 중 매출액 순으로 뽑은 250대 기업(G250) 중에는 93%가 기업의 사회적 책임에 대한 보고서를 발간하는 것으로 나타났다.[1]

이처럼 기업의 사회적 책임과 기업시민 활동에 대한 보고서가 광범하게 퍼지는 것은 2008년 세계금융위기를 계기로 단기적 주주가치 극대화에 대한 반성이 일어나면서 보다 지속가능하고 정당한 자본시장을 만들기 위한 투자자의 각성이 일어나고 있기 때문이다. 이러한 경향을 보여 주는 것이 사회책임투자 responsible investment 이다. 미국의 2016년 사회책임투자 규모는 8.72조 달러로 전체 투자의 20%

---

1 https://cifal-flanders.org/wp-content/uploads/2018/12/Mike-Boonen_Non-Financial-Reporting_ENG_05-02-2019.pdf

〈표 3-3〉 글로벌 사회, 환경 회계기준 요약

〈표 3-3〉 글로벌 사회, 환경 회계기준 요약

	시작연도	범위	거버넌스	참여자	펀딩
ISO 14001	1996	환경관리기준	ISO 기술위원회	ISO 회원국 환경 NGO, 전문가	ISO 회비, 문서판매, 자원봉사
GRI (Global Reporting Initiative)	1997	경제적, 환경적, 사회적 지속가능성	다양한 이해관계자 협의회	기업, UN, 인권 환경 노동기구, 기업, 정부기구	재단, 기업, 네덜란드 정부
SA 8000	1997	8개 요소의 노동조건 개선	이해관계자 협의체 (전문가, NGO, 정부, 노조)	기업, 무역협회, 노조, 회계법인, NGO, 정부	재단, 정부지원, 서비스 요금
ISEA AA 1000	1999	저탄소 녹색경제를 위한 투명성과 책임성 확보	ISEA, 기업, 비영리, 학계, 자문조직	다중적 이해관계자	회비, 조사비, 재단
UN Global Compact	1999	기업운영 원리, 인권, 노동, 환경	UN 사무총장, Global Issue Network, ILO, 이해관계자 집단	기업, 노동조직, NGO	자발적인 정부와 재단의 후원금
ISO 14063	2001	환경소통 기준	ISO 기술소통집단	ISO 회원국, 전문가, 기업, NGO 등	ISO 회비, 문서판매, 자원봉사
ISO 26000	2010	사회적 책임 관련 7대 핵심주제	ISO 기술위, 워킹그룹	ISO 회원국, 공공, 민간부문	ISO 회비, 문서판매, 자원봉사

자료: Weber(2014), p.148.

에 해당하는 규모였다. 사회책임투자는 기업의 부정적인 임팩트에 대한 관심을 넘어서서 기업 지배구조를 변화시키는 데도 관심을 둔다. 즉, 시장 관찰자의 규범적 기대에 의존하기보다, 주류 투자가의 경제적 기대를 충족시키려 하는 것이다. 이러한 시장주의자들은 기업이 정부나 비정부기구와 비교하면 사회문제 해결에 더 효과적이라고 생각한다. 그리고 ESG^{Environmental, Social, Governance}가 중요한 주주가치라고 생각한다.

UN 2030 지속가능발전의제와 한국의 '국가주요지표'

사회의 격을 높이고 환경적 지속가능성을 보장하려는 노력은 개별 기업뿐 아니라 개별 국가, 그리고 국제연합에 이르기까지 다양한 수준에서 진행되고 있다. UN '지속가능발전목표Sustainable Development Goals'의 약자로 통칭하는 SDGs의 공식 명칭은 '2030 Agenda for Sustainable Development'로서 전 세계의 지속가능한 발전을 위한 행동계획이자 목표이다. 2

2015년 9월 제70차 UN 총회에서 채택한 SDGs는 환경·사회·경제·거버넌스 전 분야에 걸쳐 17개의 목표goal와 169개의 세부목표target로 이루어져 있다. SDGs는 선진국과 개도국을 포함한 모든 국가에 발전 목표를 제시한다는 점에서 개별 정부뿐 아니라 민간기업들에도 바람직한 가치를 구현하기 위한 목표를 설정하는 데 중요한 기준이 된다. 17개의 목표는 구체적으로 다음과 같다.

1. 모든 곳에서 모든 형태의 빈곤 종식
2. 기아 종식, 식량 안보와 영양 증진을 달성하며 지속가능한 농업을 촉진
3. 건강한 삶의 보장과 나이에 관계없이 모든 사람의 웰빙을 증진
4. 포용적이고 평등한 양질의 교육 보장과 평생교육 기회 증진

2　https://www.un.org/sustainabledevelopment/sustainable-development-goals/

5. 양성평등 및 모든 여성과 여아의 역량 강화

6. 물과 위생시설의 가용성 및 지속가능한 관리 보장

7. 모든 사람에게 저렴하고 신뢰할 만하며 지속가능하고 현대적 방식의 에너지 접근을 보장

8. 지속적이고 포용적인 경제성장과 모든 사람에 대한 고용 및 양질의 일자리 제공

9. 회복력을 갖춘 기반 구축과 포용적이고 지속가능한 산업화 증진 및 혁신

10. 국내 및 국가 간 불평등 축소

11. 포용적이고 안전하며 회복력 있고 지속가능한 도시와 거주지 건설

12. 지속가능한 소비와 생산 패턴 보장

13. 기후변화와 그 영향에 대처하는 긴급조치

14. 지속가능한 발전을 위한 대양, 바다, 해양 자원 보호와 사용

15. 육상 생태계의 보호, 재건 및 지속가능한 사용 촉진과 지속가능한 산림 관리 및 사막화와 토지 황폐화 중단과 생명 다양성 유지

16. 평화롭고 포용적인 사회 촉진, 정의로운 접근성 제공, 효과적이고 신뢰할 만하며 포용적인 제도 구축

17. 이행 수단 강화와 지속가능한 발전을 위한 글로벌 파트너십 활성화

이상과 같은 SDGs의 17개 목표는 '사회발전', '경제성장', '환경보존'이라는 세 가지 축을 기반으로 한다. 목표 1부터 6까지는 사회발전 영역의 목표로, 이 목표의 달성을 통해 빈곤과 불평등을 해소하고 인간의 존엄성을 회복하고자 한다. 목표 8부터 11까지는 경제성장을 달성하기 위한 목표로, 무분별한 개발을 통한 경제 규모 성장을 지양하고 모든 사람이 양질의 일자리를 통해 적절한 수준의 생계를 유지할 수 있도록 포용적인 경제환경을 구축하고 지속가능한 성장 동력을 만드는 것을 목표로 한다. 마지막으로 목표 7과 12~15는 생태계를 보호하기 위한 목표이다. 현재 극심한 기후변화와 그로 인한 자연재해로 몸살을 앓는 지구를 보호하고, 대량생산과 대량소비로 인한 환경오염과 자원고갈을 막아서 환경을 보호하고 지속가능한 지구를 만들기 위한 목표가 여기에 포함된다. 목표 1부터 15까지는 지속가능한 발전을 위해 달성해야 하는 목표라면, 목표 16과 17은 앞의 목표들을 달성하기 위한 조건과 방법을 담은 것이라고 할 수 있다. 목표 16은 정의롭고 평화로우며 효과적인 제도를 구축하기 위한 것이며, 목표 17은 이 모든 목표를 달성하기 위하여 전 지구적 협력이 필요하다는 내용을 담고 있다. SDGs의 각 목표는 5P 개념으로 구조화할 수도 있다. 5P는 사람People, 번영Prosperity, 지구환경Planet, 평화Peace, 파트너십Partnership을 의미한다. 이 5P는 새로운 개발 의제의 기본 정신이자 키워드라고 할 수 있다.

한국의 '국가주요지표'도 SDGs와 같은 원리로 구성되어 있다(서울대 아시아연구소 한국사회과학자료원, 2016). 국가발전national progress

을 정의함에 있어서 가치부하적인 방향성을 전제하는데, 각각의 부문이 지향하는 가치는 서로 다르다. 경제 부문의 최고 가치는 효율성efficiency이고, 사회 부문의 최고 가치는 통합cohesion이며, 환경 부문의 최고 가치는 책임성responsibility이다. 따라서 경제의 효율성이 증대되고 사회의 통합과 유대가 강화되며 환경에 대한 책임성이 커지는 것을 국가발전이라고 개념화하는 것이다. 아울러 '국가주요지표'는 개인, 공동체, 그리고 거시적인 국가 수준에서의 주요지표를 일관성 있는 기준을 가지고 선별해 내도록 디자인되어 있다. 미시적 수준, 즉 개인이나 가족 수준에서는 삶의 질quality of life 지표가 필요하고, 중범위, 즉 공동체 수준의 사회적 관계를 파악하기 위해서는 사회의 질social quality 지표가 필요하며, 아울러 거시적 수준, 즉 국가 수준에서는 국가발전national progress 지표가 필요하다는 점을 전제한다. 이처럼 다차원적이면서 동시에 부문 간 중첩을 허용할 수 있도록 '국가주요지표'를 구성하기 위해서는 국가 수준의 발전과 지속가능성, 공동체 수준에서 사람들이 맺는 관계의 질, 그리고 개인이나 가족 수준에서의 삶의 질을 모두 반영하고 이들 간에 어떤 연관성이 있는지를 보여 줄 수 있어야 한다.

'국가주요지표'의 정의는 "한국이 지속가능한 발전을 통해 국민의 웰빙을 충족시키고 있는가?"라는 질문에 축약되어 있다. '국가주요지표'의 기본 개념은 부문별 그리고 수준별로 나누어 검토할 수 있다. 부문별 개념화는 국가발전과 개인의 삶의 질을 평가하는 기준으로서의 가치가 무엇인지에 관한 문제와 긴밀하게 연결되어 있다. 경제, 사회, 환경 부문 각각의 고유 가치는 경제적 효율성과 사회적 통합성, 그리고 환경적 책임성으로 구성된다. 국가의 지속가능한 발전을 도모하기 위해서는 이 세 가지를 기준으로 평가할 수 있어야 한다. 즉, 경제적 효율성은 경제가 얼마나 성장하고 있는지 그리고 그 성장이 안정적으로 지속가능한 것인지를 기준으로 평가한다. 사회적 통합성은 개인의 자율성이나 창의성을 극대화하되 동시에 사회의 응집성과 질서를 유지할 수 있는 정도로 평가한다. 환경적 책임성은 미래 세대를 위해 자연환경을 얼마나 잘 보존하여 지속가능한 환경을 만들어 나가는지를 기준으로 평가한다.

그런데 각 부문이 서로 교차하는 영역에서는 새롭게 질문들을 던질 수 있다. 경제와 사회의 교차 영역에서는 한 사회의 구성원으로서 자원의 효율적 배분에 참여하고 그 혜택을 얻을 기회가 주어져야 하는데, 이는 개인의 역량 배양capability building과 밀접히 연관된다. 즉, 국민이 경제활동에 참여하면서 적절한 보상을 받는지, 그리고 이를 위해 필요한 교육과 훈련에 충분히 참여하는지가 매우 중요해진다. 사회와 환경의 교차 영역에서는 사람들이 얼마나 쾌적하고 안전한 환경 속에 살아가는지가 중요하다. 아울러 환경과 경제의 교차 영역에서는 자연자원을 얼마나 효율적으로 활용하여 경제를 유지하는지, 그래서 얼마나 자연의 지속가능성을 극대화하는지가 중요한 평가 기준이 된다. 그리고 경제, 사회, 환경이 모두 교차하는 영역은 결국 개인이나 가족의 삶에서 가장 기본적인 욕구를 얼마나 충족시키느냐의 문제와 관련된다.

기업시민 활동의 임팩트 측정을 위한 국제적 기준들

UN의 지속가능발전목표와 한국의 '국가주요지표'가 지향하는 가치는 기업시민 역할을 강화하려는 기업에도 중요한 기준이 된다. 이러한 글로벌 가치지향의 결과는 통합보고서Integrated Report 작성을 통해 재무자본 제공자에게 시간 경과에 따라 기업이 어떻게 가치를 창출하는지를 설명하고자 하는 노력으로 이어지고 있다. 통합보고서는 직원, 공급업체, 사업 동반자, 지역사회, 입법기관, 규제당국, 정책 입안자 등 조직의 가치창출 능력에 관심이 있는 모든 이해관계자에게 유용한 보고서인데, 국제 프레임워크는 원칙 중심의 접근방식을 채택한다. 원칙 중심의 접근방식은 서로 다른 조직의 다양한 환경을 보여 주되 조직 간에 충분한 비교가 가능하도록 유연성과 규범성 사이에 적절한 균형점을 찾아 필요한 정보를 제공하는 것을 목적으로 한다.

그 대표적인 사례가 IRISImpact Reporting and Investment Standards이다.[3] 통합보고서의 목적은 조직이 사용하고 영향을 주는 자원과 자원 사이의 관계(자본)에 대한 시사점을 제공하고, 조직이 단기·중기·장기적인 가치창출을 위해 자본 및 외부 환경과 어떻게 상호작용하는지를 설명하는 것이다. 자본은 조직의 활동 및 산출물을 통해 증가하거나 감소, 변형되는 가치의 저량貯量, stocks과 유량으로 구분 가

---

3 https://iris.thegiin.org/

능하며, 자본은 재무, 제조, 지적, 인적, 사회관계, 자연 자본으로 분류도 가능하다. 통합보고서 작성 절차는 대체로 1단계에서는 지속가능 이슈에 대한 이해에 바탕을 두고 조직의 외적 환경과의 관련성을 검토하고, 2단계에서는 가치창조에 영향을 미치는 물질적 지속가능발전 이슈를 확인하고, 3단계에서는 비즈니스 모델을 통해 SDGs에 기여할 전략을 발전시키고, 4단계에서는 통합적 사고, 연관성과 거버넌스 모델을 발전시키며, 마지막 5단계에서는 통합보고서를 준비하는 과정을 거쳐 하나의 사이클이 완성된다. 이 과정에서 SDGs는 다양한 자본의 증가, 감소, 변형을 통해 창출된다. IRIS는 비영리기관인 Global Impact Investing Network^{GIIN}의 주도로 시작하였으며, 임팩트 투자의 생태계가 투명성, 신뢰, 책임성을 갖추도록 돕는 것을 목적으로 한다. 2009년 이전까지는 록펠러재단, 아큐멘^{Acumen}, B 랩^{B Lab} 등과 함께 히타치^{Hitachi}, 딜로이트^{Deloitte}, 프라이스워터하우스쿠퍼스^{Pricewaterhouse Coopers} 등의 도움으로 IRIS를 개발하였으며, 이후 Global Impact Investing Report System^{GIIRS}로 발전하였는데, 이 과정에서 B 랩이 주도적 역할을 하였다.

4. 미래사회의 기업시민 역할

창립 50년의 역사를 돌이켜볼 때 기업시민으로서의 포스코의 역할
은 극적으로 변화해 왔다. 이는 당대에 누가 가장 중요한 이해관계
자냐에 의해 설명되어야 하는 문제인데, 앞에서 살핀 바와 같이 포
스코 설립 초기 가장 중요한 이해관계자는 정부, 그리고 일반 국민
이었다. 대일청구권 자금을 가지고 설립한 새로운 공기업, 포스코
의 성패는 민족적 자부심과 분리할 수 없는 일이었고, 이 시기 포스
코는 박태준 리더십하에 성공적으로 국가적 성장목표를 달성할 수
있었다.

그런데 성숙기에 들어선 포스코에게 이해관계자의 범위는 세계적
으로 넓어졌다. 더 이상 국가와 민족만을 이야기할 수 없는 환경에
진입했다. 민영화 이후 가장 중요하게 등장한 이해관계자는 투자자
다. 그런데 기업에 투자되는 펀드 중 사회적 가치를 중요하게 생각
하는 펀드들이 점점 더 많아지고 있다. 이것을 일컬어 사회책임투자
라고 한다. 유럽이나 호주 등에서는 절반 이상의 펀드가 사회적 가
치를 중시한다. 투자대상 기업이 환경오염을 유발하는 기업인지,
인종차별 국가에 투자하는 기업인지 등을 조목조목 따져 투자하는
것인데, 캐나다나 미국도 상당 수준 이 추세를 따르고 있지만 아시
아 국가들의 경우는 아직 본격화하지 않았다. 그러나 한국에서도 조
만간 미국이나 유럽 수준으로 사회책임투자가 늘어나면 '착한 기업'
에 펀드가 몰릴 것이다.

다른 기업들과 마찬가지로 포스코의 환경은 열린 시스템의 특성을 드러낸다. 초연결 사회, 조직 안팎을 나누는 경계는 사라졌다. 대한항공 총수 일가의 갑질과 폭언은 세계적 뉴스로 증폭되었다. 소니는 플레이스테이션을 유럽으로 수출하다 기준치 이상의 납과 카드뮴 수치로 인해 통관이 금지된 바 있다. 당시 소니는 EU에 기준치를 어기지 않았다며 항의했지만 조사결과 소니의 하청업체가 납품하는 부품에 문제가 있었던 것으로 드러나 유럽 내에서 소니의 이미지는 급격히 추락하였다. 폭스바겐 또한 배기가스 배출량 조작사건으로 시가총액의 30%가 급감하는 것을 경험한 바 있다. '사회적 가치'를 외면한 '얄미운 기업'이 고객과 투자자의 공분公憤 쓰나미에 휩쓸릴 때 얼마나 돌발적으로 '경제적 가치'를 잃게 되는지 생생하게 보여 주는 사례들이다.

반면에 사회문제 해결과 기업의 사업영역 확장은 별개가 아니라는 믿음하에 새로운 블루오션을 찾는 기업도 있다. 3년째 130여 개 사회적 기업이 창출한 사회적 가치에 인센티브를 제공해 온 SK는 아예 그룹 계열사 정관을 바꾸어 '사회적 가치'를 경제적 가치와 더불어 기업경영의 더블바텀라인Double Bottom Line, DBL으로 삼기로 했다. 그룹 자원을 외부와 함께 공유하는 실험도 진행 중이다.

'사회적 가치'는 선진국 문턱에 놓인 허들이다. 그런데 잘 보이지 않고 측정하기도 어렵다. 그래서 이를 섬세하게 분별하고 과감하게 실천하는 능력을 갖춘 나라와 기업만이 지속 성장할 수 있다. 변화의 시대, 사회적 가치를 높이는 기업시민 활동은 기업의 정당성을 높인다. 존경받는 기업이 더 성장하고 지속가능하다. 한국적 현실에서 존경받는 포스코의 정당성은 정치적 영향력에 의한 약탈로부터 자신을 지키는 두터운 갑옷이 될 것이다. 그 해법은 자본주의의 메타가치를 구현하는 일이다. 단순한 재무적 성과가 아니라, 구성원들에게 내적 동기를 부여하고 긴장감과 성취감을 줄 수 있는 가치부하적인 목표를 제시하는 일이다. 또한 주주 만족에 그치기보다는 장기적인 기업발전의 비전을 통해 다양한 이해관계자를 함께 만족시킬 수 있어야 한다. 이를 위해서는 경제적 이해관계자들과는 공존과 공생의 가치를 높이고, 비경제적 이해관계자들과는 저출산, 고령화, 불신, 불평등 등과 같은 산적한 한국사회의 위기 증상들을 해소할 수 있도록 사회의 품격을 높이며, 조직 내 이해관계자들과는 능력과 성과에 기반을 둔 공정한 인사로 창의력을 극대화하는 기업시민의 역할이 매우 중요하다.

참고문헌

강원택 (2015), "통일국민당-아산의 창당과 한국정당사에서의 의미", 《아산, 그 새로운 울림: 미래를 위한 성찰》 3권 "나라와 훗날", 푸른숲.

김병연·최상오 (2011), "포스코와 한국경제: 서지적, 실증적 분석을 중심으로", 〈경영사학〉, 제 26집 2호.

류상영 (2001), "포항제철 성장의 정치경제학: 정부-기업관계, 연속논쟁, 지대추구", 〈한국정치학회보〉, 제 35권 2호, pp. 67~87.

문휘창(2012), 《굿 투 스마트》, 레인메이커.

박호환(2011), "신뢰선순환을 통한 시너지경영: POSCO의 신뢰 형성 과정에 대한 역사적 분석", 〈경영사학〉, 제26집 3호, pp. 463~488.

서울대학교 아시아연구소 한국사회과학자료원(2016), 국가주요지표개편연구, 2016.

이대희(2015), "열정의 리더십 특성에 관한 사례연구: 정주영과 박태준", 〈지방정부연구〉, 제19권 1호, pp. 381~404.

이대환(2016), 《박태준 평전》, 아시아.

이재열(2007), "한국사회의 질(social quality)의 변화와 전망", 정운찬·조흥식 편, 《외환위기 10년, 한국사회 얼마나 달라졌나》, 서울대학교 출판부.

_____(2019), 《사회의 품격》, 21세기북스.

이재열 외(2015), 《한국 사회의 질: 이론에서 적용까지》, 한울아카데미.

조동성·안세연·강민(2009), "공기업 민영화와 기업 지배구조: 포스코 민영화", 〈경영교육연구〉, 제13권 1호.

조성식·김보영(2011), "SPICE 모델을 적용한 윤리적 조직문화 형성: 포스코 파워 윤리경영 실천 프로그램 구축사례", 〈POSRI 경영경제연구〉, 제11권 3호.

최동주(2011), "내용분석을 통한 청암 박태준의 가치체계 연구: 허만(Hermann)의 리더십 특성 연구방법을 중심으로", 〈한국정치외교사논총〉, 제33권 1호, pp. 405~436.

함시창·유승민(2000), "민영화 공기업의 기업지배구조에 대한 연구", 〈성곡논총〉, 제31권 2호, pp. 1~49.

Aßländer, M. S. & Curbach, J. (2014), "The Corporation as Citoyen? Towards a New Understanding of Corporate Citizenship", *J Bus Ethics*, *120*, pp. 541~554.

Bartlett, B. & Meltzer, D. (2016), *Compassionate Capitalism: A Journey to the Soul of Business*, Pasadena, CA: Best Seller Publishing.

Kaletsky, A. (2010), *Capitalism 4.0*, 위선주 역(2011), 《자본주의 4.0》, 컬처앤스토리.

Kim, W. C. & Mauborgne, R. (2017), *Blue Ocean Shift: Beyond Competing,*

Pan Macmillan UK.

Mirvis, P. H. & Googins, B. K. (2006), *Stages of Corporate Citizenship: A Developmental Framework*, Center for Corporte Citizenship at Boston College Monograph, Chestnut Hill, MA: Boston College.

Moon, S. H. & Park, Y. R. (2017), "POSCO's Growth History and Stakeholders' Interests", 〈경영사학〉, 제 32집 1호, pp. 107~138.

Porter, M. (2006), "Strategy & Society: The Link between Competitive Advantage and Corporate Social Responsibility", *Harvard Business Review, 84*(12), pp. 78~92.

Porter, M. & Kramer, M. (2011), "Creating Shared Value: How to Reinvent Capitalism and Unleash a Wave of Innovation and Growth", *Harvard Business Review, 89*(1/2), pp. 62~77.

Sandel, M. (2009), *Justice: What's the Right Thing to Do?*, 이창신 역(2010), 《정의란 무엇인가》, 김영사.

Sisodia, R., Sheth, J., & Wolfe, D. (2014), *Firms of Endearment: How World-Class Companies Profit from Passion and Purpose*, Second Edition, New Jersey: Pearson Education.

Sison, A. J. G. (2009), "From CSR to Corporate Citizenship: Anglo-American and Continental European Perspectives", *Journal of Business Ethics, 89*, pp. 235~246.

Weber, L. (2014), *Business and Society: Stakeholders, Ethics, Public Policy*, Strayer University, McGraw-Hill.

Zadek, S. (1998), "Balancing Performance, Ethics, and Accountability", *Journal of Business Ethics, 17*, pp. 1421~1442.

4

기업생태계 공진화를 위한
비밀코드: 기업시민운동

윤정구

이화여대 경영학과

빨리 가려면 혼자 가고 멀리 가려면 동행을 구해라.

— 아프리카 속담

아침마다 빨래하고 옷 입는 일을 끝냈다면
다음은 지구를 가꾸는 일에 시간을 내는 것이
인간의 기본적 도리야.

— 《어린왕자》 중에서

1. 기업시민운동

2011년 9월 중순, 세계 금융의 중심지 맨해튼 월가에는 짙은 암운이 감돌기 시작했다. 탐욕스런 경영자들을 퇴출시키려는 시위가 암암리에 조직되고 있었다. 시위대의 구호는 "월가를 점령하라occupy Wall Street"였다. 2011년 9월 17일 토요일 주코티공원에서 밤을 샌 시위대는 월요일 아침 드디어 거리로 나섰다. 이후 시위는 걷잡을 수 없이 번지기 시작해 워싱턴 D. C. , 보스턴, 필라델피아, 샌프란시스코, 로스앤젤레스 등 100여 개 도시로 이어졌다. 10월 1일 시위에서는 "미국 상위 1%의 부자에 대항하는 99% 미국인들의 입장"이라는 구호가 등장했다. 곧이어 "상위 1%가 미국 전체 부의 50%를 장악하고 있다"는 양극화 구호도 등장했다. 시위는 국제적으로도 반향을 일으켜, 세계 1,500개 도시로 확산됐다. 이들 시위가 묻고자 한 질문의 핵심은 도대체 "이게 기업이냐?"는 것이었다.

대한민국의 광화문광장에서도 2016년 10월 중순, 비슷한 운동의 조짐이 일기 시작했다. 2016년 10월 12일에는 문화예술계 블랙리스트 사건의 내막이 밝혀진다. 이 사건으로 박근혜 대통령이 이끄는 국가가 문화인들을 감시하고 있었다는 사실이 알려졌다. 그리고 대한민국의 대표적인 재벌 대기업들이 이 블랙리스트의 주범 격인 최순실이란 인물의 문화사업에 거액의 준조세를 상납했음이 밝혀진다. 사람들이 삼삼오오 촛불을 들고 광화문광장에 몰려들기 시작했다. 2016년 10월 29일과 2016년 11월 5일에 있었던 1, 2차 촛불집회에서는 이 사건의 장본인으로 지목된 박근혜 대통령의 자발적인 사임을 요구한다. 이런 요구가 관철되지 않자 2016년 11월 12일과 19일 3, 4차 집회의 규모는 더욱 커졌다. 11월 26일 5차 집회에서는 박근혜 대통령의 자발적 하야 요구를 넘어 탄핵을 해야 한다는 쪽으로 여론이 바뀌었다. 촛불집회는 2017년 4월 29일에 거행된 23차 집회까지 주최 측 추산 총 1,689만 4,280명의 인원을 동원했다.[1] 광화문 촛불집회에 참여한 사람들이 일관되게 던진 질문도 "이게 나라냐?"라는, 국가에 대한 정체성 질문이다. 이 질문에 묻혀 겉으로는 드러나지 않았지만, 촛불운동이 던진 또 다른 핵심 질문은 월가 시위대가 던진 질문과 맥을 같이한다. 국가의 통치활동에 꼬박꼬박 준조세를 바쳐 가며 기업의 생존을 유지해 온 재벌 대기업들에게 국민들은 "이게 도대체 기업이냐?"라는 질문을 던졌다.

변화가 상수가 된 세상 속에서 기업이든 국가든 혼돈의 도가니 속에 비일비재하게 빠져든다. 마치 사막 속에서 길을 잃는 상황과 비슷하다. 사막에서는 어제 최신 업데이트된 지도를 만들어 놓았다 하더라도 밤이 되면 모래바람이 불어와 지형을 바꾼다. 바뀐 지형에서는 어제 업데이트한 지도도 무용지물이다. 이런 상황에서 필요한 것은 지도가 아니라 현재 자리한 방향과 지점을 제대로 알고 그때마다 새로운 지도를 만들어 나갈 수 있게 할 수 있는 나침반이다. 나침반 없이 사막을 여행하는 것은 무모한 일이다.

---

1 https://ko.wikipedia.org/wiki/박근혜_대통령_퇴진_운동

2011년 월가나 2016년 광화문의 시위대는 바로 사막에서 길을 잃었는데 나침반이 없다는 것을 알아차린 이들이다. 나침반을 찾아 나선 사람들이 공통으로 던지는 질문은 정체성에 대한 질문이다. 사람들은 혼돈의 중심부에 던져지면 자신들의 정체성을 찾아 나선다. 시위대를 조직하든지, SNS를 동원하든지, 어떤 방식으로든 새로운 정체성에 대한 질문을 던지고, 새롭게 정의된 정체성을 중심으로 내재적이고, 미시적이고, 자생적으로 새로운 질서를 조직해 나간다 (Lawler, Thye, & Yoon, 2015). 이 새로운 질서의 끌개이자 씨앗은 새로운 맥락에 맞는 정체성이다. 미시적, 자생적 질서를 조직해 내는 과정의 핵심은 새 정체성을 중심으로 자신을 재정의하는 과정self defining process이다.

기업시민운동도 결국 기업들이 혼돈의 와중에서 자기정체성을 재정의하고 기업생태계 질서를 자기조직화하는 과정에서 파생된 것이다. 월가 시위를 통해서 제기된 문제의 핵심은 지금까지 가지고 있던 기업의 정체성은 새로운 기업생태계의 질서를 조직하는 과정과는 맞지 않는다는 것이다. 기업들의 기존 정체성의 철학적 배경이 된 것은 시장 안에서의 무한경쟁을 통해서 가장 효율적이고 강한 승자를 찾아내고 이들을 육성하자는 신자유주의였다. 그러나 신자유주의는 이들의 철학적 주장과는 달리 양극화와 기울어진 운동장을 만들어 냈다. 이러한 환경은 탐욕을 가진 기업들에게 밀랍으로 겨드랑이에 붙여진 이카로스의 날개를 달아 주었다. 신자유주의라는 이카로스의 날개를 달고 태양을 향해 날아오르던 기업들은 강렬한 태양에 눈이 멀어 비전을 상실하고 설상가상으로 밀랍으로 봉한 날개마저 떨어져서 추락한다. 이 추락으로 지금까지 기업들을 작동시켜 온 정체성과 거버넌스의 정당성에 대한 근원적 회의가 생기기 시작했다. 월가 시위는 정당성 있는 기업의 정체성을 다시 정의해 내라는 준엄한 명령이었다. 새롭게 드러나고 있는 기업생태계에 맞춰 기업이 실제로 존재해야 하는 이유를 찾아내고 이를 기반으로 새로운 정체성을 마련하라는 명령인 것이다. 한마디로 기업들이 해결해야 할 가장 큰 고민은 어떤 새로운 정체성으로 정당성의 위기를 극복할 것인가이다.

2. 이카로스 날개의 상징 엔론

신자유주의라는 이카로스의 날개를 달고 태양을 향해 날다가 추락한 첫 번째 사례로 등장하는 회사가 엔론Enron이다. 엔론은 사람들을 월가 시위로 불러낸 시발점이다. 이들은 어떻게 반기업 정서의 주범으로 등장하게 되었을까? (윤정구, 2015, pp. 25~27)

엔론은 2001년 말 회계장부 조작이 발각되기 전까지 〈포춘〉지가 5년 연속으로 가장 혁신적이고 사회적 기여를 많이 하는 기업시민의 대명사로 치켜세운 기업이다. 1985년 네브래스카의 천연가스 공급업체인 인터노스와 텍사스 내추럴가스의 합병으로 만들어진 엔론은 1980년대 후반까지는 천연가스 공급회사로서 파이프라인을 확보하고 독립적으로 가스를 개발·공급하여 명성을 얻었다. 2000년 매출액은 약 1천만 달러로 〈포춘〉 글로벌 500대 기업 순위에서는 16위, 미국 내 기업순위에서는 7위를 차지하는 회사로 성장한다.

엔론의 성장은 닷컴기업이 유행한 1990년대 초반 비즈니스 모형의 변신과 깊은 관련이 있다. 엔론은 에너지를 직접 개발해 파는 굴뚝형 에너지 개발회사에서 온라인상에서 에너지 거래를 통해서 수익을 창출하는 e-비즈니스 사업의 총아로 거듭난다. 엔론의 새로운 비즈니스 모형은 2001년 3사분기 실적이 발표되기까지는 모든 면에서 완벽해 보였다. 〈포춘〉지는 세계에서 가장 존경받는 기업 순위에 엔론을 올리고, 창업자 케네스 레이Kenneth Lay를 미국을 이끄는 최고의 경영자 25명 중 한 명으로 치켜세운다. 영국의 〈파이낸셜타임스〉지도 2000년 세계 최고의 에너지 기업으로 엔론을 거론한다. 하버드대의 바틀렛 교수는 "최고경영자 스킬링과 레이는 기업가적 행동양식이 돋보이는 새 비즈니스 모형을 창출했다"고 치켜세웠고, 컨설팅업계의 총아로 떠오르던 하멜은 "엔론은 무한 성장이 가능한 e-비즈니스 모형을 창출한 선구주자다"라고 극찬했다. 1991년에서 2000년까지 주가상승률은 1,400%로, S&P 500 평균 주가상승률인 380%의 무려 3.7배나 됐다.

엔론의 사업은 크게 3개 부문으로 나뉜다. 에너지 중계, 에너지 유통, 통신사업이 그것이다. 매출액 비율로 보면 중계가 약 970억 달러, 유통이 약 27억 달러, 통신사업이 9억 달러에 해당한다. 문제는 e-비즈니스 모형에 기반을 둔 에너지 중계와 파생상품 거래에서 발생했다. e-비즈니스 모형을 구현하기 위해서 엔론 온라인을 설립하여 여기에서 인터넷으로 가스, 철강, 목재 등을 페이퍼 트레이딩하기 시작했다. 에너지를 기초자산으로 거래해서 대박을 터뜨린 엔론 온라인은 거래품목을 다양한 금융파생상품으로까지 확대한다. 심지어는 날씨를 담보로 한 파생상품을 만들어서 거래하기도 한다. 새로운 금융상품을 만들어 내기 위해 최고의 비즈니스스쿨에서 한해에 250명씩 MBA 출신을 특채해 간 이들은 본연의 사업보다는 페이퍼 거래를 통한 머니게임으로 돈 버는 재미에 흠뻑 빠져들기 시작했다. 1996년 132억 달러에 해당하던 매출은 2000년 1,008억 달러로 신장되어 매년 평균 66%의 신장률을 기록한다. 이 덕분에 엔론의 주가는 파산 직전 90달러까지 치솟는다. 그러나 이와 같은 매출신장은 결국 회계조작에 의한 것임이 밝혀진다.

회계장부상의 이상 징후는 이익률에서 드러나기 시작했다. 엄청난 매출신장에 비해 이익률이 터무니없이 급감한 것으로 보고되었기 때문이다. 매출액이 급성장한 1995년에서 2000년 사이에 자기자본이익률ROE이 반 토막으로 곤두박질쳤다. 설상가상으로 해외투자사업이 총체적 부실로 판명되고 2001년에는 10억 달러의 자산이 숨겨진 부채인 것으로 판명돼 엔론의 회계투명성은 더욱 의심받게 되었다. 한편, 엔론 이사회는 회사와 내부거래관계로 부당이득을 챙기던 사람들로 장악되어 있어서 회계부정을 감독할 입장이 아니었다. 한술 더 떠서 회계감독을 책임지고 있던 아서 앤더슨은 이와 같은 경영진 내지는 이사회 임원들과 짜고 회계장부 조작을 눈감아 주는 대가로 거액의 컨설팅비를 챙겨 갔다.

이처럼 회사가 점점 파국으로 치닫고 있을 때 경영진의 행보는 더욱 가관이었다. 회사가 청산하기 직전인 2001년 1월에서 7월까지 케네스 레이 회장은 2억 5천만 달러어치, 최고경영자 제프 스킬링 Jeff Skilling은 1,750만 달러어치의 주식을 팔았고, 내부 상황의 심각성을 눈치챈 다른 경영진과 큰손 투자자들도 주식을 몰래 팔아 치웠다. 이렇게 회사 경영진들은 회사가 파산한다는 것을 미리 알고 주식을 다 처분한 상태였던 반면, 퇴직금의 60% 정도를 자사주에 투자한 2만여 명의 종업원들만 휴지 조각으로 변한 주식을 떠안고 거리로 나앉는 신세가 되었다. 경영진은 오히려 자신이 주식을 다 팔 때까지 종업원에게 회사가 안전하다는 것을 확신시키는 데 주력했다는 증언도 있다. 한마디로 종업원들은 자신이 다니던 회사에 사기를 당한 것이다. 이들은 파산보호 신청을 하루 앞두고 500명의 고위직원과 11명의 임원에게 상상을 초월하는 거액의 특별 상여금을 지불하기에 이른다.

엔론은 정계 로비에도 뛰어난 수완을 보였다. 회장 케네스 레이는 조지 부시George W. Bush가 주지사와 대통령 선거를 치를 때 가장 많은 정치자금을 낸 사람으로도 유명하다. 대통령 선거 당시에는 50만 달러를 기부한 것으로 알려져 있다. 다른 경영진도 회계부정을 숨기기 위해서 적극적인 정계 로비활동에 동참했다. 특히 딕 체이니 부통령과 칼 로브 대통령 정치고문은 에너지 정책과 관련해서 엔론의 간부들과 수시로 접촉한 것으로 알려져 있다. 결국 스캔들이 발각되자 부시는 자신이 레이 회장의 로비를 받았다는 사실을 부인하였지만, 이를 믿는 사람은 아무도 없었다.

결국 엔론은 경영자와 이사진, 회계감리회사가 합작해서 회계장부의 진정성을 왜곡한 대가로 주주에게 630억 달러, 채권자에게 176억 달러, 파생상품 거래자에게 40억 달러라는 거대한 손해를 입히고 파산되었다. 손해금액만 따지면 작은 나라의 GDP와 맞먹는 금액이다. 한마디로 한 나라에 버금가는 부가 하루아침에 사라진 것이다. 이후 케네스 레이 회장은 종신형 선고를 며칠 앞둔 2006년 7월 5일 심장마비로 돌연 사망한다. 그리고 최고경영자 제프 스킬링은 24년 4개월 형을, CFO 앤드류 파스토우Andrew Fastow는 10년 형을 선고 받았다.

아이러니하게도, 1985년에 회사를 설립해 2001년 파산하기까지 16년 동안 공들여 쌓은 최고의 명성이 회계부정으로 무너지는 데에는 2개월이 채 걸리지 않았다. 엔론은 자본가의 탐욕의 대가로 엔론 생태계를 구성하던 많은 사람들에게 상처를 주고 세상에서 자취를 감추었다. 결국 케네스 레이 회장을 비롯해 모든 사람이 희생자였지만, 그중 가장 큰 희생자들은 회사를 믿고 퇴직연금을 투자한 종업원들과 아무런 정보 없이 속수무책으로 사기당한 소액주주들, 그리고 남들이 다 뛰어들기 시작한 파생상품 거래에 뒤늦게 빠져든 투자자들이다.

3. 기업의 존재 정당성에 대한 요구

엔론 경영철학의 기반은 신자유주의였다. 신자유주의는 경제가 조직되는 거버넌스를 시장에서의 자유경쟁과 그에 의해서 결정되는 가격 구조에 두고 있다. 그리고 시장에서의 자유경쟁이 제대로 작동하기 위해서는 시장에 대한 규제가 혁파되어야 한다고 전제한다. 신자유주의는 시장에서 모든 정보들이 투명하게 공유된다는 가정을 전제로 한다. 하지만 엔론이 그랬듯이, 기업들은 내부 정보를 감추는 대신 상대에게는 정보의 투명성을 요구하여 정보의 비대칭성을 극대화하는 방식으로 자신들의 탐욕을 챙겼다. 시장에서 정보의 비대칭성은 자신의 약점은 감추고 강점은 포장하는 대신 상대의 약점을 골라 공격함으로써 자신의 힘을 키우는 것을 가능하게 했다. 기업들은 이런 방식으로 시장 경쟁에서 얻은 승리를 시장의 검증 과정에서 얻은 땀의 결과sweat equity처럼 포장했다. 자신의 가치는 실체가 없음에도 불구하고 회계장부를 조작하는 방식으로 시장에 공시해 엄청난 가치를 가진 기업으로 행세했다.

정보의 비대칭성을 이용한 시장에서의 사기행각이 쉽게 먹혀들자 이들의 탐욕은 고삐 풀린 망아지와 같았다. 이런 자본가들은 시간이 오래 걸리는 생산과 노동을 통한 신성한 가치창출보다는 파생상품 거래와 같이 단시간 내에 돈 놓고 돈 먹는 페이퍼 머니게임을 즐긴다. 돈 놓고 돈 먹는 게임에서는 돈 이외에 다른 고상한 가치가 있을 수 없다. 이렇게 돈 자체가 최고의 가치인 세계에서는 장기적 가치

창출이란 있을 수 없고 단기적 실적을 많이 내기 위한 경쟁만이 최고의 전략으로 강요된다. 특히 단기적 성과를 내는 방법으로 스스로 통제할 수 없는 매출을 늘리기보다는 비용을 털어 버리는 수단이 주로 동원된다. 마음대로 해고할 수 있는 종업원들은 단기적 성과를 내기 위한 최고의 먹잇감이다. 이들을 해고해서 단시간 내에 비용을 최소화하면 재무제표상 단기성과를 만들어 주가를 띄울 수 있기 때문이다. 경영진이 단기적 성과와 주가상승으로 최대의 인센티브를 거머쥐는 동안 종업원들은 해고되어서 새로운 직장을 찾아 거리를 헤매는 아이러니가 이들 신자유주의 세계에서 가진 자들이 벌이는 게임의 규칙이 된다. 탐욕에 도취한 경영진은 결국 능력 있는 종업원들이 다 빠져나가 회사가 무너질 때가 되면 구조조정의 귀재라는 명함을 달고 연봉을 천문학적 숫자로 올려 다른 회사로 옮겨 간다.

　이런 탐욕적 경영자는 자신의 이득만을 위해서 아무것도 모르고 열심히 일한 직장인들의 땀의 신성함을 억지로 외면해 가며 탐욕을 전도하였다. 이들은 돈이 최고의 가치인 신자유주의 세상에서 성공하기 위해서는 어떻게든 남을 딛고 일어나야 한다고 가르쳤으며, 돈을 많이 버는 노하우를 제공하거나 최고의 경쟁전략을 제시할 수 있는 사람을 최고의 경영 컨설턴트로 대우하고 이를 종업원들에게도 강요했다. 이들은 사람들이 왜 돈을 벌어야 하는지를 사유하지 못하게 의도적으로 막아 놓고 종업원들을 돈 버는 기계로 전락시켰다. 이들이 추앙하는 자유경쟁시장은 자신들이 일어 낸 성과를 세탁하는 장소에 불과했다.

신자유주의에 물든 경영자들이 자주 쓰는 전략이 유사기업시민행동pseudo corporate citizenship behavior이다. 이들은 자신들의 은밀한 탐욕을 숨기기 위해서 자선단체에 거액을 기부하거나 심지어는 지속가능경영 보고서를 조작한다. 이런 경향을 반영하듯 내부적으로 문제가 있는 기업들이 기업시민행동에 더 많은 돈을 쓴다는 연구결과도 있다.2 이들이 동원하는 기업시민행동은 자신의 탐욕을 숨기기 위한 위장막이다.

시장에서의 무한경쟁을 강조하는 신자유주의 이념은 자본주의를 키우기보다는 경영자의 사욕을 챙기는 도구로 사용되었다. 곪았지만 숨겨 온 환부가 터진 직접적 계기는 엔론 사건을 계기로 만들어진 사베인스-옥슬리Sarbanes-Oxley법이다. 이 법을 통해 회계장부를 검증하기 시작하자 미국의 거의 모든 기업들이 회계장부를 조작하고 있다는 사실이 밝혀졌다. 특히 거대기업들은 상상을 초월하는 수준으로 은밀하게 회계장부를 조작해 왔다. 결국 2000년대 들어서 기업의 회계부정이 봇물처럼 터지기 시작하고, 이로 인해 회사들의 줄도산이 이어진다. 2001년 파산을 신청한 엔론을 선두로, 2002년에는 아델피아, AOL, CMS에너지, 브리스톨-마이어스 스퀴브, 머크사, 타이코 인터내셔널, K-마트, 메릴린치, 퀘스트 커뮤니케이션, 월드컴 등, 2003년에는 파말라트와 노텔, 2004년에는 치퀴타 브랜드 인터내셔널과 AIG에서 회계부정이 발각되었다. 이와 같

2 https://www.investopedia.com/terms/w/windowdressing.asp

은 장부조작 릴레이는 2010년 리먼 브라더스의 파산으로까지 이어진다. 2008년 세계를 고통으로 몰아넣은 경제위기의 주범은 신자유주의를 자신의 탐욕의 수단으로 사용한 미국의 경영자들이었다.

회계는 한 회사의 경영활동에 대한 총체적 정보를 내·외부에 공시하는 활동이다. 회사의 이해관계자들은 이 정보의 진실성을 바탕으로 회사에 대해 이해하게 되고, 이러한 이해를 기반으로 향후 회사와의 미래지향적 관계를 설정한다. 경영자가 이 정보에 대한 접근의 비대칭성을 이용하여 회사 경영활동의 약점을 숨기고 강점만을 부각해서 제공하는 것은 다양한 이해관계자들에 대한 사기행각으로 이어진다.

4. 기업의 사회적 책임과 기업시민운동

정당성이 부정된 기존의 기업 개념을 새롭게 정의하라는 요구는 그간 오랫동안 논의되어 왔지만 이론적 수준에서 머물러 있던 기업의 사회적 책임CSR이라는 이슈에 주의를 환기시켰다. 그리고 CSR에 대한 논의를 실천적 관점에서 재조명한 결과가 바로 기업시민에 대한 논의이다.

캐롤Archie B. Carroll은 기업의 사회적 책임활동의 수준을 경제적economic, 법적legal, 윤리적ethical, 박애적philanthropy 등 4단계로 나눈다(Carroll, 1979; 1987). 경제적 단계의 사회적 책임은 최소한 평균 이상의 임금을 주어 종업원의 생계를 책임지고, 사회적 공적 자금이 투입되지 않도록 하는 것을 말한다. 법적 책임은 사회적 맥락에서 법적 손해를 끼치지 않는 행동을 말한다. 환경을 오염시키는 폐수나 기름을 유출하지 않는 것처럼 법으로 정한 테두리 안에서 정당하게 기업을 운영하는 것이다. 윤리적 책임은 법으로는 정해져 있지 않은 회사와 사회 간의 암묵적 계약을 지켜 나가는 행동을 말한다. 종업원이나 납품업자 등 기업의 이해관계자들과의 공정한 계약을 지켜 나간다든지, 환경을 보존한다든지, 시민들의 기본권을 존중한다든지, 소비자 권익을 보호하는 등의 행동이 여기에 해당된다. 다시 말해, 시민들의 기본권이나 환경을 지키려는 적극적 입장이라고 할 수 있다. 이제까지의 단계가 수동적인 기업의 사회적 책임활동이라면 마지막 박애적 단계는 회사가 사회를 구성하는 시민으로서 자발적으로 공동체의 복지를 위해서 공헌하는 행동을 말한다. 사회를 위해서 자신의 역량을 기부한다든지, 노동력을 제공한다든지, 공동체에 도움이 되는 프로그램을 운영하는 것이 그 예이다. 이는 그렇게 행동하지 않아도 아무도 윤리적이지 않다고 비난하지 않지만 기업이 스스로 자신의 사명에 근거해 자발적으로 기여하는 행동이다.

신자유주의 패러다임의 창시자라고 불리는 프리드먼Milton Friedman 은 윤리적 관습이나 법제화된 사회적 규범을 지켜 가며 부의 극대화를 추구하는 활동이 기업의 목적이라고 설명했다(Friedman, 1970). 프리드먼의 입장에서 보면, 기업에게 경제적, 법적, 윤리적 책임을 요구하는 것은 기업의 목적에 부합하지만, 박애적 단계까지 요구하는 것은 무리이다. 이러한 신자유주의 입장은 기업활동이 공동체에 뿌리를 내리고 있다는 사실을 간과한 것이다. 기업은 사회적 공동체의 일원으로서 존경받을 때만 영속적으로 이윤을 추구할 수 있다. 단순한 이윤추구를 넘어서 기업이 존재하는 이유인 사명에 기반한 기업활동을 설파할 수 있을 때 구성원들의 전폭적 지지와 신뢰를 받을 수 있다. 신자유주의로 무장한 경영자들의 탐욕이 어떤 결과를 초래했는지를 아는 지금 상황에서 프리드먼의 논리를 받아들이는 학자들은 거의 존재하지 않는다. 또한 CSR의 정수는 기본적 단계를 넘어선 박애적 단계의 사회적 책임 활동에 있다는 점에 대해서 대부분 동의한다. 이런 박애적 활동을 통해 기업은 자신의 사명을 구성원들에게 정확하고 구체적으로 설파할 수 있다.

수재의연금이나 장학금을 내는 등의 활동을 통해 박애적 단계를 실천한다고 생각하는 기업들은 CSR을 잘못 이해한 경우이다. 박애적 단계의 모범적 기여활동은 기업의 서비스나 재화를 경제적, 사회적 이유로 체험할 수 없는 소외된 고객군에게 제공해 도움을 주는 것이다. 이런 점에서 대교, 현대카드 등은 좋은 사회적 책임활동의 대표적 예라고 볼 수 있다. 대교가 보유한 기업으로서의 큰 강점은 '눈높이 교육'이다. 대교는 학생이지만 교육받을 시간적 여유가 없는 소외된 운동선수들에게 회사의 가장 큰 핵심역량인 눈높이 교육을 무상으로 실시하고 있다. 현대카드는 핵심고객인 제2금융권을 이용하는 서민들을 위해 이들이 이용하는 버스정류장에 자신들이 가장 잘할 수 있는 디자인 역량을 발휘해 보다 세련된 버스정류장을 시에 기부함으로써 서민들이 문화적 취향을 즐길 수 있도록 했다.

사회적 책임활동을 단지 수단적 이유 때문에 도입하는 것은 회사의 존재 이유를 밝히는 데 도움이 되지 않는다. 경쟁사에게 뒤처지지 않기 위해, 경제적, 법적, 윤리적 책임을 면하기 위해, 회사의 이미지를 제고하여 판매를 늘리기 위해, 혹은 주가나 재무적 자산가치를 높이기 위해 사회적 책임활동을 하는 것들이 그 예이다.

이해관계자의 관점에서 사회적 책임활동을 정의하려는 연구들이 프리먼Edward Freeman을 중심으로 제시되고 있다(Robert & Freeman, 2003; Freeman, 1984; Donaldson & Preston, 1995; Mitchell, Agle, & Wood, 1997). 이해관계자의 관점은 누구를, 무슨 이유로 이 회사의 과거, 현재, 미래 지분을 가진 사람으로 볼 것인지의 논쟁이다. 전통적 이해관계자는 종업원, 고객, 경영진, 주주, 공급업자였다. 하지만 이해관계자 관점의 사회적 책임활동은 이해관계자의 외연이 이보다 더 확대되어야 제대로 된 CSR을 할 수 있다고 지적한다. 여기에는 정부, 노동조합, 정치단체, 연합회, 직간접적으로 관련된 회사와 기관들, 미래의 잠재고객, 일반시민, 미래의 종업원, 심지어는 경쟁자까지도 포함시켜야 한다는 입장이 지지를 얻고 있다. 즉, 비즈니스 생태계의 플랫폼을 공유하는 구성원 전체가 이해관계자가 될 수 있다는 것이다.

또한 지금까지는 이해관계자들을 서로의 이익을 관철시키고자 하는 협상과 권력게임의 대상으로 보았다면, 최근에는 이해관계자들 간의 협동과 협업을 통해서 어떻게 서로가 권력을 늘려 나갈 것인가의 관점에서 보아야 한다는 주장이 제기되었다. 기업의 환경은 기업 플랫폼 생태계의 환경으로 편입되고 있다. 같은 생태계에서 플랫폼을 공유하는 회사는 겉으로 보기에는 경쟁자처럼 보이지만 따지고 보면 같은 플랫폼의 도움을 받아 사업을 펼치는 잠재적 파트너이다. 이러한 관점에서 기업의 사회적 활동의 외연이 확대되고 있다.

기업시민에 대한 논의는 CSR 논의를 보다 실천적인 차원에서 다시 제기한 것이지만 정치학자들은 이런 실천의 차원을 넘어서 기업의 사회시민으로서의 고유하고 적극적인 역할을 요구하고 있다(조대엽, 2007; Moon, Crane, & Matten, 2005; Matten & Crane, 2005). 세계화 추세에 따라 정부의 역할이 축소되고 국가가 수행하던 역할의 상당 부분을 기업들이 전수받아서 수행하는 현상도 기업의 시민으로서의 역할 기대를 키웠다. 글로벌 기업들의 외연은 많은 국가를 내포하고 있다. 따라서 글로벌 기업들은 국가의 경계를 넘어선 표준을 설정하고 다양한 이슈에 대해서 요구할 수 있는 힘을 가지고 있으며, 이 힘을 추동력으로 국가와 국가의 경계를 넘어서 기업시민의 철학과 관행을 전파할 수 있다.

한 국가 안에서도 기업은 사내 민주주의를 통해 국가의 민주주의를 풀뿌리 수준에서 전파하기도 하고, 무자비한 시장의 경쟁논리에 스스로 제동을 걸어 가며 상생을 추구하기도 한다. 국가의 공공강제력이 퇴조한 빈 공간에 사회적, 정치적, 문화적 가치를 창출하는 주체적 역할을 확대해 가고 있는 것이다. 기업시민에 대한 다양한 생각과 철학은 이런 현실을 반영한 것이다. 기업의 시민으로서의 역할을 더 적극적이고 주도적으로 확대 조정하여야 한다는 논의가 기업시민 논의의 핵심이다. 이 새롭게 요구되는 기업시민이 담당하는 공공성에는 지역공동체를 위한 일자리 창출, 파트너 기업이나 업체들과의 상생경영, 공익재단 설립을 통한 사회적 가치 실현, 국제기준에 따른 인권 실천, 사적복지기관으로서의 역할, 탄소배출 및 환경지킴이로서의 주도적 역할 등이 포함된다. 한마디로 기업시민은 국가와 시장 사이의 문제를 개입하고 중재하고 조정하는 거버넌스의 주체자로서의 역할을 담당한다. 기업시민은 기존의 수동적이고 자신의 이익만을 극대화하는 탐욕의 정체성을 벗어나 새롭게 복원된 정체성을 가진 주체로 탈바꿈하고 있다. 기업시민은 새로운 미래를 만드는 사회의 파트너이다.

기업시민에 대한 요구는 기업과 사회 간 심리적 계약의 변화를 요구한다. 기업은 확장된 공공성의 역할에 헌신함을 통해 사회에 대해 정당한 시민으로서의 자격을 요구한다. 사회는 공공성에 대한 대가로 기업의 정당성을 지지해 준다. 기업은 사회에 도움이 되는 사회적 가치를 창출해 주고 대신 사회로부터 새로운 정체성에 대한 정당성을 인정받는다. 이런 계약관계는 기업과 사회가 서로에게 재화를 팔고 이에 대해 적정한 가격을 치르는 명시적 계약의 밑동에 해당된다. 기업시민으로서의 심리적 계약이 지켜지는지의 문제는 기업과 사회 간 거래에 대한 신뢰 기반이 된다. 심리적 계약이 지켜질 때 명시적 계약이 이행되는 거래비용은 최소화된다. 기업과 사회 모두에게 이득이다. 또한 이런 계약이 충실하게 이행된다면 기업은 정당성의 위기를 극복하고 존경받는 시민의 일원으로 자연스럽게 받아들여질 것이다. 이런 관계는 결국 기업의 지속가능성이라는 숙제를 풀어 줄 것이다.

국가가 해결할 수 없었던 문제를 기업들의 시민행동으로 해결한 대표적 사례로 미국 화장품회사인 에스티 로더Estee Lauder의 핑크리본 캠페인을 들 수 있다. 에스티 로더의 캠페인은 유방암에 대한 인식을 고취하고 조기검진의 필요성을 알리기 위해서 1992년에 처음으로 기획되었다. 처음에는 자사 고객에게 자가 진단카드와 핑크리본을 나눠 주는 것으로 시작되었지만 2010년에는 1억 1천만 개 이상의 핑크리본이 70여 개국에서 배포되었다. 이 기업운동은 식품업체, 항공사, 의류업체 등 에스티 로더의 생태계를 구성하는 다양한 협력기업들에게까지 확대되었다. 참여기업들은 자사의 서비스와 상품에 핑크리본을 부착한다. 이 핑크리본이 부착된 상품에서 발생한 수입은 여성들의 건강의식을 고취하는 기금으로 지원되거나 유방암 연구재단의 연구기금으로 기부된다. 기부금만 해도 지금까지 4,500만 달러를 기록했다. 여성의류업체인 앤 클라인Anne Klein은 기부목표액인 2만 5천 달러를 핑크리본 캐시미어 스웨터를 자체 개발해 달성했다. 3M에서는 핑크 제품으로 포스트잇을 출시했고, 캠벨도 핑크리본 수프를 출시하였다. 델타항공Delta Airlines은 비행기를 핑크색으로 장식했으며, 승무원이 핑크색 유니폼을 입고 핑크색 레모네이드를 서비스히는 이벤트도 개발했다. 델타항공의 핑크리본 캠페인은 70여 개국에 걸쳐 총 20억 명이 넘는 여성들에게 도움을 준

것으로 보고되었다. 처음부터 이것을 의도한 것은 아니었지만 결과적으로 에스티 로더는 존경받는 기업시민으로 엄청난 명성을 축적하였다. 아마 이것을 자사의 상품 브랜드 가치로 환산한다면 그 가격은 추정할 수 없을 정도일 것이다.

5. 기업의 목적과 기업시민운동

기업시민에 대한 논의는 기업이 존재하는 이유를 설명해 주는 기업의 목적이나 사명과 연계되어서 실천되지 않으면 제도적으로 디커플링decoupling을 겪게 된다(Meyer & Rowan, 1977; 1978; Delucchi, 2000; Westphal & Zajac, 2001; Elsbach & Sutton, 1992; Hallett, 2010). 기업이 천명한 사명이나 목적은 이것으로 정당한 기업시민 자격을 취득하겠다는 기업의 의도를 표명한 것이다. 사명은 기업시민으로서 이런 의무를 충실하게 이행하겠다는, 사회를 대상으로 천명한 계약이다. 이런 의도를 구현하는 작업과 상관없이 단지 남들이 다 하니까 조직생태계에서 살아남기 위해서 기업시민에 관한 프로그램을 채용한다면 디커플링은 가속화된다. 기업시민행동에 대한 제도적 압력은 경쟁사는 하는데 자신만 안 할 경우 이에 대한 압력 때문에 할 수 없이 따라하는 경우, 정부나 국제인증기관(ISO 14000, SA 8000, ISO 26000, Global Reporting Initiative)의 요구 때문에 하는 경우, 자신들이 속해 있는 협회나 학회가 일반적 기준으로 설정했기 때문에 하는 경우를 들 수 있다(Weber, 1978; 1976; DiMaggio & Powell, Eds., 1991). 이처럼 자신이 왜 기업시민으로 나서게 되었는지에 대한 내재적 동기가 없는 상태에서 제도적 압력 때문에 기업시민행동에 동참했다면 이해관계자들은 이런 기업을 유사기업시민으로 규정한다. 기업시민행동에 진정성이 의심되는 경우이다.

기업시민을 위해 도입한 모든 프로그램이나 장치가 그냥 포장이라고 받아들여지면 진정성을 상실하고 결과적으로는 초기에 획득했던 기업으로서의 정당성도 상실한다(윤정구, 2018). 제도적 압력에 직면해서 정당성을 확보하기 위해서 시작한 일이지만 사명을 구현한다는 진정성 있는 스토리가 거세된 기업시민행동은 오히려 당사자 기업의 정당성을 파괴하는 부메랑이 된다. 기업시민으로의 정당성을 제대로 요구하기 위해서 다른 선진관행을 베끼는 것은 철저하게 시작하는 수준에서 끝나야 된다. 선진관행을 도입한 모든 제도나 프로그램들이 조직이 천명한 사명과 목적을 구현하는 것과 정렬되지 않는다면 기업시민운동은 겉만 화려한 포장으로 취급된다. 기업시민이 된다는 것은 기업이 천명한 사명과 목적을 기업의 종업원과 경영자 주주로 대변되는 내부 이해관계자들뿐 아니라 고객, 공동체, 사회구성원, 협력업체 등 외부 이해관계자로 확대해서 실현시키겠다는 내적 동기를 표현한 것이다. 이 내적 동기의 진정성은 기업의 사명이 존재하고 이 사명을 위해서 조직이 자원을 동원하거나 전략을 실행할 때 확인된다. 기업시민행동이 자신의 사명을 실현하는 것과 무관하게 제도적 압력에 대항해 생존을 위한 마케팅 전략으로 잘못 사용된다면 이해관계자들은 이 행동의 진정성에 의문을 제기하고 이것에 기반을 둔 정체성 지지 요청에 호응하지 않을 가능성이 높다.

기업시민행동으로 사회적 성과를 창출하고 있는 펩시가 기업시민행동의 일환으로 시작한 리프레시 운동과 함께 어떤 디커플링 과정을 겪고 이 문제를 극복하게 되었는지 살펴보자.[3]

2006년 10월 펩시 최초의 여성 CEO로 인드라 누이Indra Nooyi가 임명된다. 임명되자마자 누이는 지금까지 펩시가 살아남았던 방식의 수정을 제안했다. 누이의 제안은 목적경영에 집중되었다. 기업이 살아남기 위해서는 당장 이득이 분명한 제품만 팔아서는 안 되고 목적을 팔 수 있어야 된다고 설명했다. 펩시에서 목적경영은 지금까지 설탕물을 팔아서 생존해 온 회사에서 세상에서 가장 건강한 음료와 스낵을 파는 회사로 탈바꿈해 존경받는 기업시민으로 자신의 정체성을 바꾸겠다는 선언이었다. 당시 주주들이나 종업원들은 누의의 의도를 제대로 이해하지 못했다. 주주들과 경영진은 건강한 음료와 스낵을 팔아 존재 이유를 살리는 것이 당시 선두 식품회사였던 네슬레, 코카콜라의 미션이었기 때문에 누이도 이런 미션을 카피하는 것으로 이해했다. 또한 설탕, 소금, 지방에 대한 정부 규제의 칼날이 나날이 목을 죄어 오는 상황에 대응하기 위한 전술로 생각했다. 많은 과학적 연구가 선진국에서 비만과 당뇨병과의 상관관계를 제보

---

3   윤정구, 2018, 9장 "펩시코의 리프레시 프로젝트 실패사례"에서 발췌.

하고 있었고 설탕, 소금을 비만의 주범으로 생각했다. 블룸버그 뉴욕 시장은 비슷한 시기에 설탕음료 극장 판매를 금지하는 법안을 통과시켰다.

그러나 누이의 실제 의도는 이런 제도적 압력에 대응하는 것을 넘어서 펩시의 사명과 정체성을 재정의하는 것이었다. 누이는 펩시의 사명을 새롭게 규정하고 이에 맞춰 회사의 정체성을 정의해 내기 위해 건강 보건 분야의 전문가들을 중역 자리에 앉혔다(Impact Business Review, 2012. 12.). 다른 한편으로는 설탕과 소금과 지방이 덜 들어가면서 맛을 유지하도록 제품을 혁신해 내는 데 회사의 미래를 걸었다. 그리고 혁신적 실험에 인적·물적 투자를 시도했다. 누이의 사명을 위해 영입된 전문가가 데릭 야크Derek Yach다. 야크는 당시 세계보건기구WHO 보건 분야의 의사이자 보건정책 담당관으로 명성이 높았다. 야크에게 영입을 제안하는 자리에서 누이는 펩시에 들어와서 눈치 보지 말고 국제기구에서와 똑같은 일을 통해 펩시를 고객의 건강에 앞장서는 모범적 기업시민으로 만들어 달라고 주문했다. 야크는 글로벌 보건정책 담당 중역 자리를 수락한다. 누이의 목적경영 대한 호소와 세상에서 가장 건강한 식음료를 판매하는 기업시민으로 만들어 달라는 주문이 야크를 감동시킨 것이다.

야크의 펩시로의 이동은 많은 논란을 불러일으켰다. 평생을 세계보건기구에서 설탕, 소금, 지방 소비를 줄이는 정책을 입안하고 실행해 온 야크가 세계시민의 열망을 저버렸다고 비난하는 사람들이 대다수였다. 싸워서 퇴치해야 할 적에게 스스로 백기를 들고 걸어

들어갔다는 것이다. 이런 비난에 대해 야크는 평상심을 가지고 대응했다. 세계 보건정책은 공공과 민간의 협업 없이는 제대로 문제를 해결할 수 있는 영역이 아니라고 자신의 입장을 설명한 것이다. 야크의 펩시로의 이동은 기업시민운동 전선이 어떻게 이동하고 있는지를 보이는 상징적 사례이다. 사실 야크의 이동은 세계보건기구가 관료제화되어 세계시민의 문제를 제대로 해결하지 못한 것에 대한 경고이기도 했다. 국제기구도 정말 세계시민의 보건을 생각한다면 자신들부터 관료제적 성향을 벗어 버리고 시민이 되라는 경고이기도 했다. 야크는 어디에 있던지 자신의 사명을 구현하는 일을 하고 싶었던 것이다.

펩시 내부에서도 브랜드 가치와 매출 감소를 이유로 반격의 조짐이 있었다. 그럴 때마다 누이와 야크는 펩시가 비만이라는 세계시민의 근원적 문제를 해결할 수 있는 기업시민의 방식으로만 지속적 성과를 낼 수 있다는 점을 설득했다. 다행히 기술과 과학의 진보는 누이와 야크의 편이었다. 나트륨을 낮추면서도 짠맛을 내는 기술과 설탕을 안 쓰고도 정해진 단맛을 내는 기술이 속속 소개되었다. 결국 이들의 사명에 대한 헌신과 기술진보 덕분에 펩시는 제품군을 사명에 정렬되는 방식으로 구조조정하는 데 성공했다. 펩시는 아직도 펩시콜라와 프리토-레이, 마운틴 듀, 치토스, 도리토스 등을 팔지만, 매출의 일정 부분을 다른 건강식품으로 보전해 갔다. 펩시의 핵심 제품군에 물, 퀘이커 오트밀, 트로피카나 오렌지주스가 추가되었으며, 요구르트가 들어간 건강식도 보완했다. 야크는 2012년 펩시를 떠나 건강보험회사 바이탈리티 그룹Vitality Group으로 자리를 옮겼지만, 누이와 협업해서 건강한 음식료를 만들어 비만이라는 문제를 해결하는 기업시민으로 펩시의 정체성을 재정의해 내는 데 성공했다.

누이는 2010년 펩시 리프레시 프로젝트Pepsi Refresh Project를 시작했다. 펩시만의 고유한 목적경영의 일환으로 시작한 것이다. 누이는 우선 연간 마케팅 비용의 3분의 1을 차지하던 슈퍼볼 광고를 중단하고 그 비용을 리프레시 프로젝트에 투자하는 결정을 내린다. 리프레시 프로젝트의 기획 의도는 세상을 더 참신한 곳으로 만들기 위해 고객이나 공동체 구성원들이 참신한 아이디어를 제공하면 펩시가 여기에 비용을 지원하겠다는 것이었다. 리프레시 플랫폼에 개인이나 비영리단체가 세상을 개선하는 참신한 아이디어를 올리면 예술, 보건, 지역사회, 교육 등 총 6개 영역으로 선별해서 제시하고 일반 시민에게 이에 대한 투표를 요청한다. 여기서 많은 사람들이 지지한 아이디어를 중심으로 순위를 정해서 펩시가 매달 5천 달러에서 25만 달러까지 금액을 지원한다. 동네에 도서관을 만들고 싶으면 "우리 동네에 과학도서관이 없다. 지원금을 받으면 과학도서관을 만들어 어려서부터 아이들이 과학자로 성장하는 꿈을 길러 주겠다"라고 제안을 올리고 주변 사람들에게 자신의 아이디어를 광고하여 지지를 요청하는 방식이다. 지지를 얻게 되면 약속된 상금을 수령해서 사업을 진행할 수 있다.

실제로 지원금을 수령하는 데 성공한 제안자는 사회관계망 유저들에게 프로젝트를 지지해 달라고 대대적 캠페인을 벌였다. 2010년한 해 동안 SNS 투표에 참가한 인원만 8천만 명 이상이었다. 펩시 공식 페이스북 페이지에 "좋아요" 숫자가 350만 개를 넘어섰고, 트위터 팔로워 숫자는 6만 명이 증가했다. 경이적 기록이었다. 홍보 효과는 코즈 마케팅cause marketing의 성과로 보고되기도 했다.

문제는 이 프로젝트가 세상에서 가장 건강한 음료와 스낵을 만든다는 펩시의 사명을 실천하는 기업시민운동을 디커플링하는 결과를 가져온 것이다. 더 큰 문제는 "세상을 리프레시한다"는 펩시가 아닌 코카콜라의 사명이라는 점이었다. 따지고 보면 리프레시 프로젝트는 펩시의 사명을 구현하려는 목적보다는 콜라 전쟁에서 코카콜라를 이기기 위해 마케팅 부문이 전략적으로 기획한 작품이었다. 회사의 사명과는 디커플링된 코즈 마케팅은 결국 부메랑이 되어 잡음을 낳기 시작했고, 궁극적으로는 경영실적에 직격탄을 날렸다. 어느 시점이 지나자 펩시콜라의 매출은 떨어지기 시작했고 결국은 매출 순위에서 코카콜라의 다이어트 코크에도 밀려났다. 결국 펩시는 잘못을 인정하고 2011년 슈퍼볼 광고를 재개했으며, 리프레시 프로젝트는 간접적으로 코카콜라 브랜드를 광고해 주는 결과만 내고 2012년 3월부로 막을 내렸다. 리프레시 프로젝트는 기업시민운동을 목적경영을 전파하기 위한 진정성 있는 운동으로 시작하지 않고 회사를 알리는 마케팅 상품으로 전용할 때 어떤 결과를 초래하는지에 대한 뼈아픈 경험으로 남았다. 더 중요한 교훈은 자신의 회사 사명을 망각하고 남의 회사 사명을 벤치마킹해서 카피하는 것이 기업시민운동에 얼마나 쓰라린 결과를 초래할 수 있는지를 보여 준 것이다.

이와 같은 마케팅 부문의 실기를 인정하고 펩시 목적경영의 원래 의도인 '세계에서 가장 건강한 식음료를 만들어 사회적 문제를 해결하려는 기업시민'으로서의 존재 이유에 집중하자 오히려 구성원과 생태계를 구성하는 다양한 이해관계자들 사이에서 펩시의 목적경영에 대한 믿음은 다시 견고해져 갔다. 직원들도 설탕물만 파는 회사가 아닌, 비만이라는 사회적 이슈를 해결하는 회사의 직원이라는 자부심을 회복하기 시작했다. 지금 시점에서 펩시를 이해할 때 펩시와 코카콜라의 콜라전쟁이라는 측면에서만 접근하는 것은 기업시민운동으로 펩시가 어떻게 성장했는지를 무시하는 것이다. 펩시는 설탕물은 지는 해이고 건강식품은 뜨는 해라는 것을 누구보다 절감했고 이런 진화의 방향을 잡아서 고객들의 고통을 해결했다. 펩시는 콜라전쟁에서는 코카콜라에 졌지만 이 외형상의 패배는 목적경영을 통한 기업시민운동의 승리를 위한 영광스러운 패배일 뿐이다. 4

사명을 끌개로 삼아 기업시민운동을 선도한 펩시의 장기적 재무성과는 전무후무한 기록을 세웠다. 이는 지금까지 나스닥에 상장한 같은 산업, 또는 다른 산업 분야 회사들과 비교해도 경이적인 기록이다. 지금까지도 1970년대 펩시 주식을 보유하고 있다면 한 주당 6,600%의 가격상승을 경험한 것이며, 나스닥에 상장한 일반기업의 평균 상승률 1,800%에 비하면 거의 4~5배가 더 상승한 것이

---

4 www.nasdaq.com/article September 28, 2016, Demitrios Kalogeropoulos, Motley Fool.

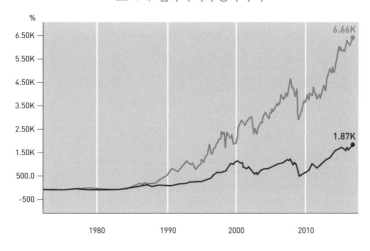

〈표 4-1〉 펩시 주식의 장기 수익

자료: The Motley Fool, https://www.fool.com/investing/general/2016/03/07/3-reasons-
　　　to-buy-pepsico.aspx
참조: K는 ×1,000을 의미함.

다. 배당금으로 계산하면 1970년대 가치의 1만 2천 배 정도 상승했
다. 누이가 사령탑을 맡은 2006년부터 지금까지 음료산업에 불어
온 비만에 대한 역풍과 정부의 설탕에 대한 대대적 규제를 감안한다
면 이 기록은 더 경이적이다. 펩시가 가야 할 길은 아직도 험하지만
누이의 목적경영에 대한 헌신이 없었다면 설탕음료인 콜라를 줄이
고 건강스낵을 지향하는 기업시민으로서의 펩시는 없었을 것이다.
아마도 콜라시장을 놓고 코카콜라와 전쟁을 벌이다 결국 나스닥 음
료시장을 형성하는 군소회사 중 하나로 추락했을 것이다.

6. 진성기업시민의 사례

에스티 로더의 기업시민 행보가 다른 기업들의 기업시민행동을 촉진했듯이, 한 기업이 존경받는 사회시민으로 받아들여지면 그 기업은 관련된 이해관계자들의 시민행동을 촉진하여 시민사회를 한층 성숙시킬 수 있게 된다. 제도적 압력에 굴복해서 단지 다른 회사를 따라할 뿐인 기업시민행동이나 일반적 기부를 넘어서 자신의 잘못을 감추는 쇼window dressing로서의 유사기업시민이 아니라, 오로지 기업생태계의 공진화를 위해 자신의 사명을 구현하는 자발적 행보로서의 진성기업시민authentic corporate citizen은 어떤 모습일까?

미국의 존슨 앤 존슨Johnson & Johnson은 기업시민의 대명사로서 경영 교과서에 자주 거론될 뿐만 아니라 글로벌 경영을 염두에 둔 한국 회사들에게도 단골 벤치마킹 대상이다. 이 회사가 이와 같이 대표적 기업시민으로 인정받고 지금까지 일류로서 경쟁력을 가지게 된 계기는 무엇일까? 존슨 앤 존슨은 어떤 기업시민의 모습을 보였을까?

존슨 앤 존슨은 이 회사 제품인 타이레놀Tylenol에 정신병자가 독극물을 투입한 사건에 기업시민의 자세로 대응한 과정을 통해서 오히려 고객과 공동체에 가장 신뢰받는 회사로 다시 태어났다.[5] 해열진통제 타이레놀은 1970년대에 시판되기 시작해 당시 존슨 앤 존슨 총

---

5 김미숙 편, 2009, 제 2장 "초일류기업의 비밀"에서 발췌.

매출의 7%, 시장점유율의 38%, 순이익의 17%을 구성하는 대표적 주력상품이었다. 사건은 1982년으로 거슬러 올라간다. 미국 시카고에서 타이레놀을 복용한 6명이 사망한 것이다. 존슨 앤 존슨 경영진과 임직원은 대응방안을 마련했다. 대응 가이드라인으로 제시된 것은 놀랍게도 여러 이해관계자의 요구가 충돌할 때는 소비자에 대한 책임에 우선권을 두고 해결하라는 존슨 앤 존슨의 "우리의 신조Our Credo"였다. 이 신조는 "우리의 첫째 책임은 주주보다는 우리 상품과 서비스의 수요자인 의사, 간호사, 환자와 자녀를 가진 아버지와 어머니를 비롯한 모든 사람에 대한 것이라고 믿는다"며, 주주보다는 고객과 공동체에 대한 책임이 최우선임을 밝혔다. 존슨 앤 존슨은 이 신조에 따라 주요 미디어의 협조를 받아 자체적인 대대적 소비자 경보를 발령했다. 한발 앞서서 원인이 밝혀질 때까지 이 제품을 절대 먹지 말도록 주의를 당부한 것이다.

경찰 조사 결과 정신질환 병력을 가진 사람이 사망자가 먹은 타이레놀에 청산가리를 넣었다는 사실이 밝혀졌다. 조사 결과에 따라 미국 식품의약청FDA은 문제가 될 수도 있으니 해당 지역에 배포된 제품들을 거둬들이라고 존슨 앤 존슨에 권고한다. 그러나 이 당시 회사를 맡고 있던 짐 버크Jim Burke 회장은 식품의약청과는 전혀 다른 견해를 보였다. 혹시나 다른 모방범죄에 의해서 한 사람의 소비자라도 더 피해를 볼 수 있는 상황을 막기 위해 회사에는 막대한 손해가 예상됨에도 한발 더 나간 조치를 주문한 것이다. 시카고뿐만 아니라 전국에 걸쳐 문제가 없는 제품 3천만 병을 회수해서 소각한다. 돈으로 계산하면 총 1억 달러(약 1,300억 원) 상당이다. 사실 식약청의 요청만 따랐어도 기업시민으로서 최소한의 의무를 이행한 것이었지만, 버크 회장은 자신들이 약속한 것보다 한발 더 나가서 희생하는 기업시민의 전형을 보여 주었다.

이 사건이 무마된 후 임직원들 사이에서는 만들어도 브랜드 이미지에 타격을 받아 팔리지 않을 것이 분명한 타이레놀을 포기하자는 주장이 등장했다. 이런 임직원들의 우려에 대해서도 짐 버크 회장은 다른 생각을 가지고 있었다. 결과적으로 막대한 돈과 시간이 들어가겠지만 타이레놀 때문에 생긴 회사 이미지에 대한 상처를 타이레놀로 되찾는 것이 기업시민의 행보라고 생각한 것이다. 그리고 이는 "우리의 신조"를 살려 내기 위해 반드시 필요한 것이라고 직원들을 설득했다. 종업원들은 버크 회장의 사명에 대한 헌신을 지지해 주었고, 시간이 걸렸지만 소비자들은 존슨 앤 존슨의 태도를 신뢰하는 쪽으로 되돌아왔다. 현재까지 타이레놀은 미국에서 소비자가 가장 신뢰하는 해열진통제이다. 진통으로 고통받는 대부분 사람들은 타이레놀을 진통제의 보통명사로 취급해, 약국에서 "진통제 주세요" 하기보다는 "타이레놀 주세요" 하고 꼭 집어서 말한다. 어떤 제품이 보통명사화되었다는 것은 우리가 상상할 수 없는 브랜드를 가지고 있다는 증거이다. 타이레놀은 전 세계 사람들에게 가장 사랑받는 진통제로, 회사로서는 연간 15억 달러의 매출을 올리는 상품이 됐다. 남이 한 실수이든 자기가 한 실수이든 상관없이 소비자가 피해를 입었다면 실수를 정직하게 인정하고 이에 대해서 한발 더 나간 자세로 책임을 진다는 기업시민으로서의 신조경영이 결국 회사를 살린 계기가 된 것이다.

　가장 진정성 넘치는 기업시민의 모습은 특정 기업이 기업생태계의 구성원들인 종업원, 고객, 경쟁사, 협력업체, 공동체에게 사명의 공표를 통해서 심리적 계약으로 약속한 의무를 단순히 이행하는 수준을 넘어서, 이들의 기대를 깨고 한발 더 희생해 가며 수행하는 모습을 보일 때 드러난다. 이런 자발적 희생은 행동의 내재적 동기를 그대로 드러내기 때문이다. 진정성 있는 시민행동은 존슨 앤 존슨에서 타이레놀의 문제를 다룰 때 보여 준 것처럼 반드시 그럴 의무는 없는데 상대를 위해서 한발 더 희생하는 자발적 행동go an extra mile이 그 전형이다(Organ, 1988; Bateman & Organ, 1983; Smith, Organ, & Near, 1983; Podsakoff & MacKenzie, 1994). 이런 자발적 희생 행동은 시민으로서의 공공선civic virtue을 구현하려는 태도, 시민으로서의 양심, 이타주의, 예의바름courtesy, 스포츠맨십 등 시민들의 의무를 묘사할 때 열거되는 모든 내재적 동기를 표출한다.

　식약청에서는 문제가 발생한 시카고와 일리노이주의 타이레놀만을 수거하라고 명령을 내렸음에도 자발적으로 미국 전 지역의 타이레놀을 수거해서 소각한 존슨 앤 존슨의 행동은 고객과 공동체에 모방범죄 등 나쁜 일이 발생하지 않도록 사전에 방지하는 공공선과 예의바름을 실천한 모습이고, 생명을 중시하는 제약회사의 기업시민으로서의 양심과 이타주의 동기를 표현한 것이다. 또한 직원들이 브랜드의 손상된 명성 때문에 타이레놀 생산을 중단하자고 했을 때 타이레놀의 명예는 타이레놀로 풀어야 된다고 생각하고 용기와 품질을 개선해서 진통제의 보통명사로 브랜드 가치를 올려놓은 행동은 정정당당하게 본질로 승부하는 스포츠맨십을 보인 것이다. 또한 이 모든 것은 여러 이해관계자들의 이익이 충돌할 때는 주주의 이익보다 고객의 생명과 안전을 최선으로 삼겠다는 그들의 사명을 표현한 신조에 근거한 것이다.

존슨 앤 존슨과 같이 회사의 사명으로 자기정체성을 분명하게 하고 이를 통해 기업생태계라는 공동체에서 건강한 기업시민으로 리더십을 발휘하는 진성기업시민의식을 가진 회사들은 수도 없이 많다. 진정성 있는 기업시민으로 연구해 볼 만한 가치가 있는 미국의 상장회사로는 3M, 페덱스Fedex, 어도비Adobe, 노드스트롬Nordstrom, 스타벅스Starbucks, UPS, 코그니전트Cognizant, 코스트코Costco, 홀푸즈Whole Foods, 사우스웨스트항공Southwest Airlines, 디즈니Disney 등을 들 수 있다. 비상장된 회사로는 SAS, IDEO, 파타고니아Patagonia, 뉴발란스New Balance, 고어텍스GoreTex, 컨테이너 스토어Container Store, 트레이더 조Trader Joe's, USAA, SAS, 드리스콜스Driscoll's, 웨그먼스Wegmans, 팀버랜드Timberland 등을 들 수 있다. 글로벌 회사로는 이케아IKEA, 타타TATA, 유니레버Unilever, 인디텍스Inditex, 노보 노디스크Novo Nordisk 등을 연구해 볼 수 있다. 이런 진성기업시민들은 자신의 사명에 따른 정체성을 기반으로 생태계 구성원에게 한 약속보다 한 빌 더 나가서 스포츠맨십을 발휘해 가며 기업시민의식을 실천한다.

7. 한국기업의 기업시민행보

한국에서도 기업시민운동에 대한 열기는 대단하다. 문제는 한국기업들이 진정성이 인정되는 진성기업시민행동을 하는지, 아니면 제도적 압력 때문에 유사기업시민행동을 하는지이다.

한국에 신자유주의가 상륙한 것은 1997년 IMF와 함께였다. IMF는 구조조정자금을 지원해 주는 대신 경영의 효율화라는 명목으로 시장에서의 자유경쟁을 강제했다. 모든 경영전략이 시장경쟁을 통한 이윤의 극대화를 도모하는 데 동원되었다. 기업의 평가와 보상 등 HR 시스템도 예외는 아니었다. IMF는 대한민국의 비효율성을 제거한 측면도 있지만 결과적으로는 기업의 이윤 추구를 극대화하여 기울어진 운동장과 양극화 그리고 그에 따른 반기업 정서를 산출했다. 이런 반기업 정서가 기조로 자리 잡게 됨에도 불어닥친 L자 저성장 및 불경기 기조는 기업들로 하여금 축적한 자금을 미래의 불확실성에 대비해 적립해 놓고 투자하지 않는 성향을 부추겼다. 투자가 활성화되지 않자 그간 효율성과 구조조정이란 명목으로 해결의 실마리를 찾을 수 없던 고용 문제는 더욱 심각해졌다. 이 문제는 일자리를 놓고 세대 간 갈등의 양상으로까지 번지고 있다.

2001년부터 2017년까지 기업 총수의 신년사를 분석한 연구에 따르면 삼성이 2001년, 현대차가 2003년, SK가 2005년, LG는 2013년부터 기업시민 개념을 신년사에 포함하였다. 이들이 기업시민성을 표현하기 위해 도입한 용어로는 삼성은 공동체 책임, 바른 경영,

사회발전 선도, 나눔 및 상생, SK는 행복나눔, 사회공헌 로드맵, 사회적 기업, 창조적 사회공헌, LG는 투명경영, 윤리경영, 동반성장, 현대차는 사회책임, 윤리경영, 투명경영, 불우계층봉사, 사회공헌, 동반성장 등을 들 수 있다. 이들 기업이 동원한 언어를 볼 때, 삼성과 SK를 제외하고는 대부분 창조적 구체성이 떨어진다고 결론내릴 수 있다. 결국 기업시민 개념에 기업의 내재적 동기가 반영되지 않은 것이다. 또한 맥락상 LG를 제외한 기업들은 모두 승계 문제나 비민주적 지배구조 문제, 총수의 자금유용 문제로 비난을 받고 있던 시점이어서, 이러한 기업시민에 대한 언급이 그저 보여주기용 window dressing이라는 비난을 면할 수 없다. 결국 LG를 제외한 모든 기업들의 기업시민 담론은 진정성이 의심되는, 담론을 위한 담론에 불과하다는 것이 지배적 의견이다.

　기업의 사명과 기업시민에 대한 담론이 얼마나 정렬되어 있는지를 분석해 보면, 단연 기업시민으로서 앞선 행보를 보여 주는 곳이 LG이다. LG는 오래전부터 회사의 중요한 사시로 인간존중과 정도경영을 천명해 왔다. 인간존중 경영은 구성원 한 사람 한 사람이 자기주도적인 자세로 고객가치를 창출하는 데 몰입하는 것에 보람을 느끼는 것을 의미하고, 정도경영은 고객과 협력사, 지역사회로부터 경영의 투명성과 윤리성에 대해 전적으로 신뢰받는 상태를 의미한다. LG는 이와 같은 기업시민 개념이 구호에 그치지 않도록 오래전부터 비즈니스를 하는 고유한 방식으로 LG Way를 만들어서 실천하고 있다.

재벌기업 중 눈여겨볼 만한 또 다른 기업은 SK이다. SK는 총수가 구속되는 어려움이 있었음에도 불구하고 행복경영이라는 독특한 철학을 자신들의 경영이념으로 천명하고 있다. 또한 구성원뿐 아니라 기업시민으로서 관련된 이해관계자들의 행복극대화 작업을 실제로 진행하고 있다. 그리고 사회적 기업 육성, 사회적 가치나 혁신에서도 주도적인 역할을 수행하고 있다. 총수도 기존의 재벌체제로는 발전에 한계가 있고 이제는 기업도 사회적 책임에 눈을 돌릴 때라며 공식적으로 SK의 기업시민행동을 주문하고 있다. SK의 설립자인 최종현 회장은 설립 당시에도 기업이 이윤 극대화를 넘어서 사회적 책임 문제에 얼마나 자원을 써야 하는지 문제를 놓고 임직원들과 토의하는 것을 즐겼던 것으로 잘 알려져 있다. 우여곡절이 있었음에도 SK의 기업시민운동의 진정성에 학자들과 사회가 관심을 보이는 이유이다.

한국의 대기업들이 한때 가지고 있었던 공통의 창업정신이자 기업이념은 '사업보국事業報國'이다. 기업을 일궈 국가에 입은 은혜를 갚겠다는 것이다. '제철보국'의 창업이념을 가진 포스코는 일본에서 끌어온 '청구권 자금'으로 만들어졌기 때문에 국가에 대한 부채 개념이 특히 강했다. 국가가 모든 공공선을 책임지는 역할에서 퇴조하고 있는 지금과 같은 시대에 이러한 창업이념은 시대적 맥락과는 거리가 있다. 하지만 아직도 재벌들의 정서 속에는 기업이념으로서 사업보국해야 한다는 생각이 녹아 있다. 기업의 철학이 시대의 변화를 따라가지 못하는 사이에 기업은 신자유주의의 조류를 타고 이윤을 축적하는 데 온 힘을 기울여 왔다. 이윤으로 국가에 은혜를 갚는다는 생각을 가지고 있었는지 모르지만 축적된 이윤은 총수들의 주머니만을 불리는 결과를 초래했다. 이런 맥락을 반영해 사업을 해서 결국 주인이 다 챙겨 간다는 의미의 '사업보주'라는 냉소적인 말이 유행하고 있다.

한국의 대기업들은 시대에 맞는 정체성과 사명을 살려 내 경영을 자신만의 방식으로 조직화하는 데 실패했다. 대한민국의 기업들은 하루 빨리 사업보국한다는 생각에서 벗어나 '사업보민'이나 '사업보공'과 같은 개념들로 자신의 정체성과 기업이념을 재정립할 필요가 있다. 지금이라도 사업보민이나 사업보공에 맞는 기업의 사명을 다시 찾아서 이것을 기반으로 진정성 있게 기업시민활동을 펴지 않는다면 산성화된 기업생태계는 더욱 복원이 힘들 것으로 보인다. 한국의 대기업들은 생태계의 진화에 맞춰 자기정체성을 새롭게 규정하고 이 정체성에서 설정된 사명을 구현하는 방식보다는 경쟁사의 경쟁력이나 정부의 규제, 글로벌에서 설정된 표준에 따라서 비자발적이고 피동적으로 기업시민운동을 도입하고 있는 형국이다.

많은 기업 경영자들의 오해와 달리, 진성기업시민운동은 다른 회사에 비해 기업시민운동을 위해서 얼마나 많은 자원을 동원하고 얼마나 많은 프로젝트를 수행하는지에 의해서 결정되지 않는다. 어떤 기업이 지역공동체를 위한 일자리 창출, 협력업체들과의 동반성장, 국제기준에 따른 인권보장, 세계적 기준의 환경보호를 위한 규약에 수십억 원을 쓴다 하더라도 이런 활동들이 기업의 목적이나 사명의 실에 일관되게 꿰어지지 못한다면 진정성 있는 기업시민과는 거리가 멀다. 사명과 정렬된 기업시민활동만이 고유한 기업시민으로서의 정체성을 찾아낼 수 있고, 이런 정체성에 대한 정의가 있는 기업만이 시시각각 변하는 환경 속에서 자기조직력을 가지고 생태계의 공진화를 이끌 수 있다(윤정구, 2018; Smith, 2017; Boston College Center for Corporate Citizenship, 2017).

8. 기업시민운동과 성과

기업의 성과는 결국 기업이 가진 비즈니스 모형이라는 씨앗이 기업생태계라는 토양에 뿌려져 과일나무를 만들어 내는 과정과 비슷하다. 아무리 강력한 비즈니스 모형을 가지고 있다 하더라도 이것이 씨앗으로 뿌려지는 토양이 산성화되었다면 과일나무로 길러 낼 방법이 없다. 또한 원래는 비옥한 토양을 가지고 있었더라도 한 나무가 강력하게 영양분을 흡수해서 토양 자체를 산성화하고 있다면 결국 기업의 지속가능성은 떨어진다. 기업시민운동은 기업들이 상호책임감을 갖고 기업생태계의 토양을 공동으로 비옥하게 만드는 작업이다(윤정구, 2018; 2015).

기업시민Corporate Citizen은 기업의 사회적 책임Corporate Social Responsibility과는 달리 상황구속성을 수동적으로 인정하기보다는 적극적으로 상황을 비옥한 토양으로 전환하려는 노력이다. 기업시민의 개념에서는 상황적 힘에 끌려다니기보다는 상황 자체를 비옥한 토양으로 맥락화하려는 기업의 자율의지가 강조된다. 기업이 공동으로 생태계를 비옥하게 만드는 일에 관심을 가져 생태계가 공진화하기 시작하면 참여하는 기업들은 지속가능한 성과를 거두기 시작한다. 기업의 성과는 재무적 성과, 주관적 성과, 사회적 성과로 다양하지만 생태계의 공진화를 겨냥하는 기업시민운동에서 지향하는 것은 사회적 성과이다. 연구결과들에 따르면, 사회적 성과가 성공적으로 달성되면 재무적 성과나 주관적 성과는 자동적으로 따라온다(Smith, 2017; Boston College Center for Corporate Citizenship, 2017).

사회적 성과

기업시민정신을 실천하는 회사는 명성이라는 사회적 성과를 얻을 수 있다. 그러나 진정성 있는 기업시민을 지향하는 회사가 명성을 얻기 위해서 이런 활동에 헌신하는 것은 아니다. 사회적 성과는 기업시민활동에 헌신한 결과일 뿐이다. 유사기업시민운동과 진성기업시민운동을 구별하는 잣대는 이런 성과를 얻기 위한 수단으로 기업시민활동을 펼친 것인지, 아니면 생태계를 공진화하는 기업시민운동을 하다 보니 이런 결과가 자연스럽게 초래되었는지의 수단성에 있다. 진성기업시민으로 명성을 얻은 기업들은 기업이 정한 사명과 목적을 구현히는 활동으로 기업시민활동을 전개하지, 재무적 성과나 사회적 성과를 위해서 이런 활동을 하지는 않는다.

전통적으로 한 기업의 사회적 성과는 기업생태계를 구성하는 핵심적 이해관계자들의 이해관심을 얼마나 충족시켜 주는가에 달려 있다. 그리고 명성은 이러한 행동의 결과로 구성원들이 그 기업의 미래 행동에 대해 기대하게 되는 주관적인 지각이다(Wood, 1991; Wood & Jones, 1995; Waddock, 2000; Waddock & Graves, 1997; Roberts & Dowling, 1997; Rogerson, 1983; Rowley & Berman, 2000; Sandberg, 2002). 결국 사회적 성과로서의 명성은 같은 생태계에 속한 이해관계자들이 그 기업에 대해서 부여한 사회적 지위이다. 이는 자신의 생존을 넘어서서 공유하는 기업생태계의 공진화에 기여한 공으로 이해관계자들로부터 부여받은 차별화된 정당성이다. 불확실한 미래의 경영환경에 처한 기업이나 구성원들의 입장에서 명성은 유일하게 믿을 수 있는 시장가격표이다. 또한 명성은 그 기업이 사회적 문제의 표적이 되지 않는 한 지속가능성을 보장해 주는 보증수표이기도 하다. 그 회사가 산출한 제품과 서비스의 가격에는 실제가치를 넘어서는, 명성에 따른 부가가치가 들어간다. 또한 명성은 브랜드 가치에 반영돼 다른 기업에서는 누릴 수 없는 체험을 제공한다. 명성을 통해서 기업이 파는 것은 제품과 서비스를 넘어서 이 서비스와 체험에 녹아 있는 사명과 목적에 대한 철학이다. 또한 명성은 최고의 구성원들과 협력자들을 충원할 수 있는 자석 역할을 한다. 명성의 잔고가 높은 기업에는 거래를 개설하고자 하는 기업들과 최고의 인재들이 줄을 서게 되고, 이들은 서로의 성공을 도울 기회를 도모한다. 결국 기업시민운동으로 만들어진 사회적 성과는 선순환되어 좋은 자원들이 조직으로 유입되게 도와주고, 생태계의 토양도 더욱 비옥하게 만드는 역할을 한다.

재무적 성과

경영자들의 최대 관심사는 기업시민으로 조직을 운영할 때 과연 재무적 성과를 낳을 수 있는가이다. 많은 사람들이 가진 최대의 의문 중 하나이기도 하다. 그러나 이러한 회의는 회사가 움직이는 원리를 너무 미시경제학적으로 이해하는 데에서 생긴 오해이다. 기업의 사명은 회사가 왜 특정 제품과 서비스를 생산할 수밖에 없는가에 대한 신성한 이유를 설명해 준다. 이는 바로 조직이 영속하는 이유이기도 하다. 기업시민운동은 이 사명의 수혜자의 외연을 고객을 넘어서 확장한 것이다. 이 확장된 이해관계자들에게 가치를 구현하기 위해서는 사명을 실현하는 다양한 방법에 대한 혁신이 따라온다. 결국 기업시민을 천명한 회사들은 이윤 극대화를 추구하는 회사에 비해 사회적 가치를 위한 혁신이 더 활성화된다. 기업생태계를 구성하는 이해관계자들에게 이런 헌신을 보이는 회사는 강력한 비즈니스 모형만을 가지고 이윤 극대화를 위해서 나선 회사들보다 더 소중하다. 이런 소중한 회사가 지구상에서 사라지는 것을 바라는 이해관계자들은 아무도 없을 것이다. 회사가 어려운 상황에 처했을 때 아마도 누군가가 그 회사의 기사회생에 도움을 주게 되는 것은 바로 그 회사의 사명과 확장된 수혜자들 때문이다. 일반적인 기업들은 사명을 명목상으로만 내걸고 큰 목표를 상징하는 전략에만 주력한다. 그러나 기업시민들은 이 전략도 사명을 달성하기 위한 도구라는 것을 깨닫고 있다. 지속가능성을 구가하는 기업시민들의 비밀은 전략이 아니라 그 기업들이 가진 차별적 사명을 혁신적으로 달성한 결과로 자연스럽게 따라온 것이다.

주관적 성과

기업시민들이 향유할 수 있는 또 다른 열매는 심리적 자본으로 불리는 주관적 성과이다. 심리적 웰빙이 대표적 심리적 자본이다. 진성 기업시민의 구성원들은 충만한 심리적 웰빙으로 인한 최고의 정신적, 물리적 건강상태를 유지한다. 심리적 웰빙eudaemonic well-being은 주관적 웰빙subjective well-being과는 다른 개념이다(Ilies, Morgeson, & Nahrgang, 2005). 여가를 즐기고, 좋은 음식을 먹고, 스트레스를 피하는 것과 관련된 웰빙은 주관적 웰빙이다. 그러나 회사의 일이 소풍처럼 즐겁고 밤새워 일해도 피곤한 줄 모른다면 심리적 웰빙을 경험하고 있는 것이다. 주관적 웰빙은 돈과 시간이 있으면 얻을 수 있지만, 심리적 웰빙은 의미 있는 일에 매진하고 있다는 믿음이 있을 때 생긴다. 회사가 매력적인 사명을 기반으로 시민행동에 몰입하고 있다는 것은 돈으로는 계산할 수 없는 가치에 해당하는 심리적 웰빙을 선사한다. 사회적 가치를 위한 혁신들이 이뤄지고 이를 통해 이해관계자들의 행복감이 증진되는 체험은 구성원들로 하여금 마치

활기찬 새벽시장에 나와 일하는 것 같은 기분을 느끼게 한다. 이 심리적 웰빙에서 얻어지는 긍정적 정서는 전염성이 강하다. 프레드릭슨Barbara L. Fredrickson의 긍정적 정서이론에 따르면, 좋은 정서의 확산은 구성원들의 창의적 사고와 혁신을 위한 행동, 태도의 레퍼토리를 확장시키는 역할을 수행한다(Fredrickson, 2001; 2003; Cohn & Fredrickson, 2006; Tugade & Fredrickson, 2004; Fredrickson, Cohn, Coffey, Pek, & Finkel, 2008). 혁신과 자발적 행동이 늘어나는 것은 심리적 웰빙으로 인해 덤으로 받는 선물이다.

또한 기업시민활동에 헌신하는 기업의 종업원들은 일반기업의 종업원들에 비해 심리적 웰빙 이외에 긍정심리학에서 심리적 자본으로 자주 거론되는 희망hope, 낙관optimism, 자기효능감self-efficacy, 역경탄력성resilience의 잔고가 더 높은 것으로 알려져 있다(Luthans & Youssef, 2004; Luthans, Avolio, Avey, & Norman, 2007; Luthans, Norman, Avolio, & Avey, 2008; Avey, Luthans, & Wernsing, 2008; Seligman, 1998; Seligman, Steen, Park, & Peterson, 2005). 목표를 위해 정진하게 만드는 의지와 이 목표에 도달하기 위한 구체적 플랜이 희망이다. 낙관은 귀인이론의 입장에서 긍정 사건에 대해서는 글로벌하고 내재적인 귀인을 동원하는 반면, 부정 사건에 대해서는 구체적이고 외재적인 이유를 들어가며 설명하는 경향을 말한다. 역경탄력성은 힘든 상황에서도 좌절하지 않고 다시 일어서는 성향, 자기효능감은 어떤 일이든 자신 있게 수행할 수 있다는 믿음을 말한다. 긍정심리 자본은 기업에서 사명을 구현하는 체험을 할 때 촉발된다.

기업시민들은 생태계의 공진화라는 낙관을 가지고 살고 있다. 또한 이런 낙관은 사명을 기반으로 한 것이기 때문에 어려운 일이 닥쳐도 이를 극복하는 역경탄력성이 되어 준다. 이렇게 검증하는 과정을 통해 사명과 목적이 믿음으로 전환되면 이 믿음은 새로운 효능감의 기반이 된다. 또한 지금까지 이런 사명의 손길이 닿아 있지 않은 영역에도 전파되어 희망을 나눠 준다. 이렇게 축적된 심리적 자본의 잔고는 생태계를 구성하는 이해관계자들에게 자연스럽게 전염되는 성향을 보인다. 결국 사명을 기업생태계에 실현시키려는 기업시민의 노력은 생태계를 구성하는 모든 구성원들의 활력을 증진하는 역할을 한다.

기업시민운동의 주관적 성과 중 가장 중요한 것은 생태계의 다른 구성원에 대한 전염효과이다. 에스티 로더의 핑크리본운동은 고객과 종업원뿐만 아니라 경쟁사, 협력업체, 공동체의 구성원들에게도 확산되었다. 존슨 앤 존슨의 기업시민행동은 교과서를 통해 많은 회사에게 모범으로 전파되었다. 회사 차원의 거시적 기업시민행동은 미시적 기업시민행동을 통해 생태계의 각 구성원들에게 확산된다. 미시적 시민행동은 시민으로서 상대를 위해서 한발씩 더 희생하는 자발적 행동이다(Organ, 1988; Bateman & Organ, 1983; Smith, Organ, & Near, 1983; Podsakoff & MacKenzie, 1994). 이런 자발적 희생 행동은 시민으로서의 공공선을 구현하려는 태도, 시민으로서의 양심, 이타주의, 예의바름, 스포츠맨십 등을 통해 전파된다.

예를 들어, 자신의 회사가 사회로부터 존경받는 시민으로 인정받는다면 종업원들은 평소 동료와 연관된 구성원들에게 비슷한 행동을 시도할 것이다. 즉, 회사가 요구하지도 않았는데도 자발적으로 나서서 회사 제품을 친구들에게 광고하거나, 회사에 좋지 않은 입소문을 막거나, 회사의 회의나 캠페인에 자발적으로 참여하거나, 회사를 위해서 건설적 피드백을 제공해 주는 행위인 공공선을 실천할 것이다. 양심적 행위는 회사에게 손해를 끼치는 행위를 사전에 차단하는 행위를 말한다. 예를 들어 회사의 물건을 아껴 쓰거나, 회의에 제시간에 도착해서 회의를 준비하는 등의 행위이다. 이타적 행동은 동료를 도와주거나, 동료가 결근했을 때 대신 중요한 일을 맡아 주는 등의 행위이다. 예의바름은 조직에서 업무와 관련한 문제가 발생하기 전 구성원과의 정보공유를 통해 사전에 문제를 예방하는 행동을 말한다. 스포츠맨십은 조직에서 갈등의 소지가 있는 일이 발생했을 때 이를 불평하지 않고 참아 내며 스스로 해결하려는 의지를 보이는 것을 의미한다. 이와 같은 모든 행위들은 사소하기는 하지만 조직이 원활하게 돌아가게 하는 윤활유 역할을 수행한다. 조직은 단기적으로는 이런 윤활유 없이도 돌아갈 수 있지만, 장기적으로 윤활유가 없는 상태에서 가동되면 붕괴되는 수순을 밟는다. 미시적 시민행동은 종업원을 넘어서 고객, 경쟁사, 협력업체, 공동체의 구성원에게 전파된다. 이와 같은 미시적 시민행동은 자주 혼돈에 처하는 기업과 사회의 내재적 질서를 만들어 가는 끌개attractor이다.

9. 기업과 사회의 공진화를 위한 제언

신자유주의 이념은 경쟁의 결과로 만들어진 기울어진 운동장에서 조차도 조직 간의 경쟁에서 살아남을 것을 절체절명의 명제로 받아들이도록 강요한다. 이런 기울어진 운동장 상황에서 이들이 강조하는 것은 그냥 경쟁이 아니라 초경쟁이다. 또한 경쟁자를 따돌리기 위하여 격차가 아니라 초격차를 숭배한다. 초경쟁이든 초격차이든 이들에게 성공의 기준은 수단과 방법을 가리지 않고 경쟁에서 이겨서 우월적인 1등이나 2등이 되는 것이다. 반면, 기업시민을 원리로 삼은 기업들은 기업생태계에서의 공진화에 얼마나 진정성 있는 목적으로 기여했는지를 성공의 기준으로 삼는다. 구체적으로 이들은 자신의 목적을 실현하는 과정에서 생태계를 구성하는 다른 이해관계자의 성공을 도와주는 일에 얼마나 크게 성공할 수 있는지의 문제로 성공을 정의한다. 이들은 자신이 가진 것만으로는 남들을 성공시키는 데 제한적이기 때문에, 남들의 성공을 돕는 일에 크게 성공하기 위해서 생태계의 플랫폼을 구축하는 일에 집중한다. 플랫폼은 같이 뛰어놀아 가며 공동으로 사명을 구현할 수 있는 운동장이다. 기업시민들은 생태계를 상생의 가치를 가진 사람들이 서로의 성공을 돕는 일에 참여할 수 있는 플랫폼으로 생각하고, 여기에서 혁신적 리더가 될 수 있도록 노력한다. 생태계의 구성원인 이해관계자들의 성공을 돕는 일에 성공하게 하는 사명과 목적 스토리가 없다면 아무리 뛰어난 기술과 비즈니스 모형을 가지고 있어도 생태계로부터 도움을 동원하는 것이 불가능하다. 설사 전통적 조직형태를 운영하고 있다 하더라도 남들의 성공을 돕는 일에 성공할 수 있도록 목적 스토리를 정하고 이를 위해 혁신하지 않는다면 살아남기조차 힘든 세상이다. 생태계에서는 사명에 대한 헌신으로 고유하게 공헌하는 진정성 있는 스토리가 없다면 이를 공진화하는 것은 불가능하다. 이런 세상에서는 생존을 위한 기본적 자원을 동원하는 것도 어렵다. 이런 의미에서 사명에 정렬된 진성기업시민운동은 생태계의 공진화를 위한 시대적 요청이다.

초연결사회는 모든 연결된 것들 사이의 의존성이 심화되는 사회이다. 결국 나의 성공은 나와 연결되어 있는 관계적 자본을 통해 가능하다. 따라서 초연결사회의 생태계에서 보면 우리가 전통적으로 알고 있던 경쟁자의 개념도 결국 나를 강하게 만들어 주는 스파링 파트너이다. 초연결사회에서는 겉으로는 경쟁자처럼 보여도 뿌리를 파고들어 가면 같은 뿌리를 공유하는 경우가 태반이다. 예를 들어, 삼성과 LG는 다른 휴대전화 모델을 판매하지만, 운영체계는 리눅스 기반의 안드로이드로 동일하다. 현대차와 폭스바겐은 겉으로 보기에는 경쟁자처럼 보이지만, 이들은 동일한 회사가 제공하는 내비게이션과 같은 회사의 엔진을 공유한다. 엔진과 내비게이션뿐만 아니라 자동차 부품의 상당 부분은 같은 제조사로부터 납품받은 것이다. 결국 이들은 겉으로 보기에는 서로 경쟁사인 것처럼 보이지만 실상은 생태계에서 뿌리를 공유한다. 따라서 이들은 적이라기보다는 같은 링에서 서로의 실력을 향상시켜 주기 위해 훈련하는 스파링 파트너이다. 또한 근원적으로 삼성과 LG는 대한민국이라는 같은 생태계에 뿌리를 내리고 있다. LG와 삼성이 자신끼리의 경쟁에 함몰되어 자신이 뿌리를 내린 생태계가 파괴되어 산성으로 전환되는 순간, 이들이 아무리 강한 뿌리를 가졌어도 토양만 산성화하고 모두 무너지게 되어 있다.

전통적으로 기업들이 경계가 분명한 산업에 의해서 분화되어 있을 때는 전략이론에서 역량을 통해 경쟁에서 이기는 방법을 가르쳤다. 하지만 지금처럼 각각의 산업이 플랫폼을 공유하는 생태계로 전환되는 국면에서는 기존의 전략 개념에서 주장하듯이 상대를 적으로 규정하고 경쟁에서 이기는 전략을 가르친다는 것은 위험한 발상이다. 산업과 산업 간 기술적 융합이 보편화되어 전통적 전략이 가정하는 산업의 경계가 사라졌다. 동시에 협력자와 경쟁자의 경계도 무너졌다. 산업의 경계가 무너져 버려 아군과 적군 간의 경계가 없어진 상태에서 눈에 보이는 경쟁자를 적으로 규정하고 이를 이기기 위한 전략에 올인한다는 것은 서로가 공멸을 자초하는 것이다.

최근 현대 마케팅의 설립자로 불리는 노스웨스턴대Northwestern University 켈로그 경영대학원Kellog School의 필립 코틀러Philip Kotler 교수는 자신이 지금까지 사용하던 마케팅 전략요소Marketing Strategy Mix를 4P Product, Price, Place, Promotion에서 하나의 P가 추가된 5P로 수정했음을 밝혔다. 마지막 P는 목적Purpose이다. 그간 마케팅이 내용에 대한 고려보다는 포장을 통한 프로모션에 집중하는 전략적 행보로 많은 비난을 받아 온 것에 대한 대응으로 보인다. 코틀러 교수는 이와 같은 마케팅에 대한 비난에 대응해 기업시민의 행보를 강조하는 사회적 마케팅social marketing의 영역을 제안했다. 사회적 마케팅은 기존의 마케팅 전략을 이용하여 특정 기업의 이익을 넘어 기업이 속한 사회공동체의 전체 이익을 최적화하는 방안에 대한 제안이다. 이런 새로운 방안을 위해서는 제품, 가격, 매장, 프로모션뿐 아니라 마케터의 신성한 이유, 혁신적 아이디어, 사람에 대한 관심을 포괄하는 목적을 회복해야 한다는 것이다. 경영학에서 기업시민과 가장 거리가 있어 보이는 마케팅 영역에서도 기업시민을 위한 행보의 중요성을 각성하고 있는 셈이다.

초연결사회의 플랫폼 생태계에서는 연결된 네트워크를 통해 멀리서도 자원을 동원할 수 있는 강력한 존재 이유를 설파하는 목적 스토리를 가지고 기업시민활동에 진정성 있게 헌신하는 기업들만이 생존할 수 있다. 생태계의 진화에 맞춰 자신의 정체성을 정의해 내지 못한다면 시시각각 복잡다단하게 진화하는 관계 속에서 살아남을 길이 없다. 이런 진화하는 생태계를 이끄는 키스톤 기업의 특징은 자신이 설정한 목적의 시각으로 생태계 진화의 패턴을 읽고 이를 통해 항상 미래를 선도할 수 있는 자신만의 정체성을 시의 적절하게 정의해 낼 수 있다는 것이다. 목적적 스토리로 생태계의 진화에 맞춰 자기정체성을 정의해 내고 이를 기반으로 경영활동을 자기조직화할 수 있는 기업시민들만이 결국 진화의 압력 속에서 살아남을 수 있을 것이다. 이들은 자기정체성에 대한 약속을 실현한 기업시민으로, 자신의 명성을 이용해 필요한 자원을 성공적으로 동원할 수 있고 앞장서서 생태계 자체를 공진화할 수 있는 리더들이다. 생태계 공진화의 문을 열어 주는 기업시민들의 비밀코드는 사명과 목적에 기반한 정체성에 대한 정의를 마련할 수 있는지 여부이다. 사명을 통해 도출한 자기정체성의 새로운 정의에 기반해 자신만의 고유한 경영방식을 자기조직해 낼 역량이 있는지가 관건이다.

펩시, 존슨 앤 존슨, SAS, UPS, 사우스웨스트항공, 코스트코, 3M, 디즈니, 유니레버, 타타 등이 진성 글로벌 기업시민으로 추앙받는 이유는 자신들의 존재 이유인 목적과 사명을 기반으로 자신만의 고유한 정체성을 찾아냈고, 이 정체성을 구현하는 방식으로 자신들의 경영방식을 조직화했으며, 이 조직화의 결과로 생태계의 공진화에 기여했기 때문이다. 사명과 정체성에 대한 자기조직화도 없이 제도적 압력에 굴복해 다른 회사에서 설정한 기업시민의 관행을 카피하기만 하는 방식으로 기업시민운동을 생각한다면 아마도 그 회사는 같은 자원을 쓰고도 종국에는 유사기업시민으로 비난받을 것이다. 아직도 기업의 존재 이유를 사업보국이라고 생각하는 대한민국의 기업들에게, 진화한 생태계에 맞춰 자신의 새로운 정체성을 도출하고 이에 기반해 경영을 자기조직화하는 일은 정말 시급하다.

참고문헌

김미숙 편(2009), 《대한민국은 도덕적인가: 한국사회 도덕 살리기 프로젝트》, 동아시아.

윤정구(2015), 《진성리더십》, 라온북스.

_____ (2018), 《황금수도꼭지: 목적경영이 이끈 기적》, 샘앤파커스.

Impact Business Review (2012. 12.), "우리는 설탕물만 파는 회사가 아닙니다".

조대엽(2014), "생활정치 패러다임과 공공성의 재구성", 〈현상과 인식〉, 12호, pp. 131~155.

Avey, J. B., Luthans, F., & Wernsing, S. (2008), "Can Positive Employees Help Positive Organizational Change?: Impact of Psychological Capital and Emotions on Relevant Attitudes and Behaviors", *The Journal of Applied Behavioral Science*, *44* (1), pp. 48~70.

Bateman, T. S. & Organ, D. W. (1983), "Job Satisfaction and the Good Soldier: The Relationship between Affect and Employee Citizenship", *Academic and Management Journal*, *26*, pp. 587~595.

Boston College Center for Corporate Citizenship (2017), *The State of Corporate Citizenship 2014*, Boston, MA: Trustees of Boston College, https:// ccc. bc. edu/

Carroll, A. B. (1979), "A Three-Dimensional Conceptual Model of Corporate Social Performance", *Academy of Management Review*, *4*, pp. 497~505.

_____ (1987), "In Search of the Moral Manager", *Business Horizons*, March-April 1987, pp. 7~15.

Cohn, M. A. & Fredrickson, B. L. (2006), "Beyond the Moment, Beyond the Self: Shard Ground between Selective Investment Theory and the Broaden-and-Build Theory of Positive Emotions", *Psychological Inquiry*.

Delucchi, M. (2000), "Staking a Claim: The Decoupling of Liberal Arts Mission Statements from Baccalaureate Degrees Awarded in Higher Education", *Sociological Inquiry*, *70*, pp. 157~171.

DiMaggio, P. J. & Powell, W. W. (Eds.) (1991), *The New Institutionalism of Organizational Analysis*, Chicago: University of Chicago Press.

Donaldson, T. & Preston, L. E. (1995), "The Stakeholder Theory of the Corporation: Concepts, Evidence, and Implications", *Academy of Management Review*, *20*(1), p. 71.

Elsbach, K. D. & Sutton, R. (1992), "Acquiring Organizational Legitimacy through Illegitimate Actions: A Marriage of Institutional and Impression Management Theories", *Academy of Management Journal*, *35*, pp. 699~738.

Fredrickson, B. L. (2001), "The Role of Positive Emotions in Positive Psychology", *American Psychologist*, *56*(3), pp. 218~226.

_____(2003), "The Value of Positive Emotions", *American Scientist*, *91*, pp. 330~335.

Fredrickson, B. L., Cohn, M. A., Coffey, K. A., Pek, J., & Finkel, S. M. (2008), "Open Hearts Build Lives: Positive Emotions, Induced Through Loving-Kindness Mediation, Build Consequential Personal Resources", *Journal of Personality and Social Psychology*, *95*(5), pp. 1045 ~1062.

Freeman, R. E. (1984), *Strategic Management: A Stakeholder Approach*, Boston: Pitman.

Friedman, M. (1970), "The Social Responsibility of Business Is to Increase its Profits", *New York Times*, September 13, pp. 122~126.

Hallett, T. (2010), "The Myth Incarnate: Recoupling Processes, Turmoil, and Inhabited Institutions in an Urban Elementary School", *American Sociological Review*, *75*(1), pp. 52~74.

Ilies, R., Morgeson, F. P., & Nahrgang, J. D. (2005), "Authentic Leadership and Eudaemonic Well-being: Understanding Leader-Follower Outcomes", *Leadership Quarterly*, *16*, pp. 373~394.

Lawler, E., Thye, S., & Yoon, J. (2015), *Order on the Edge of Chaos: Social Psychology and the Problem of Social Order*, Cambridge University Press.

Luthans, F. & Youssef, C. M. (2004), "Human, Social, and Now Positive

Psychological Capital Management: Investing in People for Competitive Advantage", *Organizational Dynamics*, *33*(2), pp. 143~160.

Luthans, F., Avolio, B. J., Avey, J. B., & Norman, S. M. (2007), "Positive Psychological Capital: Measurement and Relationship with Performance and Satisfaction", *Personnel Psy-chology*, *60*, pp. 541~572.

Luthans, F., Norman, S., Avolio, B., & Avey, J. (2008). "The Mediating Role of Psychological Capital in the Supportive Organizational Climate - Employee Performance Relation-ship", *Journal of Organizational Behavior*, *29*(2), p. 219.

Matten, D. & Crane, A. (2005), "Corporate Citizenship: Toward an Extended Theoretical Conceptualization", *Academy of Management Review*, *30*.

Meyer, J. W. & Rowan, B. (1977), "Institutionalized Organizations: Formal Structure as Myth and Ceremony", *American Journal of Sociology*, *83*, pp. 340~363,

_____ (1978), "The Structure of Educational Organizations", In M. W. Meyer (ed.), *Environments and Organizations*, San Francisco: Jossey-Bass.

Mitchell, R. K., Agle, B. R., & Wood, D. J. (1997), "Toward a Theory of Stakeholder Identification and Salience: Defining the Principle of Who and What Really Counts", *Academy of Management Review*, *22*(4), pp. 853~886.

Moon, J., Crane, A., & Matten, D. (2005), "Can Corporations Be Citizens? Corporate Citizenship as a Metaphor for Business Participation in Society", *Business Ethics Quarterly*, *15*, pp. 429~453.

Organ, D. W. (1988), *Issues in Organization and Management Series. Organizational Citizenship Behavior: The Good Soldier Syndrome*, Lexington, MA, England.

Podsakoff, P. M. & MacKenzie, S. B. (1994), "Organizational Citizenship Behaviors and Sales Unit Effectiveness", *Journal of Marketing Research*, *3*, pp. 351~363.

Robert, P. & Freeman, R. E. (2003), *Stakeholder Theory and Organizational*

Ethics, Berrett-Koehler Publishers.

Roberts, P. W. & Dowling, G. R. (1997), "The Value of a Firm's Corporate Reputation: How Reputation Helps Attain and Sustain Superior Profitability", *Corporate Reputation Review*, *1*, pp. 72~75.

Rogerson, W. (1983), "Reputation and Product Quality", *Bell Journal of Economics*, *14*, pp. 508~516.

Rowley, T. & Berman, S. (2000), "A Brand New Brand of Corporate Social Performance", *Business and Society*, *39*(4), pp. 397~418.

Smith, C. A., Organ, D. W., & Near, J. P. (1983), "Organizational Citizenship Behavior: Its Nature and Antecedents", *Journal of Applied Psychology*, *68*, pp. 653~663.

Smith, K. V. (2017), *21st Century Corporate Citizenship: The Practical Guide to Creating Value for Society and Your Business*, Emerald.

Sandberg, K. D. (2002), "Kicking the Tires of Corporate Reputation", *Harvard Management Communication Letter*, *5*(1), pp. 5~6.

Seligman, M. E. P. (1998), *Learned optimism*, New York: Pocket Books.

Seligman, M. E. P., Steen, T. A., Park, N., & Peterson, C. (2005), "Positive Psychology Progress: Empirical Validation of Interventions", *American Psychologist*, *60*, pp. 410~421.

Tugade, M. M. & Fredrickson, B. L. (2004), "Resilient Individuals Use Positive Emotions to Bounce Back from Negative Emotional Experiences", *Journal of Personality and Social Psychology*, *86*(2), pp. 320~333.

Waddock, S. (2000), "The Multiple Bottom Lines of Corporate Citizenship: Social Investing, Reputation, and Responsibility Audits", *Business and Society Review*, *105*, pp. 323~345.

Waddock, S. A. & Graves, S. B. (1997), "The Corporate Social Performance: Financial Performance Link", *Strategic Management Journal*, *18*, pp. 303~319.

Weber, M. (1978), *Economy and society*, Berkeley: University of California Press.

_____ (1976) [1904]. *The Protestant Ethic and the Spirit of Capitalism*, London: Allen & Unwin.

Westphal, J. D. & Zajac, E. (2001), "Explaining Institutional Decoupling: The Case of Stock Repurchase Programs", *Administrative Science Quarterly*, 46, pp. 202~228.

Wood, D. J. (1991), "Corporate social performance revisited", *Academy of Management Review*, 16, pp. 691~718.

Wood, D. J. & Jones, R. E. (1995), "Stakeholder Mismatching: A Theoretical Problem in Empirical Research on Corporate Social Performance", *International Journal of Organizational Analysis*, 3, pp. 229~267.

5

한국사회의 변화와
기업시민의 등장

한 준

연세대 사회학과

1. 머리말

최근 한국사회에는 '사회적인 것'의 귀환이라고 부를 수 있을 정도로 '사회적'이라는 수식어가 들어간 새로운 변화들이 많이 등장하고 있다. 사회적 경제, 사회적 기업, 사회적 혁신, 사회적 가치 등 비슷한 듯 조금씩 다른 의미를 지닌 용어들이 계속 등장해서 사용된다. 그중에서 이제는 비교적 친숙하다고 느낄 정도로 많이 등장하는 용어가 '기업의 사회적 책임Corporate Social Responsibility, CSR'이다. '기업 공유가치Corporate Shared Value, CSV'와 비슷한 의미로 쓰이기도 하는 이 용어는 기업이 자신이 속한 사회에 대해 기여하는 바, 즉 환경보호, 약자보호, 공공재 확충 등의 면에서 기여하는 바를 총괄해서 지칭한다. 물론 기업에 사회적 책임을 따지는 것이 회계적으로 본래부터 있던 것이 아니고, 또한 법적 책임을 묻는 것이 아니기 때문에 이 용어는 다분히 규범적인 성격이 강하다. 하지만 최근 들어 대기업들 대부분이 지속가능 보고서를 발간하고 사회적으로 각자 얼마나, 어떤 분야에서 사회적으로 기여했는지 알리고자 노력하는 것을 보면, 기업의 사회적 책임에 대한 어느 정도의 공감대가 존재한다는 것을 알 수 있기도 하다.

기업의 사회적 책임이나 공유가치가 왜 중요해졌는가를 설명하는 방식은 여러 가지이지만, 이 글에서는 '기업시민'이라는 측면에서 출발해서 한국사회가 지난 20~30년간 겪은 정치·경제·사회적 측면에서의 압축적 변화가 기업에 대한 시선과 관점이나 기업을 둘러싼 제도적 논리의 변화와 맞물려 기업에 대한 사회적 기대 및 그 중요성을 어떻게 바꾸었는가를 살펴보고자 한다. 한국사회에서 기업은 일제강점기에 본격적으로 등장했으며, 일본인이 설립한 기업과 구분되는 '민족기업'이라는 말이 등장할 정도로 민족주의적 측면이 강조되었다. 그래서 이 시기 대부분의 한국기업들은 사업 경영을 국가와 민족을 위한 것으로 여기기도 했다. 이러한 관점은 해방 이후 경제성장을 국가가 주도하기 시작한 발전국가 시기에도 지속되어, 국가와 기업이 손잡고 경제성장을 통해 민족중흥을 꾀한다는 것이 일반화된 사회적 정서이자 믿음이었다.

발전국가 주도의 압축적 경제성장 시기가 지난 후 한국의 기업에 대한 관점은 변화하기 시작했다. 1980년대 후반 민주화가 시작되고, 1990년대 세계화의 물결을 겪은 뒤 갑작스레 몰아닥친 외환위기를 극복하면서 기업을 바라보는 사회적 시선이 바뀌기 시작한 것이다. 그동안 기업들이 이룬 경제적 성과보다는 성장의 과실을 고르게 나누지 않았다는 분배 측면에서의 도전과 함께 기업 운영 과정에서 보인 불투명한 측면들에 대한 비판의 목소리가 커지기 시작했다. 이러한 비판적 인식과 목소리가 민주화 이후 정치적 경쟁과 맞물리며, 기업인들에 대한 비리와 부정 수사와 사법적 처벌까지 이르는 일도 종종 일어났다.

하지만 기업에 대한 비판적 목소리는 과거에만 집중된 것은 아니다. 정경유착이라는 용어가 기업의 과거 관행에 대한 사회적 비판을 요약적으로 대변한다면, 사회적 책임이라는 용어는 기업의 미래 변화를 기대하는 여론을 대표한다고 할 수 있다. 2000년대 이후 한국 사회가 직면한 여러 사회문제들을 해결하려는 집단적 노력에 기업이 힘을 보탤 것을 기대하고 요구하는 시민들의 생각과 희망이 드러난 것이 한국적 맥락에서의 '기업의 사회적 책임'이라고 할 수 있다. 이제 이 글에서는 한국사회가 어떻게 바뀌었으며 기업을 둘러싼 사회의 시선과 제도적 논리가 어떻게 바뀌었는지를 살펴보고, 기업이 시민으로서 사회에 대한 책임을 진다는 것이 구체적으로 어떤 내용인지 사회학적으로 살펴보고자 한다.

2. 1980년대 이후 한국사회의 변화

민주화와 권위주의의 퇴조

서구에서 시민사회의 발전은 자본주의적 경제발전과 함께 등장한 신흥 중산층의 사회적 프로젝트였다. 립셋(Lipset, 1963)은 경제발전이 민주주의 발전을 가져온다는 유명한 테제에서 경제발전의 결과 성장한 중산층이 시민사회와 민주주의 발전을 가져온 주역이 되었다고 주장하였다. 이때 립셋은 민주주의의 '사회적 기초social basis'가 중요하다는 점을 역설하였다. 하지만 권위주의적 발전국가 주도로 경제발전이 이루어진 서구 이외 사회에서 립셋의 테제는 한동안 부정되었다. 경제발전에도 불구하고 정치권력에 의해 위축된 중산층은 탈정치화되어 경제 영역에만 적극적으로 참여할 뿐 사회와 정치 분야에는 관심을 보이지 않았기 때문이다.

1980년대 중반까지 한국은 그 대표적 예 중 하나였다. '강한 국가와 약한 시민사회'라는 표현에서 잘 나타나듯 권위주의 국가권력에 의해 자율성을 제약당한 시민사회 조직들은 국가와 결탁cooptation함으로써 관변화하거나 권력의 억압에 의해 주변화marginalization하는 길만이 가능했다. 국가권력의 영향력은 다양한 분야에 걸쳐 강고하게 유지되어 자발적이어야 할 직능별, 업종별 조합이나 협회 혹은 문화, 예술, 스포츠 단체들에 이르기까지 정부의 통제하에 정부 정책에 협조해야 했다. 물론 시민사회 조직들이 지속적으로 제약되어 있었던 것은 아니다. 정치권력의 공백기였던 해방 직후와 4·19 항쟁 직후에 일시적으로 상당히 많은 조직들이 빠른 속도로 등장했지만 이들은 이후 정치권력 재편과 함께 속절없이 사라질 수밖에 없었고, 시민사회의 조직 역량은 취약한 상태를 벗어나기 힘들었다(Kim, 1997; 2000).

시민사회 위축을 가져온 또 다른 배경은 분단 상황이었다(이효재, 1979; 백낙청, 1994). 체제 간에 첨예하게 대립하는 상황에서 반공과 안보 논리는 시민들의 다양한 요구를 제약하는 효과적 이데올로기로 작용했으며, 국가보안법이나 긴급조치처럼 시민적 자유를 제약하는 법과 제도는 시민들의 공적 영역에서의 활동과 아울러 시민들 간의 관계 역시 위축시켰다. 결국 군부정권과 유신시대하에서 허용된 삶은 자유로운 교류와 결사가 이루어지는 시민으로서의 삶이 아닌, 국가권력의 규율과 통제에 따라야만 하는 국민으로서의 삶이었다. 가족의 바깥에서 공식 조직으로 중요한 역할을 한 학교나 직장은 위계적 규율과 억압적 분위기가 지배적이었고, 이들 모두에 예비군과 민방위대가 조직되어 국가적 동원 체계에 포섭되었다. 자발적 결사가 극히 제한된 상황에서 가족이나 친구, 사업이나 직장 동료 등의 관계 이외에 신뢰와 협동의 관계를 맺을 수 있는 기회를 갖기도 쉽지 않았지만, 통제와 억압의 분위기 속에서 자유롭게 교류하고자 생각하기도 쉽지 않았다.

1980년대 후반 이후 정치적 민주화는 이러한 상황에 큰 변화를 가져왔다. 국가의 시민사회에 대한 제약이 상당히 줄었으며, 다양한 분야에서 자발적 결사와 조직의 등장이 이어졌다. 또한 다양한 직능별, 업종별 단체들도 정부의 통제로부터 벗어나 자율성을 회복하였다. 게다가 1990년대의 탈냉전 분위기는 여전히 남아 있는 남북한의 군사적 대치상황에도 불구하고 과거 강고했던 냉전적 반공주의 체제를 느슨하게 만들었다. 학교와 직장 등 위계와 규율만이 강조되었던 조직들에서도 자유가 점차 허용되었다. 무엇보다 정치적 민주화와 함께 나타난 전투적 노동운동은 노동기본법의 보장과 함께 자유로운 노동조합의 등장을 가져왔다. 정치적 민주화와 노동운동의 동시 발전은 노동운동과 시민운동 간의 자연스러운 연대를 낳았다. 또 하나의 중요한 발전은 지방자치 실시를 통해서 풀뿌리 민주주의가 시작될 수 있는 단초가 마련되었다는 점이다. 바야흐로 노동뿐 아니라 사회 각 영역에서 1987년 체제가 시작된 것이다.

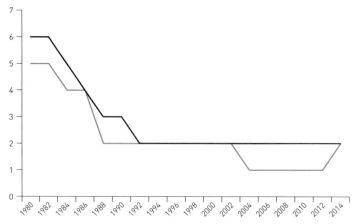

〈그림 5-1〉 민주주의의 질에 대한 평가 (1980~2014)

자료: 프리덤 하우스, 각 년도 자료.
참조: 청색은 정치적 권리, 검은색은 시민적 자유를 나타내며 낮을수록 민주주의
　　　정도가 높다.

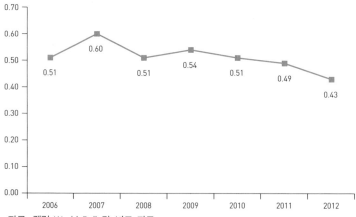

〈그림 5-2〉 민주주의의 질에 대한 평가 (2006~2012)

자료: 갤럽 World Poll 각 년도 자료.
참조: 수치는 0~1 사이이며 높을수록 민주주의 정도가 높다.

먼저 정치적 영역과의 관계부터 살펴보자. 갤럽 인터내셔널에서 매년 전 세계를 대상으로 실시하는 서베이 결과에 따르면, 〈그림 5-2〉에서와 같이 민주주의의 질democratic quality에 대한 국민들의 평가가 2000년대 중반 가장 높았다가 이후 완만하게 악화되어 온 것을 알 수 있다. 객관적 지표를 중심으로 민주주의 정도를 평가하는 프리덤 하우스의 지수를 보면, 〈그림 5-1〉에서와 같이 한국은 장기적으로 1990년대에 걸쳐 정치적 권리와 시민적 자유가 빠르게 개선되었지만 2000년대에는 큰 변화가 없다.

민주주의 정치제도 운영 및 권리의 보장과 함께 민주화의 핵심은 활발하고 적극적인 시민사회를 갖추는 것이다. 토크빌과 퍼트넘은 시민사회의 핵심이 활발한 자발적 결사 활동 및 시민들의 적극적 참여라고 주장했다. 〈그림 5-3〉, 〈그림 5-4〉는 1980년대 민주화 이후 비영리단체의 수적 증가를 보여 준다. 〈그림 5-3〉은 〈시민의 신문〉 집계 결과에 의한 장기 추세이며, 〈그림 5-4〉는 정부의 최근 공식 집계 결과이다. 이 두 그래프에 따르면 비영리단체 수는 1990년대에 빠르게 증가했으며, 2000년대 이후에는 증가세는 지속되지만 증가 속도는 다소 둔화되었다.

권력으로부터 자유롭고 자율적인 참여를 중시하는 자발적 결사의 증가는 시민사회의 조직된 역량이 높아졌다는 것을 의미한다. 하지만 자발적 결사의 수가 증가한다고 해도 시민들의 참여가 활발하게 이루어지지 못하면 그 의의는 반감된다고 할 수 있다. 〈그림 5-5〉, 〈그림 5-6〉은 자발적 결사에 참여하는 시민의 비율을 보여 준다.

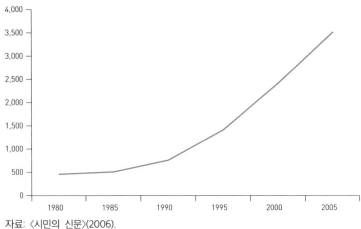

〈그림 5-3〉 비영리단체 수의 증가 (1990~2005)

자료: 〈시민의 신문〉(2006).

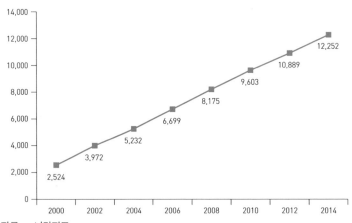

〈그림 5-4〉 비영리단체 수의 증가 (2000~2014)

자료: e-나라지표.

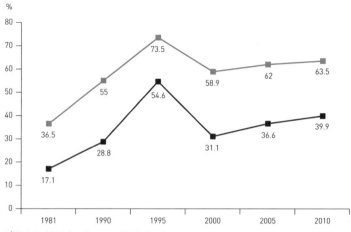

〈그림 5-5〉 자발적 결사 참여율 (1981~2010)

자료: World Value Survey, 1981~2010.
참조: 청색 선은 종교단체, 문화예술단체, 노동조합, 정당, 환경단체, 전문가 단체를
합한 비율이며, 검은색 선은 종교단체를 제외한 비율이다.

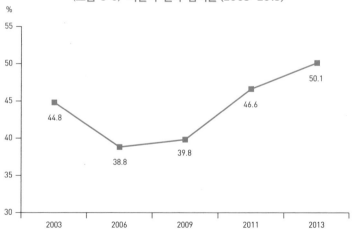

〈그림 5-6〉 자발적 결사 참여율 (2003~2013)

자료: 통계청 사회조사, 2003~2013.
참조: 친목 사교단체, 종교단체, 취미 스포츠 레저단체, 시민사회단체, 학술단체,
이익단체, 정치단체, 지역사회 모임을 모두 합친 비율이다.

세계 가치관 조사World Value Survey 결과를 나타내는 〈그림 5-5〉는 1981년부터 1995년까지의 지속적 증가와 2000년까지의 급격한 감소, 그리고 2000년대에 걸친 완만한 증가를 보여 준다. 〈그림 5-6〉은 통계청 사회조사에 나타난 2003년부터 2013년까지의 추세로, 2006년까지의 감소세에 이어서 완만한 증가세가 지속되는 양상을 보여 준다. 두 그래프의 결과가 일치하지는 않지만 전반적 추세에 대해서는 마찬가지라는 것을 알 수 있다.

민영화, 글로벌화와 발전국가의 변형

1990년대 이후에는 민주주의를 둘러싼 진통이 계속되는 동시에 새로운 변화가 시작되었다. 그동안 정부의 규제를 받아 온 시장과 기업의 활동이 탈규제 환경 속에서 활발해지는 동시에 세계화의 물결에 동참하기 시작했다. 1960년대 산업화가 시작된 이후 오랫동안 권위주의 정부는 관치금융을 통해 은행자금을 대기업에 지원하고, 산업정책과 보호무역을 통해 기업들에 혜택을 제공했으며, 노동운동에 대한 조합주의적 억제를 통해 산업 평화를 보장했다. 서구와 일본에 뒤처진 후기후발late-late 발전의 시점에서 정부의 친기업적 발전국가 정책에 따른 보호와 지원에 힘입어 한국의 기업들은 빠른 성장을 거둘 수 있었다. 이러한 정부 주도 성장전략의 성과는 압축적 경제성장 기간 동안 GDP 성장률이 10%를 넘은 데서 잘 나타난다 (Amsden, 1994).

하지만 1980년대 후반 민주화 이후 한국경제에는 변화가 나타나기 시작했다. 정부가 우위에 서서 외국 자본과 국내 기업가들을 연결하고, 정책적 개입을 통해 경제성장을 주도해 가는 발전국가적 전략에서 탈피하기 시작한 것이다. 권위주의 정부의 정당성이 도전을 받는 상황에서 정경유착이라는 비판을 받을 수 있는 지원과 보호가 어려워지기도 했고, 그동안의 성장 결과 이미 상당한 규모와 역량을 갖춘 대기업들 또한 정부로부터 기업활동의 자율성을 확보하고자 하였다. 정부와 기업의 이러한 변화로 인하여 1990년대 민주화 과정에서 경제의 민영화 혹은 탈규제가 빠르게 이루어졌다. 기업들은 과거와 같이 정부의 조정이나 보호, 지원에 의존하거나 따르기보다는 1980년대 후반 이후 유리한 국내외 경제상황 속에서 적극적인 기업활동을 펼치게 된 것이다(Woo-Cumings, 2001).

시장과 시민사회가 국가의 통제에서 서서히 벗어나 취약한 자율성을 조금씩 회복해 가던 1990년대 중반 이후 신자유주의적 성격을 강화하기 시작한 시장의 영향력이 시민사회에 미치기 시작했다. 서구에서는 이미 1980년대에 사회 구조를 재편하기 시작한 신자유주의는 1990년대 한국사회에서 점점 영향력을 강화하기 시작해서, 외환위기를 계기로 사회적 의식과 행위, 질서에 거대한 변화를 가져오기 시작했다. 신자유주의적 사회변화의 내용은 대체로 다음과 같다. 시장자유의 확대와 기업활동의 세계화로 경제적 이중구조가 형성되며 경제적 불평등이 증가했고, 개인의 자유와 책임이 동시에 강조되는 상황에서 개인들은 불확실성에 무방비로 노출되기 시작했으며, 사회구조와 관계의 유연화는 시대적 화두가 되었다. 또한 글로벌화의 급속한 진행은 글로벌 스탠더드의 도입과 수용을 당연시하는 결과를 가져왔다.

2000년대에 들어서 이러한 변화의 흐름은 더욱 거세어졌다. 한국은 외환위기를 짧은 기간에 성공적으로 극복하고 디지털과 글로벌이 지배하는 경제 속에서 다시금 수출 중심의 빠른 경제성장을 이어갔으며, 발전국가 역할 축소와 글로벌 경쟁 강화에 성공적으로 적응한 대기업들은 이러한 성장을 이끄는 견인차 역할을 하였다. 그 결과 한국경제는 민간 주도의 새로운 발전 계기를 맞았고, 무난하게 1인당 소득 2만 달러를 넘어섰다. 이러한 과정에서 민간 대기업 주도의 새로운 경제성장이 빠르게 정부 주도의 경제운영을 대체했지만 발전국가의 역할이 완전히 사라진 것은 아니었다. 정·관계 리더들 상당수가 시장의 자율성을 강조하면서도 정부의 경제성장을 위한 개입을 요구하는 이중적 사고와 행태를 보였기 때문이다. 하지만 발전국가적 유산이 있다고 하더라도 그 주도권은 더 이상 정부가 일방적으로 갖는 것이 아니라 민간 대기업과 정치권, 정부가 협의를 통해 공유하는 것이 되었다.

발전국가 이후 국가의 역할과 모형이 무엇일지에 대해서는 뚜렷한 합의가 존재하지 않는다. 한편에서는 발전국가를 계승한 사회적 투자국가를 이야기하기도 했고, 다른 한편에서는 서구적 복지국가를 이야기하기도 했다. 그럼에도 다수의 사람들이 인정하는 점은 압축적 성장과정에서 발전국가가 경제성장을 위해 불균등 발전전략을 통해 추구해 온 것과 달리 이제는 GDP만이 아닌 국민들의 삶의 질을 높일 수 있는 균형적 발전의 전망이 필요하다는 것이다. 2000년대 후반 이후 전 세계적으로 삶의 질에 대한 관심이 높아졌지만, 한국에서는 그동안의 발전 경로와 관련하여 이에 특별한 의미가 부여되었다. 압축적 경제성장 과정에서 유보되었던 많은 것들이 삶의 질 저하를 가져온 배경이 아닐까 하는 의구심과 함께 그에 따른 균형 회복에 대한 국민적 요구가 일어난 것이다. 삶의 질이 국가적 의제가 됨으로써 정부는 기업과 손을 잡고 경제발전을 위한 정책적 지원을 하는 것만이 아니라 사회 각 분야의 요구에 부응해서 국민들의 삶의 질을 향상할 수 있는 사회적 가치를 실현하고자 노력하는 역할을 맡게 되었다(정해식·김성아, 2015).

정보화와 소통의 변화

1980년대 후반 한국사회에서는 개인용 퍼스널 컴퓨터가 본격적으로 보급되기 시작했다. 이어서 1990년대 중반부터는 PC통신을 통한 소통이 활발하게 이루어지기 시작했다. 초보적이기는 했지만 PC통신을 통해 온라인에 접속해서 의견이나 관심, 소식을 서로 공유하는 활동이 청년층을 중심으로 빠르게 확산되었다. 김대중 정부의 IT 인프라에 대한 대규모 투자와 외환위기 극복과정에서 일어난 벤처 창업 붐은 한국을 전 세계적 인터넷 강국의 반열에 올려놓는 데 한 몫을 했다. 새롭고 혁신적인 인터넷 서비스와 소통의 시도가 이어지

면서 한국사회에서는 온라인 사회관계의 등장과 사회적 관심의 조
직화가 활발하게 이어졌다. 오프라인에서의 동창회를 대신해서 온
라인 동창모임이 등장했고, 취미나 관심을 공유하는 온라인 동호회
모임이 우후죽순처럼 나타났으며, 정치적 의견이나 주장을 나누는
게시판들을 이용한 의사소통이 활발하게 이루어지기 시작했다.

2000년대 후반 스마트폰의 등장은 정보통신기술과 온라인 소통
의 새로운 단계를 가져왔다. 1990년대 중반 호출기에 이어 1990년
대 후반에는 휴대폰의 형태로 이동통신이 등장했지만, 이것은 통화
만 가능했기 때문에 온라인 소통과는 큰 연관성이 없었다. 이후 휴
대폰을 이용한 온라인 연결도 이루어졌지만 역시 텍스트 위주라는
기기의 한계와 PC에 비해 느린 속도, 비싼 비용 등으로 인해 제한적
으로만 활용되었다. 그러나 2000년대 후반 모바일 데이터 통신을
빠르고 저렴하게 이용할 수 있는 무선 서비스의 등장과 무엇보다 진
정한 의미에서 멀티미디어 모바일 디바이스로 기능할 수 있는 스마
트폰의 등장은 이러한 제한들을 모두 없애 버렸다. 스마트폰은 그동
안의 어떤 기술적 혁신보다도 빠르게 확산되면서 PC를 대신하는 인
터넷 활용기기로 등장했다. 와이파이 접속을 통해 어디에서나 유선
인터넷망과 마찬가지로 활용할 수 있는 모바일 통신망이 구축되면
서 유비쿼터스라는 용어가 본격적으로 적용될 수 있는 소통의 시대
가 된 것이다.

스마트폰의 보급과 본격적인 모바일 인터넷 시대의 등장은 온라
인 활동에도 변화를 가져왔다. 블로그, SNS 등을 이용한 P2P 방식

의 소통이 활발하게 이루어지기 시작한 것이다. PC를 이용한 인터넷이 그 이전의 전화, 팩스 등의 개인통신과 신문, 방송 등의 대중매체를 결합함으로써 동시적, 쌍방향 소통의 시작을 알렸다면, 스마트폰을 통한 모바일 인터넷은 언제나, 어디서나, 누구와도 음성, 텍스트, 이미지, 동영상 등 어떤 방식으로든지 소통할 수 있는 가능성을 제공함으로써 진정한 소통의 혁명을 가져왔다. 한국은 이러한 정보통신과 소통의 급속한 변화과정에서 기술적 인프라 도입이나 통신 서비스 가입과 활용 등의 면에서 세계적으로 앞장서 왔다. 특히 모바일 통신의 활발한 활용은 인구밀도가 높고, 유목민적이라고 할 정도로 이동이 많은 한국사람들의 생활환경과 습관에 딱 맞아떨어지는 것이었다.

인터넷과 모바일 통신의 급속한 보급은 정치와 경제, 일상생활과 문화에서 이른바 디지털 모바일 혁명을 가져왔다. 상품과 서비스의 판매와 구매, 금융 투자와 관리 등 대부분의 경제활동이 모바일 플랫폼을 통해 온라인에서 이루어지게 되었다. 정치적 의견 표명과 공론 형성이 SNS 등을 통해 모바일 플랫폼에서 이루어지면서 정치적 소통 또한 전에 없이 활발하게 전개되었다(Shirky, 2008). 음악감상, 독서, 공연이나 영화감상 등 모든 문화활동이 모바일 기기를 이용해서 디지털 방식으로 이루어지기 시작했다. 이러한 디지털 대전환은 사회적 소통에서 대중의 아닌 개인의 시대를 열었다. 매스미디어와 규모의 경제에 의존해서 일방적으로 획일화된 메시지와 상품, 서비스를 수용하는 대중mass이 아니라 소셜미디어와 플랫폼 경제를 이용해서 자신의 취향과 관심에 따라 개별화, 차별화된 메시지와 상품, 서비스를 즐기는 네트워크 개인이 등장한 것이다.

디지털 미디어와 모바일 통신기술의 발전은 인구학적으로 밀레니얼 세대 혹은 에코 세대를 특징짓게 되었다. 밀레니얼 세대는 디지털 전문가인 탭스콧(Tapscott, 2008)의 말대로 디지털 원주민들로서 디지털 기술과 함께 자라난 세대이다. 이들은 디지털 기술과 모바일 통신을 배워 익힌 디지털 이민자인 이전 세대와 달리 모든 삶이 디지털로 연결되어 있을 뿐 아니라 다른 사람들과의 관계 역시 언제나 온라인 상태이다. 그렇기 때문에 네트워크 개인이자 디지털 원주민인 밀레니얼 세대는 생각과 의견의 전파가 빠를 뿐 아니라 모바일 통신을 통해 동원하는 역량 면에서도 뛰어나다. 그 결과 모바일 통신과 SNS 미디어를 이용하는 새로운 세대와 시대에는 과거와 달리 조직을 이용할 필요가 없이 집합적 행위와 의견 표명이 용이하다 (Shirky, 2008). 2010년대 이집트 등 중동에서의 민주화 시위, 홍콩의 민주화 시위, 그리고 한국의 촛불 시위 등은 모두 이러한 모바일 통신과 SNS 미디어의 가능성을 유감없이 보여 준 예들이라고 할 수 있다.

3. 기업을 둘러싼 제도적 논리의 변화

사회, 경제적 변화뿐 아니라 기업조직의 전략을 짜고 운영 원리를 제공하는 제도적 논리에도 변화가 오기 시작했다. 기업조직의 제도적 논리institutional logic란 조직의 기본 정체성에 대한 규정과 함께 조직의 의사결정과 행위에 대해 제도적 환경에서 기대하는 바를 요약한 것이다(Thornton, Ocasio, & Lounsbury, 2012). 따라서 제도적 논리는 기업조직의 인지적, 규범적 차원에서의 판단과 결정의 기준을 제공한다고 할 수 있다. 예컨대 시장 중심 논리로 본다면 가족 중심 논리에 따른 연고의 중시와 세습이 적절하지 않으며, 공공 중심 논리에 따른 기부와 자선 역시 적절하지 않다. 기업조직에 대해 제도적 논리 관점이 함의하는 바는 외부 환경에서 어떤 논리를 채택하는가에 따라 어떤 의사결정이나 행위가 적절한 것이 될 수도 있고 아닐 수도 있기 때문에, 모든 기업조직에게 언제나 최선인 판단과 행위의 기준은 없다는 것이다. 결국 우리는 기업조직이 어떤 의사결정과 행위를 하는 것이 옳은가를 판단하기 이전에 기업조직을 둘러싼 제도적 논리가 어떤 것인가를 따져 볼 필요가 있다. 그런데 20세기 후반에서 21세기에 걸쳐, 특히 최근 들어 한국의 기업조직을 둘러싼 제도적 논리에 변화가 나타나고 있다.

경쟁 논리의 변화

자본주의 시장경제의 진화과정에서 기업들 간의 경쟁 논리에 변화가 나타났다. 경제학에서는 오랫동안 시장에서의 경쟁을 합리성의 원칙에 따라 각자 독립적으로 의사결정을 내리는 이기적 행위자들 간의 전략적 상호작용으로 보아 왔다. 이러한 관점을 기반으로 해서 경제학의 영향을 받은 시장에 대한 관점은 대부분 시장의 경제적 행위자들이 서로 익명적이고, 독립적이며, 합리성에 기반한 경제적 계산 이외의 사항에 대해서는 고려하지 않는 것을 전제했다. 정치 및 사회사상 측면에서 자유주의를 바탕으로 한 이러한 관점은 기업들 간의 경쟁이 벌어지는 시장에 대해 다음과 같은 두 측면의 가정을 한다.

하나는 시장에서 기업들의 판단과 행위, 상호관계를 순수하게 경제적 이해만을 추구하는 것으로 보는 것이 옳다는 가정이다. 가장 효율적으로 구매, 생산 및 유통을 조직해서 고객이 원하는 상품이나 서비스를 가장 낮은 가격에 제공하는 기업이 살아남을 뿐 아니라 성공한다는 시장에 대한 믿음은 이러한 인지적 가정을 공유한다. 또 하나의 가정은 앞의 인지적 가정에 기초해서, 시장을 둘러싼 사회적 제도와 구조는 시장에 개입하지 않을 때에 최선의 효율적인 성과를 거둘 수 있다는 것이다. 이러한 가정은 정치나 사회문화적 요인들이 시장에 대해 간섭하지 않아야 한다는 결론으로 이어진다.

이처럼 시장을 완벽한 합리성과 순수한 이해동기가 지배하는 영역으로 보는 관점은 자유주의 경제학에서 가장 강하게 나타났지만 20세기 후반 전 세계적으로 득세한 신자유주의의 제도적 논리에도 잘 표현되어 있다. 그 결과 시장의 효율성을 저해하는 정부나 공공 영역은 축소되는 것이 마땅하고, 공공의 관리하에 있던 경제 분야들은 대거 민영화되어야 하며, 정치적 개입이나 조합주의적 간섭은 배제되어야 마땅하다는 주장이 지배적이 되었다.

시장의 독립성과 자율성을 강조하는 자유주의 논리에 대한 반론이나 대안 추구는 20세기에도 계속 있었지만 21세기에 접어들면서 더욱 강화되기 시작했다. 시장의 자율성에 대해 문제를 제기한 경제인류학자 칼 폴라니의 영향을 받은 학자들과 정책 입안자들은 본격적인 대안 추구를 시도하기에 이르렀다(Block & Somers, 2014). 인지적으로는 시장이 독립적이고 자율적인 순수한 영역이라는 이상적 전제 대신에 시장에서 경제행위자들의 판단과 결정, 행위가 사회적 관계와 구조를 밑바탕으로 한다는embedded 현실적 전제의 중요성이 강조되었다(Granovetter, 2017). 덧붙여 경제행위자들의 사회, 문화적 정체성identity이 경제활동에 영향을 미친다는 사실에 대해서도 관심이 높아졌다(Akerlof & Kranton, 2011).

경제행위자의 정체성과 배태성에 대한 강조 외에도 시장을 비롯한 경제적 제도들이 효율성을 극대화하는 자연스러운 산물이 아니라 이해관계의 조정이나 추구를 위한 혹은 추구하는 가치를 둘러싼 타협의 산물이라는 구성주의 사고의 영향력이 더욱 커지게 되었다. 더 나아가 인간의 경제적 계산이나 판단이 합리성을 추구하는 이성의 당연한 발로가 아니라 제도적 논리에 크게 영향을 받는 암묵적 학습에 따른 수행성performativity의 산물이라는 관점도 등장하게 되었다(MacKenzie, 2008). 이러한 생각에 따르면, 지배적 제도 논리가 바뀌면 경제행위자들의 판단과 결정, 행위도 따라서 함께 바뀌는 것이 당연하다.

다른 한편, 기업활동 면에서도 인식과 생각에 변화가 나타났다. 시장이 확대되고 기업활동의 범위도 확장되면서 개별 기업이 아닌 기업 간의 네트워크가 진정한 경쟁의 단위가 되었다는 생각이 바로 그것이다. 특히 경쟁이 심화되고 혁신의 속도가 빨라진 결과 시장에서의 불확실성이 높아지면서 상호 협력, 의존하는 기업들의 집단으로서 기업 생태계의 중요성이 강조되기 시작했다(Iansiti & Levien, 2004). 이러한 의미에서 21세기 기업들은 협력과 경쟁을 동시에 추구하는 경쟁적 협력co-opetition을 해야지 경쟁에만 몰두해서는 안 된다는 주장이 많은 지지를 받게 되었다(Nalebuff, Brandenburger, & Maulana, 1996). 최근 들어 기업들의 경쟁전략에서 플랫폼이 중요시되면서 이러한 관점은 더욱 힘을 받게 되었다.

기업조직과 시장에 대한 관점이 바뀌면서 경쟁에서 우위를 확보하는 경쟁전략의 핵심적 논리 또한 바뀌게 되었다. 기업은 좁은 의미의 이해관심에 따라 효율성만을 최상의 수단으로 추구하는 것이 아니라, 보다 넓은 기업 간 관계와 환경을 염두에 두고 효율성과 함께 제도적 정당성도 추구해야 한다는 논리가 강조되기에 이르렀다. 또한 개별 기업 간 경쟁이 아닌 협력적 기업들의 생태계 간 경쟁이 더욱 중요해지면서 협력과 상생의 가치를 어떻게 구현하는가가 경쟁 못지않게 중요한 의미를 갖게 되었다.

기업 범위의 확장

기업들의 경쟁 논리 변화와 함께 경제발전과 민주화에 따른 사회적 변화 속에서 기업 경영 패러다임 및 기업조직을 보는 시각 역시 변화했다. 일반적으로 기업 경영의 시각은 소유경영자 중심의 시각 owner-manager point of view, 주주 중심의 시각stockholder point of view, 그리고 이해관계자 중심의 시각stakeholder point of view 등으로 나누어 볼 수 있다.

소유경영자 중심의 시각은 자본주의 발전 초기에 소유와 경영의 분리가 진행되지 않은 상태에서 창업자 혹은 소유주의 이득을 극대화한다는 관점이었다. 이에 비해 기업의 규모가 커지고 그에 따라 자본동원 방식이 개인적 연결망이나 은행으로부터의 차입에서 자본시장 이용으로 변화하면서 주주들의 중요성이 강조된다. 그에 따라 기업의 경영에서 소유주나 경영자의 이해관계만이 아니라 기업의 주식을 소유한 주주들의 이해관계가 중시되지 않을 수 없다. 주주들의 이해관계란 이들이 소유한 주식 가격에 주로 의존한다. 따라서 주주 중심의 시각에서 본다면 주식시장에서의 주가 변동에 민감하게 반응하지 않을 수 없는 것이다.

이해관계자 중심의 시각은 기업활동이 단지 경영자와 주주들의 이해관계에만 영향을 받지 않는다는 점을 강조한다. 앞서 살펴본 기업문화나 소비자 만족에 대한 강조에서도 볼 수 있듯이, 기업활동의 영향을 받고 또한 거꾸로 기업활동에 영향을 줄 수 있는 여러 집단의 사람들이 존재한다. 기업에 고용된 직원들이 있고, 기업이 제공하는 제품이나 서비스를 이용하는 소비자들이 있으며, 또한 기업이 속한 지역사회와 공동체의 주민들이 있다. 이러한 다양한 집단의 사람들을 기업의 이해관계자stakeholder라고 보고 이들의 이해가 기업활동에 의해 어떻게 영향을 받으며, 이들의 이해관계를 어떻게 보호할 것인가를 생각하는 것이 이해관계자 중심의 시각이다.

이해관계자 중심의 시각은 최근 들어서 특히 기업의 사회적 책임과 함께 그 중요성이 더욱 강조되고 있다. 이처럼 기업과 사회의 상호 관련성이 높아지는 것은 기업의 규모가 커지고 사회적 영향력이 커지고 있기 때문이다. 이처럼 기업과 사회의 관련성이 높아지고 기업 경영에서 고려해야 할 사회적 차원이 늘어나면서 기업을 하나의 총체적 시스템, 특히 환경과 상호작용하는 개방된 시스템(Scott, 1998; 윤순봉·장승권, 1997) 혹은 생태계(Moore, 1994)로 보아야 한다는 주장도 제기되고 있다. 〈그림 5-7〉은 폐쇄적 시스템으로부터 개방적 시스템으로 기업을 바라보는 시각이 변화한 것을 도식화한 것이다.

폐쇄적 시스템으로서 기업을 보는 시각에서는 기업 환경의 불확실성 혹은 위험요소들을 통제의 대상, 즉 기업의 안정된 이윤 확보를 위해서 통제해야 할 대상으로 보는 것이 일반적이다. 하지만 개

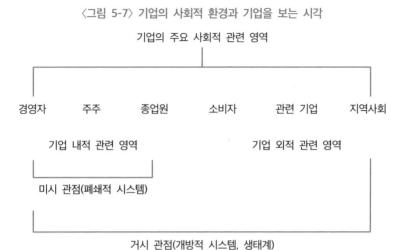

〈그림 5-7〉기업의 사회적 환경과 기업을 보는 시각

기업의 주요 사회적 관련 영역

| 경영자 | 주주 | 종업원 | 소비자 | 관련 기업 | 지역사회 |

기업 내적 관련 영역   기업 외적 관련 영역

미시 관점(폐쇄적 시스템)

거시 관점(개방적 시스템, 생태계)

방적 시스템으로서 기업을 보는 관점에서 환경의 불확실성은 통제해야 할 대상이라기보다는 적응해야 할 대상이다. 즉, 불확실성이나 불안정은 제거해야 할 것이 아니라 기업의 내부 구조와 경영을 그에 맞추어 적응력이 높고 유연하게 바꾸어 가야 하는 것이다. 기업을 개방적 시스템 혹은 생태계로서 보면 기업에 대한 신뢰나 평판은 기업의 핵심 자산인 동시에 가장 중요한 경쟁력의 원천이 된다(Fombrun, 1996). 신뢰는 기업이 자신을 둘러싼 사회적 환경에 대해서 지불해야 할 비용을 줄여 줄 뿐 아니라, 강한 형태의 신뢰는 외부 경쟁자들이 침탈하거나 모방하기 어렵기 때문에 지속적인 경쟁력의 원천이 될 수 있는 것이다(Barney & Hansen, 1994).

1980~1990년대 한국 기업경영의 주된 키워드는 기업문화corporate culture와 고객customer이었다고 할 수 있다. 이 시기 이전까지 급격한

경제성장 과정에서는 물질과 기술의 요소만을 강조한 탓에 기업의 핵심 자원 중 하나인 인적 자원에 대한 관리는 소홀했다. 또한 여전히 대량 생산 패러다임의 강력한 영향에 의해 소비자들의 요구와 만족도보다는 생산자 위주의 제품과 서비스가 시장을 지배했다. 하지만 사회의 민주화와 다원화로 인해 기업은 더 이상 일방적으로 직원들과 고객들에게 복종과 선택을 요구하지 못하는 상황에 처하게 되었다. 따라서 노사관계의 안정과 함께 보다 높은 성과를 올릴 수 있는 기업문화의 중요성과 더불어, 고객들의 요구에 부응하고 고객들의 만족도를 높여야 할 필요성이 강조되기 시작했다. 이러한 경영 패러다임은 앞선 시기의 물질적 투입과 기술적 요소에 더해 인간적 요소를 강조하기 시작한 것이라고 평가할 수 있다.

그런데 2000년대 들어서는 이러한 기업조직의 범위가 전체 사회로 더욱 확장되기 시작했다. 기업의 상품시장과 노동시장을 통해 관계를 맺는 소비자와 노동자 외에 기업이 위치한 지역사회 주민들이나 전체 사회 시민들 역시 기업들과 영향을 주고받을 수 있다는 인식이 확대되기 시작한 것이다. 주민들의 경우 기업활동이 대기 혹은 수질 오염, 소음 등 환경적 영향을 미칠 수 있다는 점과 함께 기업활동이 지역경제의 흥망성쇠에 미치는 영향이 엄청나다는 사실 때문에 긴밀하게 관심을 갖는다. 대기업들의 경우 특히 최근 들어 새로운 생산설비나 공장을 어디에 위치시킬 것인가를 둘러싸고 이해관심이 높아진다. 전체 사회 차원에서는 기업들이 사회적 윤리나 가치의 기준에 미치는 영향에 대한 관심이 높아지고 있다. 이제는 주주

shareholder, 이해관계자stakeholder에서 애덤 스미스의 《도덕감정론》에서 제시된 용어인 관찰자spectator로 기업에 관심을 갖고 영향을 미치는 범위가 확장된 것이다. 이들 시민으로서의 관찰자들은 기업이 회계 투명성을 유지하는가에 대해 투자자의 입장만이 아니라 사회적 윤리 기준에서 평가하고, 기업이 노동자를 대하는 것에 대해 근로 기준만이 아니라 공정성과 인권의 기준에서 평가한다.

노동자의 변화

기업조직에 고용된 사람들은 대개 공식적인 고용계약을 맺는다. 이 고용계약에는 계약의 쌍방인 고용주와 피고용자 간의 권리와 의무가 명확하게 규정되어 있다. 하지만 그에 못지않게 중요한 것이 조직 구성원들이 조직과 맺는 심리적 계약psychological contract이다. 공식적으로 문서화되거나 명시되어 있지는 않지만 내가 무엇을 하면 소속된 조직이 어떠한 보답을 내게 주어야 한다든지, 조직이 어떤 행위를 내게 하면 나는 어떻게 하는 것이 정당하다는 등의 내용들로 이루어진 계약이 심리적 계약이다(Rousseau, 1995).

심리적 계약은 본질적으로 주관적 믿음인 까닭에 계약 상대방과 공유되지 않을 수 있다. 하지만 대개 안정된 사회적 관계 속에서는 이러한 심리적 계약에 대한 암묵적 합의가 존재한다. 또한 사회 조직 속에서의 심리적 계약은 맥락context에 의존하는 경우가 많다. 따라서 사회마다 고유한 제도와 문화에 따라 심리적 계약의 내용이 정해진다. 한국이나 일본, 대만 등과 같은 동아시아 사회에서는 거래 쌍방의 기대와 의무를 계약 문서상에 모두 정하지 않는 것이 일반적이다. 고용계약의 경우에는 특히 그러하다. 이 경우 고용계약은 단지 공식적 계약 내용만이 아니라 심리적 계약 내용까지도 포함하게되고, 때로는 심리적 계약 내용이 실제 피고용자들의 행위에 중요한 영향을 미치는 경우도 많다.

고용계약을 둘러싼 피고용자와 기업 간의 관계에서 심리적 계약의 존재는 양자 사이의 신뢰를 전제로 한다. 고용을 둘러싼 모든 사항을 미리 정하지 않더라도 서로 간에 기대하는 바들을 이미 이해하고 있다고 믿어야 하기 때문이다. 한국에서 피고용자와 기업 간의 심리적 계약은 많은 곡절을 겪어 왔다. 하지만 그 커다란 틀은 일본과 마찬가지로 기업 단위의 고용관계와 연공서열제의 임금 결정, 그리고 장기고용 관행 등의 내용을 담고 있었다. 따라서 기업에 고용된 사람들은 자신의 직장에서 어느 정도의 연한이 되면 어느 정도의 수입과 지위를 누리게 될 것이라는 기대를 갖고 직장생활을 해온 것이 사실이다. 그리고 적어도 이러한 장기적 전망이 직장인들이 대기업을 안정적 직장으로 생각하며 고용안정에 대한 신뢰를 갖도록 해온 기반이기도 했다. 그런데 최근에 와서는 이처럼 기업과 피고용자 간에 존재하던 심리적 계약을 다시 써야 할 상황이 발생하고 있다.

〈그림 5-8〉은 1990년대까지 한국기업의 현실이 변화함에 따라 기업과 피고용자 간의 심리적 계약 내용이 어떤 변화를 겪었는가를 보여 준다. 그림에서 현실의 변화는 인구 고령화 및 저성장 속에서 기

〈그림 5-8〉 근로의식에 영향을 미치는 현실 변화

산출 | 투입

만족과 몰입 = 근로의식 가치와 기대

충족 필요

변화 필요 업무 수행

인정과 보상

의식
현실

→ 평생직장 붕괴
→ 구조조정 상시화

업 환경변화 때문에 인사체계가 바뀐 결과 인정과 보상 기준 및 방식이 바뀐 것이다. 그 내용은 과거의 인사체계에 따라 직장인들이 기대하는 장기 고용과 승진을 통한 보상이 어렵게 된 것이다. 업무수행 및 평가 면에서도 변화가 있다. 현실이 바뀌어 과거 경험에 기반한 기대가 충족되지 못하면 갈등과 충돌이 발생하고 만족과 몰입이 낮아진다. 이를 방치할 경우 악순환이 거듭돼서 기업의 성과 악화와 개인 삶의 질 악화를 가져온다. 기업과 개인 모두 불만족스러운 상황이 되는 것이다.

조직문화의 변화도 비슷하다. 경제 고도성장기에 한국기업은 피라미드적 위계의 조직구조를 지녔다. 베이비붐 세대의 입사가 시작된 1980~1990년대에 피라미드 구조는 정점에 달했다. 경제의 확장 속에서 피라미드의 확대로 입사 인력 다수가 내부 승진할 수 있었고 그에 따라 동기문화가 정착했다. 연령주의 동기문화는 직급과 연령이 연동되는 결과를 낳았고, 이러한 동기문화와 연공제가 결합한 결과 상명하복의 위계를 중시하고 개인보다 집단을 중시하는 조직문화가 지배적이 되었다. 그런데 연령 경직적 인사체계를 보다 유연하게 바꾸고, 직무 중심의 인력 활용으로 전문성을 높일 필요가 커지면서 더 이상 과거의 연령주의와 가부장적 집단주의 조직문화를 유지하기 어렵게 되었다.

현실의 변화가 심리적 계약 및 조직문화와 충돌할 경우 현실을 과거로 되돌리거나 아니면 근로의식과 조직문화를 변화된 현실에 맞도록 바꾸어야 한다. 현실을 과거로 되돌리는 것은 쉬운 일이 아니다. 이미 고령화, 글로벌화, 기술발전 등으로 과거 방식대로 조직을 운영하는 것은 불가능해졌기 때문이다. 그렇다면 현실과 의식, 현실과 문화의 충돌은 의식과 문화의 혁신과 개조를 통해서만 해결할 수 있다. 변화된 현실 속에서 개인들은 기업에 대해 강한 몰입과 일체감을 느끼기보다는 언제든 떠날 수 있는 준비를 갖추고 제한된 소속감만을 느낀다. 실제로도 많은 직장인들은 비정규직, 계약직 등으로 기업조직을 일시적으로 머무는 곳으로 생각한다. 이러한 조건하에서 기업과 직장인들 간의 신뢰가 형성될 가능성은 그만큼 낮아질 수밖에 없다.

2000년대 이후 직장인 고용 불안정성의 심화가 심리적 계약의 위반과 밀접히 관련되지만, 심리적 계약이 신뢰에 미치는 영향이 단지 계약 내용의 성실한 이행에 관련된 것만은 아니다. 계약 당사자 간의 기대의 충족뿐 아니라 계약 상황에 일반적으로 적용되는 규범 또한 중요하기 때문이다. 피고용자와 기업 간의 관계에서 일반적으로 적용되는 규범 내용 중 중요한 것이 공정성이다(김명언, 1997). 기업이 피고용자들을 다루는 데 있어 절차상으로 공정한 규칙을 적용하고 공정한 분배를 실시하였는가 여부의 판단에 따라 피고용자들은 기업에 대한 신뢰를 철회하기도 하고 강화하기도 하기 때문이다. 직장인들이 스스로를 소속 기업의 일부로 느끼는 정도가 약할수록, 이들이 기업에 대해 공정하고 인격적인 대우를 요구할 가능성이 높아진다. 직장과의 관계를 위계적인 권위관계보다는 시장에서의 계약관계로 생각하는 경향이 더욱 강해지기 때문이다.

투자자의 변화

기업 환경을 구성하는 요소들 중에서 자본시장의 중요성이 점점 더 높아지고 있다. 자본시장에서의 신뢰는 투자를 위한 필수 조건이다. 자본시장에서 신뢰는 ① 투자자와 경영자 사이에서 경영자가 투자자의 이익을 반영하고 존중하는 행동을 할 것이라는 주인-대리인 principal-agent 관계 문제와 함께, ② 투자자들이 기업에 투자할 것인가 여부를 결정하는 과정에서 해당 기업에 대한 정보가 얼마나 투명하고 정확하게 공개되는가와 관련된 정보 비대칭information asymmetry 문제를 내포한다. 따라서 기업이 투자자들로부터 신뢰를 얻기 위해서는 투자자들의 이익을 극대화하는 방향으로 기업을 경영하도록 노력해야 하며, 또한 투자자들이 투자와 관련된 의사결정을 잘할 수 있도록 양질의 정보를 제공하려는 노력을 기울여야 한다.

기업의 소유 및 지배구조에 대한 발전론적 입장에서 보면, 기업의 규모가 점차 확대되고 그 조직이 근대적 형태로 성장함에 따라서 소유구조는 자연스레 분산적 형태로 변천하게 마련이다. 20세기 들어 미국의 소유구조는 광범한 주식 소유의 대중화가 이룩되어 대주주가 존재하지 않으며, 따라서 전형적인 전문경영자의 경영능력과 경험이 최대로 활용되는 형태로 변화했다(Berle & Means, 1932). 반면, 한국 대기업의 소유구조는 지배주주 개인이 최고경영자로 군림하면서 전문경영인을 임명하는 특수한 형태이다. 소유와 경영이 결합된 대기업의 지배구조에서는 사실 창업 소유주의 가족들이 복잡한 지분구조를 통해 서로 얽혀 통제권을 행사하므로 상대적으로 작은 지분을 가지고도 전체 기업을 통제할 수 있는 가능성을 부여받는다(Chang, 1998).

1990년대까지 한국기업의 소유구조는 자본시장 개방 시 외국자본으로부터 경영권을 보호하며 강한 추진력으로 기업성장의 중요한 원동력이 되는 장점을 지녔지만, 지배주주(소유경영자)가 자신의 이익과 의도를 실현하고자 일반주주들의 이익과 상반되는 결정을 내릴 수 있는 폐단이 있었다. 2000년대에 들어와 한국 대기업들의 자본동원 방식은 은행으로부터의 차입보다는 주식시장을 통하는 것이 더 일반적이 되었다. 하지만 지배구조 면에서는 여전히 소유경영자의 입김이 강하게 남아 있어서 소액주주들과 기업 간의 이해 갈등이 빈번하게 나타난다. 2000년대 이후 소액주주들의 이익대변 요구가 강하게 제기되는 배경에는 이처럼 소유경영주 중심 시각과 주주 중심 시각이 충돌하여 서로의 주장이 엇갈리는 경우가 많다.

투자자들이 자신들의 이해관계에 반하는 기업의 의사결정과 행동을 반대하고 경영자들을 불신하는 것은 기업이 자신들과의 계약을 성실하게 이행하지 않는다고 생각하기 때문이다. 한국에서 개인 투자자들은 자신들의 대리인인 경영자들이 이해관계를 자신들과 일치시키지 않는다고 생각하는 경우가 많을 뿐 아니라 기업들이 재정상태, 경영성과, 주요 의사결정과 관련해 기업 관련 정보를 투자자들에게 투명하게 제공하지 않는다고 보는 경우도 많다. 일반적으로 시장의 신뢰는 정보와 관련된 신뢰라고 할 수 있다. 그런데 자본시장에서 투자와 관련된 정보의 불균형information asymmetry 문제 때문에 기업에 대한 신뢰가 위협받는 경우가 종종 있다.

기업의 주식시장에서의 신뢰 파괴에 대처하기 위해 소액주주들의 시민운동이 2000년대부터 나서기 시작했다. 참여연대를 주축으로 한 소액주주운동은 1997년경부터 삼성, 현대, SK 등의 대기업들과 부실 은행의 인수 합병, 신규 투자, 상속 및 증여 등의 과정에서 투자자들의 이익이 침해당하고 신뢰가 파괴되는 것을 막기 위해 활발한 활동을 벌여 왔다. 기업 지배구조를 투명하게 바꾸고 주식시장의 신뢰를 되찾기 위한 소액주주운동의 역량은 점점 강화되어, 2002년부터 대기업에 의해 이익을 침해당한 소액주주들의 집단소송제와 함께 기업 경영에 영향을 미칠 수 있는 집단투표제 등의 도입이 논의되고 있기도 하다. 소액주주운동 전개의 의의는 단지 소액주주의 권익 보호나 경제민주화에만 있는 것이 아니다. 주식시장에서 기업들의 투명성과 신뢰를 높이는 계기가 될 수도 있다.

2010년대 들어 자본시장에서는 주주로부터의 신뢰 회복에서 더 나아가 사회적 가치에 적극적으로 기여하는 기업들을 만드는 새로운 자본 투자 시도가 등장하고 있다. 임팩트 투자, ESG^{Environment,} ^{Social, Governance} 투자, SRI^{Social Responsibility Investment} 투자 등이 그것이다. 임팩트 투자는 일자리 부족, 고령화, 환경오염 등의 사회문제에 긍정적 영향을 미치는 기업을 적극 발굴해 투자하는 것이다. ESG 투자는 기업의 환경, 사회, 지배구조 등 비재무적 요소를 고려한 투자방식이다. SRI 투자는 사회에 해를 끼치는 기업에 투자하지 않고, 사회에 도움이 될 일을 하는 기업을 선별해 투자하는 것이다. 이처럼 자본시장에서 기업의 경제적 성과와 가치창출만이 아니라 사회적 영향에 대해서도 관심을 갖고 투자 결정에 반영하게 된 것은 기업을 단지 경제적 생산활동을 통해 시장에서 경쟁하는 것이 아니라 사회적 영향을 통해 보다 넓은 의미의 사회에서 활동하는 주체로 보기 시작했다는 것을 의미한다.

소비자의 변화

기업은 제품이나 서비스를 시장에 제공하고 소비자들이 이들 제품이나 서비스를 구매함으로써 매출을 올리고 이윤을 얻는다. 그런 의미에서 기업의 궁극적 가치실현은 고객의 구매에 의해서 이루어진다. 20세기 중반 대량생산mass production이 주도적인 생산 패러다임이었을 때에는 고객은 무정형의 다수mass일 따름이었다. 이들에게 주어진 선택권choice은 기업이 제공하는 제품이나 서비스를 구입하는 것밖에 없었다. 하지만 오늘날의 생산 패러다임은 이러한 대량생산의 시대와는 정반대로 바뀌었다. 이제는 토플러(Toffler, 1990)의 표현대로 소비자가 생산자 역할도 일부 담당한다prosumer고 할 수 있게 되었고, 소비자들의 요구와 취향이 생산에 다양하게 반영되는 주문형 생산customized production이 생산의 주도적 패러다임이 되었다(Piore & Sable, 1984).

소비자의 중요성은 생산 영역뿐 아니라 기업활동의 모든 영역에서 부각되었다. 마케팅의 관점에서 본다면, 잠재 고객을 찾아내고 이들을 새로운 고객으로 만드는 것보다 이미 고객으로 있는 사람들을 지속적인 고객으로 붙잡아 두는 충성도loyalty 높은 고객 확보가 중요하다. 기업에서 고객과 소비자의 중요성이 높아지면서 고객 신뢰의 중요성이 더욱 강조된다. 고객 신뢰란 기업의 제품이나 서비스에 대한 신뢰를 의미한다. 고객의 기업에 대한 신뢰가 오랜 경험과 지속적 만족의 결과로 생겨나는 것이라면 고객의 높은 신뢰를 받는 기업을 경쟁자가 따라잡기는 그만큼 더 어렵다. 점점 더 불확실성이 높아지는 시장에서 충성 고객의 지속적인 신뢰는 안전판 역할을 할 수 있기 때문에 그만큼 더 경쟁력의 원천이 된다.

기업이 시장에서 지속적으로 경쟁우위를 확보하려면 우수한 품질의 상품이나 서비스를 제공함으로써 소비자들을 지속적으로 만족시켜야 한다. 하지만 이것은 경쟁적 시장을 전제로 한다. 만약 독점이나 과점적 시장이라면 소비자들은 대안이 없기 때문에 만족스럽지 못한 품질의 상품이나 서비스라도 구매할 수밖에 없는 상황에 놓일 수 있다. 자본주의 시장경쟁에서 독점이나 과점을 문제시하는 것은 경쟁의 부재 혹은 제약 때문이기도 하지만, 소비자들의 선택권이 제한되기 때문이기도 하다. 한국은 경제성장에 전력을 경주하던 시기에 국내기업 보호라는 명분하에 수입제한을 포함한 보호무역 정책을 실시하였다. 그 결과 한국기업들은 좋은 성과를 거두고 경쟁력도 높일 수 있었지만, 반대로 소비자들은 불리한 조건을 감내할 수밖에 없었다. 1990~2000년대의 경제 글로벌화와 시장 개방은 한편으로는 기업들의 경쟁 압력을 높였지만 다른 한편으로는 기업들의 경쟁력 강화 노력을 유도하고 소비자들의 선택권을 넓혔다.

선택권이 넓어지고 주권의식이 높아진 소비자들은 기업에 대해 과거처럼 수동적으로 수용하기만 하는 것이 아니라 적극적으로 자신들의 요구와 주장을 제기하기 시작했다. 소비자 주권의식 증가는 2000년대 나타난 일부 대기업들에 대한 안티 사이트에서 잘 드러난다. '안티 현대'의 경우 일부 차종에서 나타난 잦은 고장과 안전 이상, 애프터서비스 문제, 해외와 국내 시장의 차별 등을 이유로 빠르게 퍼져 나갔으며, '안티 삼성'은 스마트폰 초기 모델에서 나타난 다양한 품질 결함 때문에 빠르게 증가했다. 물론 상품의 품질이나 문제점 때문이 아니라 정치적인 이유에서 안티 사이트가 생겨나고 참여가 늘기도 하지만, 상품 품질 문제에 대해 적극적 주장을 하기 시작한 것은 2000년대 들어 나타난 소비자의 변화라고 할 수 있다.

품질 문제만이 아니라 안전과 환경 문제에 대해서도 소비자들의 기업에 대한 요구가 늘어나고 있다. 2007년에는 삼성중공업의 해상 크레인이 넘어지며 원유를 운송하던 유조선 허베이스피리트호와 충돌해 1만 킬로리터가 넘는 원유가 태안 인근 바다로 유출되었다. 이 유출 사고에 대한 빠르고 정확한 책임 규명, 사후 대책이 이루어지지 않으면서 책임 있는 대기업 및 방관적 태도를 취한 정부에 대한 비판 여론이 급등했다. 2011년에는 가습기 살균제를 사용한 임산부와 유아들의 사망이 잇따르자 유해 화학물질로 인한 사망 사고의 책임을 묻는 사회적 캠페인 및 법적 고발이 이어져, 법적 책임을 묻는 절차가 진행 중이다. 환경오염과 제품 안전성에 대한 기업의 책임 요구는 앞으로 계속 늘어날 것으로 예상된다.

〈그림 5-9〉는 한국소비자원에서 1990년부터 부정기적으로 실시한 국민 소비행태 및 의식구조 조사결과로, 소비자들의 기업들에 대한 다차원적 평가가 담겨 있다. '기업들이 안전하고 품질 좋은 상품을 제공하고자 노력하는지'에 대한 한국 소비자들의 평가는 1990년대 이후 지속적으로 개선되고 있으나, '기업이 환경오염을 막기 위

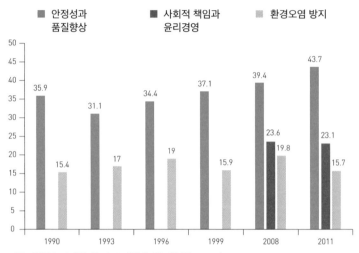

〈그림 5-9〉 기업에 대한 소비자의 긍정적 평가 비율

자료: 한국소비자원, 국민 소비행태 및 의식구조 조사,
1990, 1993, 1996, 1999, 2008, 2011.

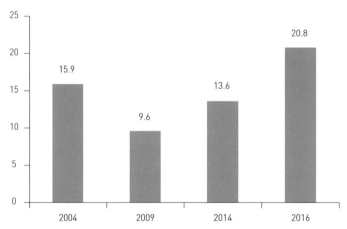

〈그림 5-10〉 과거 1년간 불매운동 참여 비율

자료: 성균관대 서베이리서치센터, 한국종합사회조사, 2004, 2009, 2014, 2016.

해 노력하는지', '사회적 책임과 윤리경영을 위해 노력하는지'에 대해서는 긍정적 평가의 비율이 낮을 뿐 아니라 점차 낮아지는 추세를 보인다. 〈그림 5-10〉은 성균관대 서베이리서치센터에서 실시하는 한국종합사회조사KGSS 결과 중 '지난 1년간 정치적, 윤리적, 환경적 이유로 특정 기업의 상품을 불매한 경험이 있는지' 여부를 물은 것에 대해 그렇다고 응답한 비율이다. 불매 경험 비율은 2004년에서 2009년 사이에 15.9%에서 9.6%로 낮아졌지만, 이후 지속적으로 증가해서 2016년에는 20.8%로 2009년에 비해 11.2%포인트 높아진 것을 볼 수 있다.

4. '기업시민'의 개념과 필요성

시민사회와 기업

'기업시민'이란 기업이 시장의 생산 및 공급자, 고용주, 피투자자로서만이 아니라 더 넓은 의미의 사회구성원으로서 역할과 그에 따른 기대를 수행한다는 것을 의미한다. 이때 사회란 다름 아닌 시민사회를 의미하며, 기업은 일반적인 개인 시민들과 마찬가지로 책임과 의무, 그리고 권리를 갖는다. 따라서 '기업시민'의 의미를 명확히 하고 그 내용을 규명하려면 시민사회 개념이 무엇인지, 그리고 기업이 시민사회에 속한다는 것이 어떤 의미인지 살펴볼 필요가 있다.

시민사회 개념의 등장은 근대사회의 형성과 때를 같이한다. 스코틀랜드 계몽사상가 애덤 퍼거슨은 《시민사회의 역사*An Essay on the History of Civil Society*》(1767)에서 시민사회를 야만에서 문명으로의 발전 도상에서 분업과 교역의 발전에 따른 '상업사회' 성장의 결과로 나타난 사적 이해의 충돌과 도덕적 타락이라는 문제를 해결할 방안으로 기대하였다. 퍼거슨 및 그의 뒤를 이은 애덤 스미스가 자본주의에서 개인의 욕망과 사적 이익 추구로 인한 혼란을 극복하고 통합의 전망을 제시할 대안으로 생각한 시민사회의 비전은 이들의 사회사상에 영향을 받은 헤겔의 독일 사회철학으로 계승된다. 헤겔은 그의 후기 저작인 《법철학*Grundlinien der Philosophie des Rechts*》(1821)에서 가족-시민사회-국가로 이어지는 3단계 사회발전 도식을 제시하였다. 그는 시민사회가 특수성을 반영한 각자의 사익을 추구하는 동시에 보편성으로서 도덕적 통합을 추구하는 시민들의 무대이며, 시민사회에 내재한 긴장은 최후 단계에서 국가의 도덕적 보편주의에 의해 궁극적으로 해결된다고 주장했다.

한편 프랑스 사상가 토크빌은 《미국의 민주주의*De la Democratie en Amerique*》(1835)에서 유럽과 달리 왕정과 신분제를 경험하지 않고 민주주의를 발전시킨 미국에서 시민사회, 특히 공공결사가 시민 개개인으로 하여금 사사로운 이익 추구로부터 눈을 돌려 공공선에 주목하게 하고 협력적으로 당면한 문제를 해결해 나가도록 일깨우는 역할을 했다는 점을 강조했다. 요컨대 퍼거슨, 애덤 스미스, 헤겔, 토크빌로 이어지는 시민사회에 대한 도덕철학의 전통에서는 시민적 덕성civic virtue를 양성함으로써 근대 자본주의 발전에 따른 계급적 분열과 갈등, 공동체의 붕괴 위기를 극복하는 것이 시민사회의 가장 중요한 핵심으로 부각되었다.

20세기 후반 시민사회는 서구사회의 변동을 이해하는 중요한 개념으로 다시 등장했다. 그 역사적 배경은 다양하다. 20세기 말 동구에서는 사회주의가 몰락하면서 — 특히 폴란드와 체코에서 — 민주화 과정에서 시민사회의 역할이 강조되었다. 서구 자본주의 사회에서는 20세기 후반 개인화와 불안정을 심화시킨 신자유주의에 대한 대응을 둘러싸고 벌어진 자유주의와 공동체주의 간의 논쟁 속에서 새로운 사회질서를 모색하려는 지식인들이 시민사회가 지닌 사회통합의 잠재력과 가능성에 다시 눈을 돌리기 시작했다. 독일의 하버마스, 영국의 기든스, 미국의 퍼트넘 등이 대표적인 예이다. 이들은 '공론장', '제3의 길', '사회적 자본' 등 표현은 다르지만 시민들의 적극적 참여와 의사소통을 통해 사회문제를 해결하고 사회적 연대와 협력을 통해 사회통합을 촉진할 수 있는 가능성을 찾고자 하였다.

한국사회에서 시민사회에 대한 관심은 1980년대 민주화와 관련하여 시작되었지만, 보다 광범하게 주목받기 시작한 것은 1990년대 사회운동권의 논쟁을 통해서였다. 이때 시민사회 논쟁은 사회운동의 방향과 진로를 둘러싸고 노동계급 주도의 혁명운동에 대한 대안으로서 개혁적 신사회운동의 가능성과 의의를 중심으로 전개되었다. 1990년대의 논쟁이 주로 이상적 혹은 이념적 차원에서 이루어졌다면, 2000년대에는 시민사회의 현실적 측면을 중심으로 평가하는 새로운 논의가 전개되었다. 이 논의에서는 한국 시민사회가 20세기에 걸친 권위주의 지배과정에서 '강한 국가와 약한 시민사회'의 특징을 가졌다는 점이 지적되었다. 또한 2000년대 들어와 민주화 과정에서 위축되었던 시민의 잠재력이 회복되고 있지만 신자유주의적 변화로 인한 삶의 불안정성 심화 때문에 시민들의 자발성이 약화되고 있다는 지적이 이루어졌다.

앞에서 살펴본 바와 같이, 시민사회에 대해서 서구에서나 한국에서나 그 의미나 역할 등에 대해 다양한 의견들이 제기되었다. 하지만 대체적으로 동의하는 바는 시민사회가 인권이 존중되고, 인간다운 삶을 누릴 권리가 보장되며, 시민들 간에 신뢰와 소통, 협력이 가능하고, 공공선을 위한 노력이 조직될 수 있는 사회를 의미한다는 점이다. 인간다운 삶을 보장하려면 기초적인 경제적 욕구가 충족되고, 권력이 부당하게 행사되어서는 안 되며, 사회적인 인정과 존중을 차별 없이 받을 수 있어야 한다. 신뢰와 소통, 협력이 가능하려면 시민들이 시민적 의식을 지니고 시민적 행동을 해야 한다. 시민적 의식과 행동은 규칙의 존중과 준수, 타인에 대한 배려와 관용 및 신뢰를 포함한다. 공공선을 위한 노력이 조직되려면 다양한 시민조직들이 활발하게 운영되고 시민들의 참여도 적극적이어야 한다.

그러면 기업은 시민사회에서 어떤 지위를 가지며 어떤 역할기대를 받는가? 현대의 시민사회에 대해 하버마스는 "오늘날의 시민사회는 사법적으로 구성되고 노동시장과 자본시장, 상품시장에 의해 조정되는 경제를 더 이상 포함하지 않는다. 그 제도적 핵심을 형성하는 것은 자유의지에 기초하는 비국가적이고 비경제적인 연결망과 자발적 결사체이다"(Habermas, 2007, p. 486)라고 하였다. 그러면 기업은 시민사회로부터 배제되는 것인가? 기업의 경제적 행위의 조건 및 결과들은 모두 시민사회 외부에서 이루어지는 것이 맞다. 하지만 기업의 경제활동은 불가피하게 시민사회의 공론장에서 이루어지는 다양한 의사소통 및 결정에 관련된다. 기업들의 경제활동이 시민사회 속의 개인들에 영향을 미칠 수밖에 없고, 또한 거꾸로 시민사회 속 개인들에 의해 영향을 받기 때문이다. 기업 경제활동에 대한 시민들의 영향력 때문에 시민사회에는 시민들에 의해 자발적으로 조직된 집합적 행위자 외에 '기능적으로 전문화된 행위체계를 등에 업고 공론장에 영향을 미치는 집합적 행위자'의 하나로서 경제단체가 있다. 이들의 활동은 기업 전반의 이해를 시민사회와 공론장에서 대변하는 것이다.

그렇다면 개별 기업의 경우에는 어떠한가? '기업시민'이라는 개념이 성립하려면 앞의 시민사회에 대한 논의의 연장선상에서 개별 기업이 시민으로서 참여할 가능성과 필요성, 그리고 한계에 대해 살펴볼 필요가 있다.

왜 '시민으로서의 기업'인가?

시민으로서의 기업에 대해 논의하기 이전에 행위주체로서의 기업에 대해 살펴보자. 사회학자 콜먼은 개인이 아닌 법인이라는 집합적 행위주체의 등장이 근대사회의 '사회적 발명'이라고 할 수 있다고 주장했다(Coleman, 1970). 또한 콜먼은 개인과 조직 사이에는 힘에 있어서 비대칭적 관계가 존재하기 때문에 조직의 우위에 대응해야 할 필요를 느낀 개인들에 의해 조직들이 지속적으로 등장한다고 하였다(Coleman, 1982). 예컨대 기업에 대해 불만을 느낀 소비자들이 소비자단체를 조직하는 것이 그 예라고 할 수 있다. 그런데 법적인 행위주체로서 법인은 소유와 거래를 포함한 경제행위를 할 수 있는 권리를 갖지만, 개인이 가진 선거권 등의 권리를 갖지는 않는다. 또한 기업의 정치활동은 제약되며, 기업 관계자가 정치나 공직을 수행할 때에는 이해관계 충돌 때문에 기업에서의 지위를 포기한다.

기업은 그 자체로서 개인과 같은 정치적 행위주체가 되지 못하기 때문에 자신의 이해관계를 보호하거나 대변하기 위해 경제단체를 구성하여 이해관계 옹호활동을 위임한다. 일반적으로 기업시민의 영어 표기인 corporate citizenship에서 citizenship은 '시민권'과 더불어 '시민됨'이라는 두 가지 의미를 모두 갖는데, 앞서 이야기한 조건 때문에 기업에게 시민이라는 표현을 붙일 때에는 자격이나 지위로서 '시민권'의 의미보다는 시민으로서 마땅히 갖추어야 할 미덕이나 규범적 기대로서 '시민됨'의 의미가 맞다. 그러면 시민됨이란 무엇인가? 시민됨에서 핵심은 사사로운 이익에서 벗어나거나 이를 넘어서서 공공선common good을 위해 기여하는 것이다. 주로 토크빌의 전통에 가깝다고 할 수 있는 이러한 시민됨은 특히 공동체에 속한 모두에게 도움이 되는 공유재를 훼손하지 않을 뿐 아니라 확충하는

데 기여하고, 서로의 신뢰를 높이도록 노력하는 동시에 공동체의 공동 노력에 협력하고, 참여하고, 박애와 자선을 실천하는 것을 의미한다.

왜 지금에 와서 한국에서 기업들에게 시민됨이 강조되는 것인가? 물론 서구사회에서 기업시민 혹은 기업의 사회적 책임이 강조되어 온 것이 우리 사회에도 적용되는 면이 있다. 하지만 한국의 고유한 발전의 맥락에서 본다면, 과거 발전국가 시기에 기업들이 정부와 긴밀한 협력관계를 형성하고 경제성장을 위해 상호 협력한 사회적 조건이 있다. 이러한 협력 혹은 연합은 압축적이고 추격적인 경제성장을 위한 선택이었지만 정치적으로 정경유착이라는 비판이 제기되기도 하였고, 수혜 기업들 입장에서도 그에 대한 부담이 계속 남아 있었다. 이러한 역사적 배경 속에서 경제성장기 대부분 기업들은 '사업보국' 등의 가치를 내세운 경우가 많았고, 발전국가 시기 기업들의 사회적 공헌 혹은 공공기여는 많은 경우 특혜에 대한 반대급부로 해석되는 경우도 많았다. 결국 발전국가 시기에 자발적 시민으로서 기업의 사회참여는 쉽지 않았다고 할 수 있다.

2000년대 들어 한국기업들은 한편에서는 과거에 비해 정부의 특혜나 지원을 덜 받으면서도 글로벌 경쟁을 뚫고 경제발전을 이루기 위해 혁신 노력을 지속했다. 그 결과 외환위기도 극복하였고, 글로벌 시장으로 비즈니스 무대를 넓힌 기업들도 많이 등장하였다. 그런데 기업들의 역량이 급성장하는 시기에 앞서 살펴본 것과 같은 여러 사회적 변화들이 진행되었고, 이는 기업들을 바라보는 시장의 투자자, 노동자, 소비자의 눈높이뿐 아니라 기업의 사회적 영향에 대한 일반 시민들과 여론 주도층의 시선 또한 상당히 날카롭고 까다롭게 바뀌었다는 것을 의미한다. 압축적 성장 시기에는 경제성장을 위한 불가피한 희생이나 비용으로 여겨질 수 있었을 사건이나 상황들도 이제는 기업이 사회에 부담을 전가한다는 관점에서 보기 시작한 것이다. 그 결과 기업들의 경제적 성과에 대해서는 비교적 후한 점수를 주는 사람들도 기업의 사회적 영향에 대해서는 상당히 비판적인 입장을 취하는 경우가 많아졌다. 게다가 과거에는 기업에 대한 평가나 관심이 주로 국가발전에 대한 경제적 기여에만 집중되었다면, 이제는 사회적 영향 또한 중요하다고 보는 관점의 변화도 나타났다.

시민사회와 시장에서의 변화와 더불어, 시장에서 기업의 정체성이 강조되고 기업활동의 정당성이 중요해지면서 개별 기업 입장에서도 자신의 사회적 영향과 그에 대한 외부 평가에 더 적극적으로 신경 쓰게 되었다. 개별 기업들은 시장에서 상품의 매력이나 품질로만 경쟁하고, 시민사회에서 기업 공동의 이해관계는 경제단체를 통해 대변한 과거와 달리, 이제는 시민사회와 시장의 경계가 약해지고 두 영역 간의 연계가 높아지면서 시민사회에서의 평판reputation이 시장에서의 성과에 직접 영향을 미치기 때문이다(Fombrun, 1996). 윤리적 소비를 지향하는 소비자들이나 가치투자를 지향하는 투자자들에게 가치를 인정받아 좋은 성과를 올린 기업들이 있는가 하면, 안티 및 불매운동으로 타격을 받거나 비윤리적 경영으로 인해 지배권이 위태로워진 기업들도 나타났다. 물론 아직까지 한국에 이러한 사례들이 많다고 하기는 어렵다. 하지만 앞으로 늘어날 것은 분명하다. 미래 세대의 가치와 사고 방향이 그렇기 때문이다.

기업에 대한 신뢰와 호감의 추락

앞에서는 논리적, 역사적 측면에서 현재 한국의 기업들이 시민됨을 실천하고 사회적 영향과 사회적 가치에 더욱 관심을 가져야 할 이유를 살펴보았다. 이제 보다 현실적으로 경험적 자료를 통해 한국기업들에 대한 사회적 측면에서의 평가가 어떻게 변해 왔는가를 살펴보도록 하겠다. 〈그림 5-11〉은 한국종합사회조사KGSS에서 여러 기관의 운영자들에 대해 질문한 내용 중, 대기업 운영자에 대해 일반 시민들이 신뢰한다고 응답한 비율의 2000년대 이후 변화이다.

외환위기 이후 2000년대 초반 비교적 낮은 수준에 머물던 대기업에 대한 신뢰는 2000년대 중반 이후 70%를 넘을 정도로 높아졌다. 일부 기업에 대한 안티운동에도 불구하고 대기업 일반에 대해서는 경영혁신과 성과에 대한 긍정적 평가가 높아졌기 때문이다. 하지만 글로벌 경제위기를 경험한 이후인 2010년대에는 지속적으로 하락해서 최근 들어 다시 60% 이하로 떨어졌다. 이와 같이 대기업에 대한 시민들의 신뢰가 하락한 주요 원인으로는 고용 없는 저성장과 고용불안에 대한 구직자와 취업자 모두의 실망, 연이은 대기업 총수들의 스캔들과 갑질 논란 및 경제민주화 요구 증가, 그리고 대기업 지배구조의 투명성과 세습을 둘러싼 논란 등을 들 수 있을 것이다. 현재

<그림 5-11> 대기업 운영자에 대한 신뢰의 변화

자료: 한국종합사회조사, 각 년도.

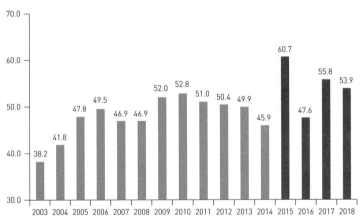

<그림 5-12> 기업호감지수의 변화

자료: 대한상공회의소 기업호감지수 조사, 각 년도.

의 신뢰 하락이 지속된다면 신뢰한다는 응답 비율이 50%보다 낮은 신뢰의 위기 상황이 올 수도 있다.

〈그림 5-12〉의 기업호감지수 자료에서도 〈그림 5-11〉에서 확인한 2010년대 이후 대기업에 대한 신뢰 하락과 마찬가지 추세를 발견할 수 있다. 대한상공회의소에서 조사한 기업호감지수는 시민들이 기업들에 대해 느끼는 호감을 100점 만점의 지수로 표현한 것이다. 〈그림 5-12〉에서 2014년 이후가 다른 색으로 표시된 것은 측정 방식의 변화가 있어서 시계열의 연속 비교가 어렵다는 것을 의미한다.

이 그래프에서 확인할 수 있는 사실은 대기업 운영자에 대한 신뢰와 마찬가지로 기업에 대한 호감 역시 2000년대 중반까지 상승, 2010년 이후 하락의 패턴을 보인다는 점이다. 물론 2014년 이후 계산방식이 바뀌어서 이후에도 동일한 추세가 지속되는지를 확증하기는 어렵다. 하지만 이후에도 2017년의 일시적 상승을 제외하면 전반적으로 기업에 대한 호감이 낮아지는 것이 일관된 추세라고 할 수 있다.

〈그림 5-13〉, 〈그림 5-14〉는 2018년 기업호감지수 조사결과를 보다 상세하게 분석한 것이다. 먼저, 〈그림 5-13〉은 기업에 대한 호감 정도를 경제적 측면과 사회적 측면으로 나누어 비교한 것이다. 이 그래프에서 알 수 있듯이, 시민들은 기업의 경제적 기여에 대해서는 62.8점으로 비교적 긍정적 평가를 하는 반면, 사회적 공헌에 대해서는 46.9점, 규범 및 윤리 준수에 대해서는 44.2점을 부여해서 부정적 평가가 더 우세함을 알 수 있다. 또한 〈그림 5-14〉는 기

〈그림 5-13〉 기업호감지수의 상세 분석 결과 — 분야별 기업에 대한 평가

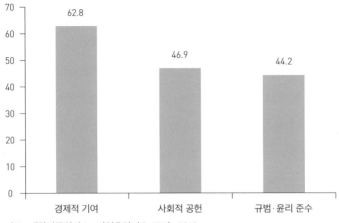

자료: 대한상공회의소, 기업호감지수 조사, 2018.

〈그림 5-14〉 기업호감지수의 상세 분석 결과 — 기업 불호감의 이유

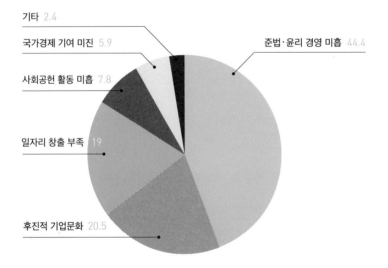

업에 대해 호감을 느끼지 않는 이유들의 분포를 나타낸 것이다. 이 그래프를 보면 준법과 윤리 경영이 미흡하다는 이유가 44.4%로 가장 우세하고, 두 번째 이유는 후진적 기업문화로 20.5%, 세 번째가 일자리 창출 부족으로 19%이다. 반면 사회공헌활동이 미흡하거나 국가경제에 대한 기여가 미진하기 때문에 호감을 갖지 않는다는 비율은 각각 7.8%와 5.9%로 낮다. 결국 시민들의 기업에 대한 호감 하락은, 직접 확인하기는 어렵지만 이 조사결과로부터 추론컨대, 경제·사회적 성과나 기여가 부족해서라기보다는 사회에서 기대하는 윤리성과 준법성을 갖추지 못했거나 고용의 양과 질에서 미흡했기 때문이라고 할 수 있다.

반기업 정서의 확대

기업에 대한 호감도와 신뢰도가 낮아지면서 보다 적극적으로 기업에 대해 반감을 갖는 반기업 정서도 높아지고 있다. 반기업 정서란 "개인이 대기업에 대해 가진 부정적 인식, 감정, 행동경향성"(최준혁, 2011)으로 포괄적으로 정의할 수 있다. 한편 이한준과 박종철(2010)은 반기업 정서의 대상이 아니라 원인과 관련하여 "기업이 윤리적, 법률적 분야에서 부적절한 경영 행위를 하고 있다고 인식하는 국민들의 태도"로 반기업 정서를 규정하기도 한다. 김수한과 이명진(2014)은 반기업 정서를 제도로서 기업의 정당성 및 신뢰의 문제와 연결시켜 국민들의 일종의 "정당성의 철회와 불신"으로 보고 과거, 현재, 미래의 시간적 차원에서의 평가의 결과로 보았다.

반기업 정서에 대한 비교적 최근 연구(한준, 2015)에 따르면, 반기업 정서 보유자를 "대기업에 대한 나쁜 느낌을 가졌거나, 경우에 따라 느낌은 다르지만 대기업을 신뢰하지 않는" 사람으로 규정할 경우 전체 응답자의 61%가 반기업 정서를 지닌 것으로 조사되었다. 앞서 기업에 대한 태도와 느낌에서 경제적으로는 긍정이 우세한 반면 사회적으로는 부정이 우세했던 것을 고려한다면, 반기업 정서는 이들 둘의 상쇄의 결과로 볼 수도 있을 것이다. 반기업 정서의 배경을 알기 위해 대기업의 이미지를 결정하는 요인들로 중요하다고 생각하는 것을 두 개 선택하도록 하고 중복 응답 처리하여 분석한 결과, 가장 중요하다고 응답한 요인은 사회적 역할과 영향(71.7%)이었으며, 두 번째로 중요하다고 응답한 요인은 도덕성과 규칙준수(66.8%)였다. 다른 요인들은 제품과 서비스의 질(36.1%), 일자리의 좋고 나쁨(13%), 혁신과 성장 가능성(12.4%) 등으로 나타났다. 이 결과에서 보듯이, 대기업의 이미지에 시장에서의 경제적 성과보다 사회적 영향이나 도덕성이 더 중요하게 영향을 미친다는 것을 알 수 있다.

반기업 정서가 이념과 가치, 경험에 의해 유발된다고 볼 때, 다양한 이념과 가치, 경험의 조합에 의해 반기업 정서를 다음과 같이 5가지 유형으로 구분해 볼 수 있다(한준, 2015).

주마가편走馬加鞭**형**: 주로 가치에 기인하며 특히 탈물질주의 가치에 기반한다. 기업이 이윤뿐 아니라 사회적 가치를 함께 추구해야 한다고 보는 관점에서 출발한다. 대기업에 대한 높은 기대에 비해 실제 경험 혹은 관찰한 대기업의 현실이 격차를 보이기 때문에 반기업 정서를 갖는다. 기업에 대해 이해관계자 중심 관점을 강조하며 기업의 사회적 책임을 강조하는 경우가 많다. 대기업이 약자 보호, 다양성 존중, 환경 보존 등 사회적 가치에 대한 요구와 기대에 못 미치는 경우 자신이 직접 겪은 일이 아니더라도 반기업 정서를 갖게 된다.

자본혐오資本嫌惡**형:** 경험이나 가치가 아닌 정치적 이념에 기반한 유형으로, 1970~1980년대 민주화운동과 1980~1990년대 노동운동을 통해 진보 이념의 영향을 받은 개인들이 자본주의에 대해 비판적 견해를 갖게 되고, 대기업을 독점자본으로 간주하면서 그들의 활동에 대해 반감을 느끼는 경우이다. 미래에 대한 기대보다 과거와 현재에 대한 강한 비판에 기반한다. 자본의 구체화된 실체로서 기업이 과거에 많은 사회문제를 야기했고, 현재에도 사회에 부정적 영향을 많이 끼친다는 선험적 믿음을 바탕으로 기업을 비판한다.

불여일견不如一見**형:** "백문이 불여일견"이라는 고사성어를 줄인 것으로, 가치나 이념보다 본인 혹은 주변 사람의 경험에 기반한 유형이다. 본인이나 주변 사람이 대기업과 관련을 맺으면서 경험한 피해 때문에 반기업 정서를 갖게 된다. 대기업과 개인, 혹은 영세업체 등의 비대칭적 관계 속에서 불리한 처지에 놓인 경험, 특히 거래 시 갑을 관계로 부당한 대우를 받거나, 고용관계에서 불안정한 지위에 놓이거나, 소액주주로서 권리를 무시당했다고 느낀 경험에 기반하여

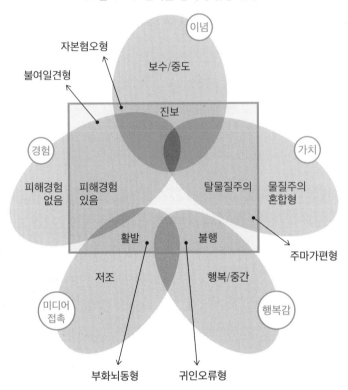

〈그림 5-15〉 반기업 정서의 유형 분류

반기업 정서를 갖게 되는 경우이다.

부화뇌동附和雷同**형:** 다른 사람의 의견, 특히 반기업 정서에 기반한 의견을 주변 사람과의 대화, 대중매체의 보도, 인터넷이나 SNS에서의 정보 및 의견과의 접촉 등을 통해서 접하고 그로부터 영향을 받은 경우이다. 자신의 독립적 판단이나 직접적 경험이 아니라 다중의 의견에 휩쓸리는 것이기 때문에, 독립적으로 사고하고 판단하기보다 타인 혹은 대중에 의존적인 성향에서 많이 발견된다.

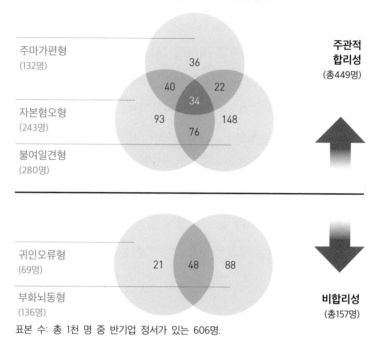

〈그림 5-16〉 반기업 정서의 경험적 분포

주마가편형
(132명)

자본혐오형
(243명)

불여일견형
(280명)

36

40   22

34

93   148

76

주관적
합리성
(총449명)

귀인오류형
(69명)

부화뇌동형
(136명)

21   48   88

비합리성
(총157명)

표본 수: 총 1천 명 중 반기업 정서가 있는 606명.

귀인오류歸因誤謬**형:** 본인의 논리적, 비판적, 경험적 사고에 기반하지 않은 반기업 정서 유형으로, 본인의 경험에 기반하되 그 경험의 직접 원인이 대기업이 아님에도 반기업 정서를 갖는 경우이다. 귀인오류는 잘못된 인과적 추론을 의미하는데, 예컨대 취업이 어려운 젊은 세대, 고용이 불안한 기성세대, 영업에 곤란을 겪는 자영업자 등 자신이나 주변 사람의 힘들고 어려운 상황에 대한 책임을 대기업과 연관시켜 생각하거나, 무의식적으로 대기업에 반감을 갖게 되는 경우이다.

〈그림 5-15〉, 〈그림 5-16〉은 이러한 유형별 빈도와 유형 간 관계를 표현한 것이다. 가장 높은 빈도를 보이는 유형은 경험에 기반한 불여일견형으로 전체 반기업 정서의 46%를 차지한다. 그 다음은 이념에 기반한 자본혐오형으로 전체의 40%에 달하며, 그 다음은 22.4%의 부화뇌동형, 21.8%의 주마가편형, 11.4%의 귀인오류형 순이다. 이러한 유형들은 서로 배타적이지 않기 때문에 중복되는 경우, 즉 둘 이상의 유형이 함께 있는 경우도 있다. 중복의 정도를 보면, 의식과 사고를 기반으로 한 자본혐오형과 주마가편형 간에, 그리고 불여일견형과 자본혐오형 간에 중복이 많았다. 불여일견형과 자본혐오형 간에는 강화적 상호작용도 가능한데, 자신의 이념이 경험을 통해 확인되거나, 경험을 이념으로 재해석하는 것이다.

5. 맺음말: 한국에서 '기업시민'에 대한 기대

한국사회의 역사적 맥락에서 '기업시민'은 서구에서와는 조금 다른 의미와 등장 배경을 갖는다. 서구에서 '기업시민'은 자율적인 시장에서 경쟁하던 기업들이 역시 자율적인 시민사회의 요구와 기대에 부응해서 적극적인 시민으로서 환경보호와 사회적 가치 실현을 위해 노력하는 것을 함의한다. 반면 한국에서 '기업시민'은 자율적이지 못하고 정부 정책과 밀접히 연계된 시장에서 경쟁하던 기업들이 전투적으로 형성 과정에 있는 시민사회로부터의 정당성에 대한 도전에 직면해서 과거로부터 벗어나고자 하는 노력의 과정을 포괄한다. 그런 의미에서 한국에서 '기업시민'은 과거 발전국가의 협력자로서 경제적 성과와 성장에만 전념하던 기업이 그동안의 좁은 관점에서 벗어나 본격적으로 시민사회의 신뢰와 호감을 얻을 수 있도록 사회적 가치를 높이는 데 기여하는 방향으로 바뀌는 것을 의미한다.

소극적으로 볼 때, '기업시민'은 사회로부터의 부정적이고 비판적인 평가와 시선을 줄이고 그를 통해 기업 경영에서 제도적 리스크를 줄이는 전략적 선택이다. 보다 적극적으로 본다면, '기업시민'은 과거 정부와 맺은 협력의 시기가 지난 후 시민사회와의 공존의 시기에 존경받고 존중받는 기업이 되고자 노력하는 것을 의미한다. 과거 시장에서 효율성과 품질에 기반한 경쟁만을 추구했다면, 앞으로는 기업의 정체성과 정당성이 경쟁우위를 제공할 수 있는 변화된 제도적 논리 속에서 보다 지속가능한 성장과 발전을 달성하기 위한 장기적 선택이기도 하다.

그러면 시민으로서 기업은 자신이 지향하는 기업시민으로서의 인정을 받기 위해 무엇을 해야 하는가? 달리 표현한다면 시민으로서의 기업이 자신의 본분을 다하고자 한다면 우선적으로 해야 할 일은 무엇인가? 이 질문에 답하려면 한국사회의 일반 시민들이 시민으로서의 기업에 대해 기대하는 바가 무엇인가를 따져 봐야 할 것이다. 추후 본격적인 연구에 의해 더 상세한 내용이 채워지겠지만, 이 글에서 제시한 논리와 경험적 사실로부터 추론해서 생각해 볼 수는 있다.

우선 기업들의 신뢰가 낮아지고 호감이 줄어드는 배경으로 지적된 것이 주로 윤리성과 준법성의 부족이었다면, 이 부분에서부터 출발하는 것이 가장 중요할 것이다. 윤리성과 준법성은 기업만이 아니라 모든 시민들에게 마찬가지로 요구되는 것이지만 기업에 대한 윤리성과 준법성 요구가 유난히 강한 이유는 다음과 같다. 과거 발전국가 주도의 경제성장 과정에서 대기업들의 특혜와 탈법이 지속되어 윤리경영의 원칙이 지켜지지 못했지만 기업들의 입장에서는 이러한 특혜가 당연한 관행처럼 여겨진 경우가 많다. 그런데 시대가 흐르며 입장이 바뀐 오늘날, 많은 시민들은 과거는 물론 현재까지도 이러한 관행이 부분적으로 지속되는 것에 의문을 제기한다. 따라서 윤리성과 준법성을 높여 기업시민으로 나아가는 첫 발걸음을 내딛으려면 과거에 당연시한 것들과의 단절 및 결별이 꼭 필요하다.

과거의 잘못된 관행으로부터 벗어나는 것은 반기업 정서와 관련해서 생각해 보아도 중요한 쟁점이다. 특히 반기업 정서를 줄이려면 기업의 여러 관계들, 특히 거래관계, 고용관계, 투자관계 등에서 과거의 관행과 결별하고 시민의 윤리적, 법적 기준과 눈높이에 맞추려고 노력하는 것이 중요하다. 전체 반기업 정서 중에서 경험에 기반한 경우가 가장 많고 이념에 기반한 경우가 그 다음으로 많다는 것은 기업시민과 관련해서 서로 다른 함의를 갖는다. 이념에 기반한 반기업 정서는 당사자들의 이념이 바뀌지 않는 한 쉽사리 변하지 않기 때문에 사회적 캠페인이나 교육 등의 노력이 필요하다. 하지만 경험에 기반한 반기업 정서는 기업들이 고용, 투자, 상품 등에서 시민사회에서 옳다고 여기는 원칙과 규범에 맞춰 행동하면 줄어들 가능성이 있다. 따라서 시민으로서 기업은 긍정적 사회 기여를 늘리는 것보다 부정적 사회 영향을 줄이는 것을 통해 우선적으로 대응하는 것이 옳을 것이다.

그러면 긍정적이고 적극적으로 사회에 기여하려는 노력은 할 필요가 별로 없는가? 그렇지 않다. 미래 세대, 즉 청년 세대 중에는 주마가편형처럼 기업에 대해 사회 전반에 걸친 확대된 기대를 갖고 있어서, 기업에서 이루어지는 여러 일들이 그들의 높은 윤리의식과 공정성에 대한 기대를 따라가지 못하여 반기업 정서를 갖게 된 경우도 있다. 특히 젊은 세대는 다른 세대에 비해 원칙과 공정성을 강조하는 경향이 강하기 때문에 이들의 반기업 정서는 변화된 경험적 현실을 접하면 바뀔 수 있다.

보다 적극적으로 생각해 볼 필요도 있다. 최근 청년 취업난이 지속되지만 기업들 입장에서도 인재의 중요성은 점점 높아지고 있다. 그렇기 때문에 기업들에서는 젊은 세대의 변화된 가치와 의식, 라이프스타일과 기업의 문화와 가치가 잘 맞도록 노력할 필요가 점점 높아지고 있다. 이러한 필요는 사회적 가치를 중시하는 투자시장과 소비자시장에서도 마찬가지로 적용된다. 미래 세대에게 매력적이고 가까이 하고 싶은 기업으로 인식되도록 정체성을 갖추는 것이 앞으로의 기업들에게는 경쟁우위의 기본이 되기 때문이다. 기업시민으로서 사회의 공유가치에 투자하고 사회적 책임을 다하는 기업으로 인정받는 것은 기업 스스로의 사회적 가치에 대한 투자이기도 한 것이다.

참고문헌

김명언(1997), "정부정책, 가족생활 그리고 직장에서의공정성", 석현호(편), 《한국사회의 불평등과 공정성》, 서울: 나남.

김수한·이명진(2014), "한국사회의 반기업정서", 〈한국사회학〉, 제 48권 1호, pp. 39~70.

백낙청(1994), "분단시대의 최근 정세와 분단체제론", 〈창작과비평〉, 제 22권 3호, pp. 238~258.

윤순봉·장승권(1997), 《열린 시대, 열린 경영》, 서울: 삼성경제연구소.

이한준·박종철(2010), "경제적 책임과 자선적 책임에 대한 인식이 반기업 정서에 미치는 영향", Asia Marketing Journal, 12(3), pp. 63~79.

이효재(1979), "분단시대의 사회학", 〈창작과비평〉, 제 14권 1호, pp. 250~268.

정해식·김성아(2015), "OECD BLI 지표를 통해 본 한국의 삶의 질", 〈보건복지포럼〉, 제 9권.

최준혁(2011), "반기업 정서 척도 개발과 타당도 연구", 〈기업경영연구〉, 제 18권 3호, pp. 133~145.

Akerlof, G. A. & Kranton, R. E. (2011), *Identity Economics: How Our Identities Shape Our Work, Wages, and Well-being*, Economics Books.

Amsden, A. H. (1994), "Why Isn't the Whole World Experimenting with the East Asian Model to Develop?: Review of the East Asian Miracle", *World Development*, 22(4), pp. 627~633.

Barney, J. B. & Hansen, M. H. (1994), "Trustworthiness as a Source of Competitive Advantage", *Strategic Management Journal*, 15.

Berle, A. A. & Means, G. C. (1932), *The Modern Corporation and Private Property*, New Brunswick, NJ: Transaction.

Block, F. & Somers, M. R. (2014), *The Power of Market Fundamentalism*, Harvard University Press.

Chang, D. (1998), "Privately-Owned Structure", Ph. D. dissertation, The University of Chicago.

Coleman, J. S. (1970), "Social Inventions", *Social Forces*, *49*(2), pp. 163~173.

_____ (1982), *The Asymmetric Society*, Syracuse University Press.

De Tocqueville, A. (2003), *Democracy in america*, Regnery Publishing.

Ferguson, A. [1767(1980)], *An Essay on the History of Civil Society*, Transaction Publishers.

Fombrun, C. J. (1996), *Reputation*, Boston, MA: Harvard Business School Press.

Granovetter, M. (2017), *Society and Economy: Framework and Principles*, Harvard University Press.

Habermas, J. (1992), *Faktizitat und Geltung*, Suhrkamp, 한상진·박영도 역 (2007), 《사실성과 타당성: 담론적 법이론과 민주적 법치국가 이론》, 나남.

Hegel, G. W. F. (1990), *Philosophy of Law*, Trans. from German.

Iansiti, M. & Levien, R. (2004), *The Keystone Advantage: What the New Dynamics of Business Ecosystems Mean for Strategy, Innovation, and Sustainability*, Harvard Business Press.

Kim, S. (1997), "State and Civil Society in South Korea's Democratic Consolidation: Is the Battle Really Over?", *Asian Survey*, pp. 1135~1144.

_____ (2000), *The Politics of Democratization in Korea: The Role of Civil Society*, University of Pittsburgh Press.

Lipset, S. M. (1963), "Economic Development and Democracy", *Political Man*, pp. 27~63.

MacKenzie, D. (2008), *An Engine, Not a Camera: How Financial Models Shape Markets*, Mit Press.

Moore, J. (1994), *The Death of Competition*, Harper.

Nalebuff, B. J., Brandenburger, A., & Maulana, A. (1996), *Co-opetition*, London: Harper Collins Business.

Piore, M. J. J. & Sabel, C. F. (1984), *The Second Industrial Divide*, Basic Books.

Scott, R. W. (1998), *Organizations: Rational, Natural, and Open Systems*, Prentice-Hall.

Shirky, C. (2008), *Here Comes Everybody: The Power of Organizing without Organizations*, Penguin.

Smith, A. (1759), *The Theory of Moral Sentiments*, 박세일·민경국 역 (1996), 《도덕감정론》, 비봉출판사.

Tapscott, D. (2008), *Grown Up Digital: How the Net Generation is Changing Your World*, McGraw Hill.

Thornton, P. H., Ocasio, W., & Lounsbury, M. (2012), *The Institutional Logics Perspective: A New Approach to Culture, Structure, and Process*, Oxford University Press.

Toffler, A. (1990), *Power Shift*, New York: Bantam Books, 이계행 역 (1990), 《권력 이동》, 서울: 한국경제신문사.

Woo-Cumings, M. (2001), "Miracle as Prologue: The State and the Reform of the Corporate Sector in Korea", *Rethinking the East Asian Miracle*, pp. 343~377.

저자소개

송호근

미국 하버드대에서 박사학위를 받았으며, 서울대 사회학과 교수와 사회발전연구소 소장을 거쳐 현재 포스텍 석좌교수, 인문사회학부장으로 재직 중이다. 정치와 경제를 포함, 사회 현상과 사회 정책에 관한 정교한 분석으로 널리 알려진 학자이자 칼럼니스트다.

저서로 《인민의 탄생: 공론장의 구조변동》(2011), 《시민의 탄생: 조선의 근대와 공론장의 지각변동》(2013), 《촛불의 시간: 군주·국가의 시간에서 시민의 시간으로》(2017), 《가 보지 않은 길: 한국의 성장동력과 현대차 스토리》(2017), 《혁신의 용광로: 벅찬 미래를 달구는 포스코 스토리》(2018) 등과 장편소설 《강화도: 심행일기》(2017), 《다시, 빛 속으로: 김사량을 찾아서》(2018)가 있다.

조준모

미국 시카고대에서 박사학위를 받았으며, 현재 성균관대 경제학과 교수로 재직 중이다. 경제학의 노동시장 분석 외에 노동시장을 둘러싼 노동과 고용분야에 대한 정교한 분석과 실사구시적 정책제언으로 널리 알려진 학자이다.

한국노동경제학회장, 한국노사관계학회장을 역임하였고, 규제개혁위원회, 중앙노동위원회, 최저임금심의회, 노사정위원회, 노동정책자문회의에서 공익위원으로 활동한 바 있다. 〈동아일보〉, 〈국민일보〉, 〈서울신문〉 등에 정기칼럼을 게재하였으며, 사회 중요 이슈에 대해 칼럼을 통해 적극적으로 의견을 게진하고 있다.

이재열

미국 하버드대에서 박사학위를 받았으며, 현재 서울대 사회학과 교수, 서울대 아시아연구소 한국사회과학자료원 원장으로 재직 중이다. 주요 연구 분야는 조직사회학, 네트워크 사회, 위험사회분석 등이고 최근 연구주제는 사회의 질, 사회적 가치, 사회적 웰빙 등이다.

저서로 《사회적 경제와 사회적 가치: 자본주의의 오래된 미래》(2017, 공저), 《아픈 사회를 넘어: 사회적 웰빙의 가치와 실천의 통합적 모색》(2018, 공저), 《세월호가 묻고 사회과학이 답하다》(2018, 공저), 《사회의 품격》(2019) 등이 있다.

윤정구

미국 아이오와대에서 사회심리학으로 박사학위를 받았으며, 현재 이화여대 경영대학에서 인사/조직/전략 교수로 재직 중이다. 지난 20년간 미국 코넬대 조직행동론 학과의 겸임교수로 집단동학, 네트워크, 교환이론을 연구해 왔다. 현재 영국 *British Journal of Management*와 미국 *Social Psychology Quarterly*의 편집위원이다.

저서로 《100년 기업의 변화경영》(2010), *Social Commitment in a Depersonalized World*(공저, 2011), 《진성리더십: 21세기 한국 리더십의 새로운 표준》(2015), 《황금 수도꼭지: 목적경영이 이끈 기적》(2018) 등이 있다.

한 준

미국 스탠퍼드대에서 박사학위를 받았으며, 한림대 사회학과를 거쳐 현재 연세대 사회학과 교수로 재직 중이다. 조직사회학, 사회불평등, 삶의 질, 예술과 사회 등의 분야를 중심으로 연구 중이다.

저서로 《한국 사회의 제도에 대한 신뢰》(2008), 《위기의 대한민국 이렇게 바꾸자》(공저, 2016), 《초고령 사회, 조직 활력을 어떻게 높일까: 개인, 기업, 정부의 역할》(공저, 2017), 《4차 산업혁명, 일과 경영을 바꾸다》(공저, 2018), 《대한민국 시스템, 지속가능한가?》(공저, 2018) 등이 있다.